普通高等院校"十三五"规划教材

审 计 学

SHENJI

XUE

何恩良　闫焕民　饶　曦◎主　编
　　　　林东川　郑嘉琳◎副主编
熊欢欢　符巍兰　杨　丽◎参　编

清华大学出版社
北 京

内容简介

本书以注册会计师审计为重点，强化了注册会计师的职业道德，梳理了审计过程，突出了财务报表审计、内部控制审计和鉴证报告。全书首先介绍了审计基础知识和基本技术，然后分类介绍注册会计师审计和国家审计等内容，共包括九章内容，分别是审计概论、审计技术、注册会计师管理、审计过程、财务报表审计、内部控制审计、鉴证报告、其他鉴证业务及国家审计。

本书适合作为普通高等院校会计、财务管理等相关专业的审计课程教学用书，也可作为相关实务工作和相关资格考试的参考资料。

本书封面贴有清华大学出版社防伪标签，无标签者不得销售。
版权所有，侵权必究。侵权举报电话：010-62782989 13701121933

图书在版编目(CIP)数据

审计学 / 何恩良，闫焕民，饶曦主编. —北京：清华大学出版社，2018
（普通高等院校"十三五"规划教材）
ISBN 978-7-302-49258-0

Ⅰ. ①审… Ⅱ. ①何… ②闫… ③饶… Ⅲ. ①审计学-高等学校-教材 Ⅳ. ①F239.0

中国版本图书馆 CIP 数据核字(2018)第 002471 号

责任编辑：刘志彬
封面设计：汉风唐韵
责任校对：宋玉莲
责任印制：王静怡

出版发行：清华大学出版社
网　　址：http://www.tup.com.cn, http://www.wqbook.com
地　　址：北京清华大学学研大厦 A 座　　邮　编：100084
社 总 机：010-62770175　　　　　　　　　邮　购：010-62786544
投稿与读者服务：010-62776969，c-service@tup.tsinghua.edu.cn
质量反馈：010-62772015，zhiliang@tup.tsinghua.edu.cn

印 装 者：三河市海新印务有限公司
经　　销：全国新华书店
开　　本：185mm×260mm　　印　张：16.5　　字　数：404 千字
版　　次：2018 年 1 月第 1 版　　　　　　印　次：2018 年 1 月第 1 次印刷
印　　数：1～3000
定　　价：49.00 元

产品编号：077929-01

前　言

2009年10月，中国注册会计师协会发布了《中国注册会计师职业道德守则》，并于2010年7月1日起施行；财政部、审计署、证监会、银监会和保监会五部委于2010年4月共同发布了《企业内部控制应用指引》《企业内部控制评价指引》和《企业内部控制审计指引》，并规定自2011年1月1日起在境内外同时上市的公司执行，自2012年1月1日起在上交所、深交所主板上市的公司施行；2010年9月，国家审计署发布了新修订的《中华人民共和国国家审计准则》，自2011年1月1日起施行；2016年12月，财政部颁布了《中国注册会计师审计准则第1504号——在审计报告中沟通关键审计事项》等12项新注册会计师审计准则。这些准则的颁布适应了国内外审计环境变化和审计实务界出现的一些新情况。为了适应这些变化，本书吸收了2016年以来有关审计的新准则。

本书以非审计专业的培养要求为指导，体现了以下特点。

1. 充分吸收有关审计的新准则内容，力求反映我国审计理论和实务的最新成果。

2. 主线清晰、结构严谨、由浅入深，首先介绍了审计基础知识和基本技术，然后分类介绍注册会计师审计和国家审计等内容。全书以注册会计师审计为重点，强化了注册会计师的职业道德，梳理了审计过程，突出了财务报表审计、内部控制审计和鉴证报告。

3. 近年来，为了适应经济发展和学生就业的需要，各高校对部分专业的课程体系进行了改革。本书在教学改革的基础上，充分考虑了不同层次院校会计学专业及相关专业的培养要求和教学特点，努力在知识结构、难易程度、语言表达等方面增强本书的可读性。每章章前指出本章重点，便于学生预习。每一章最后都配备了本章小结和练习题，以配合教学，供学生复习使用。

由于注册会计师审计准则、国家审计准则及企业内部控制规范在执行过程中会有新情况和新问题出现，本书只能依据现有审计规范编写，无法预料未来变化。因此，本书的编写是不够完备的，加之编者水平有限，书中可能存在不足或者错误，恳请读者批评指正。

本书由南昌大学经济管理学院会计系何恩良、闫焕民和江西师范大学财政金融学院饶曦任主编,四川农业大学林东川、南昌师范学院郑嘉琳任副主编,南昌大学经济管理学院熊欢欢、四川农业大学符巍兰、江西理工大学杨丽参与编写。具体编写分工如下:饶曦编写第一章和第四章,熊欢欢编写第二章,何恩良编写第三章和第五章,林东川编写第六章,闫焕民编写第七章,郑嘉琳编写第八章,杨丽编写第九章,符巍兰编写各章节的小结和练习题。初稿完成后,经过多次审阅、修改后定稿。在编写本书的过程中,我们参考了许多文献资料,在此对这些文献资料的作者表示衷心的谢意!本书的出版获得南昌大学2017年教材出版资助,我们对南昌大学表示感谢!

编　者

目　录

第一章　审计概论　1

第一节　审计的产生与发展　1
第二节　审计的含义与分类　3
第三节　审计假设　5
第四节　审计目标与对象　13
第五节　审计职业道德　18
本章小结　24
练习题　25

第二章　审计技术　28

第一节　审计证据　28
第二节　审计工作底稿　33
第三节　审计常用方法　40
第四节　审计抽样　45
第五节　计算机辅助审计技术　54
本章小结　56
练习题　56

第三章　注册会计师管理　59

第一节　注册会计师概述　59
第二节　会计师事务所及质量控制　61
第三节　注册会计师业务　69
第四节　注册会计师法律责任　72
第五节　注册会计师协会　75
本章小结　77
练习题　78

第四章　审计过程　82

第一节　审计初步业务活动　82
第二节　计划审计工作　89

第三节 审计测试 ··· 95
第四节 完成审计工作 ·· 101
本章小结 ··· 107
练习题 ··· 108

第五章 财务报表审计　　111

第一节 资产负债表审计 ·· 111
第二节 利润表审计 ·· 154
本章小结 ··· 160
练习题 ··· 160

第六章 内部控制审计　　164

第一节 内部控制审计概述 ·· 164
第二节 计划内部控制审计 ·· 167
第三节 测试内部控制 ·· 169
第四节 完成内部控制审计 ·· 175
本章小结 ··· 178
练习题 ··· 179

第七章 鉴证报告　　182

第一节 财务报表审计报告 ·· 182
第二节 内部控制审计报告 ·· 209
本章小结 ··· 213
练习题 ··· 214

第八章 其他鉴证业务　　218

第一节 验资 ·· 218
第二节 特殊目的审计 ·· 225
本章小结 ··· 229
练习题 ··· 229

第九章 国家审计　　232

第一节 国家审计概述 ·· 232
第二节 国家审计机关 ·· 239
第三节 审计计划 ·· 242
第四节 审计实施 ·· 244
第五节 审计报告 ·· 247

第六节　审计质量控制 …………………………………………… 249
本章小结 …………………………………………………………… 251
练习题 ……………………………………………………………… 251

参考文献 ………………………………………………………………… 255

第一章 审计概论

本章重点
1. 审计假设。
2. 审计目标和审计对象。
3. 审计的职业道德。

第一节 审计的产生与发展

一、审计的产生

审计是社会经济发展到一定阶段的产物,也是基于经济监督的客观需要而产生的。社会经济没有发展的情况下,没有剩余产品,是不需要审计的。当社会经济发展到一定程度,经济规模的不断扩大、经济活动的频繁使得财产所有者无法亲自管理所有财产,只好委托他人代为管理,使得所有权与经营权分离。财产所有者出于对财产安全的考虑,需要经常对代理人进行检查,审计由此而生。

我国审计始于西周初期,当时的"宰夫"一职相当于现代的审计人员,主要负责财政经济监察工作。西方国家的审计源头也可以追溯至古希腊、古罗马时期。当时的官厅审计机构是以"听证"的形式对掌管国家财物和赋税的官吏进行审查和考核。

二、审计的发展

(一)我国古代审计的发展

古代审计在西周奴隶时期是作为附属"冢宰"的一种工作,当时的"宰夫"一职就从属于小宰、大宰,并不是一个独立的审计机构。到了封建社会,审计在秦汉时期有了统一的审计模式，秦汉时期采取中央集权制、地方郡县制的行政制度，设立了"三公""九卿"辅佐政务。御史大夫为"三公"之一，负责监察全国的民政、财政，以及财务审计事项。而地方的财政收支标准则要呈报御史大夫审核，这就是"上计"制度，也是我国审计制度的初始模型。隋朝开创了新制，设置比部，负责国家财计监督，行使审计职权。唐朝改设三省六部，比部的审查范围扩大到全国财经各个领域。隋唐时期我国审计发展处于鼎盛状态，到了北宋时期，将"审计司"改称"审计院"。由此，我国"审计"正式成为一个专用名词，对后世中外审计建设具有深远的影响。明清时期，我国审计制度虽然有所发展，但总体上处于停滞状态。

(二) 现代审计的发展

虽然我国古代的审计制度比西方更发达，但现代意义的审计诞生于西方，是自18世纪初期至19世纪中叶工业革命后的英国开始的。西方经济的发展促进了经营管理和审计的发展，股份公司的出现进一步加快了所有权和经营权的分离。1853年，在苏格兰的爱丁堡成立了"爱丁堡会计师协会"，这是世界上第一个职业会计师的专业团体，标志着民间审计职业的诞生。

我国在民国时期才开始全面建立近代审计制度和体系。1912年9月，北洋政府国务院宣布成立中央审计处，总揽全国会计监察事务。1914年，北洋政府改中央审计处为审计院，同年颁布了《审计法》。1918年，北洋政府农商部颁布了我国第一部民间审计法规《会计师暂行章程》。同年，谢霖被获准成为我国第一名注册会计师，他创办的正则会计师事务所是我国第一家民间审计机构。新中国成立之后，国家没有设立独立的审计机构，对企业的财税监督和货币管理通过不定期的会计检查来完成。直到1980年，财政部颁发了《关于成立会计顾问处的暂行规定》，恢复并重建了注册会计师制度。1984年，我国在部门单位内部成立了审计机构，实行内部审计监督。1985年，注册会计师审计被载入《中华人民共和国会计法》。1986年，《中华人民共和国注册会计师条例》开始实施。1993年10月，《中华人民共和国注册会计师法》颁布并于1994年起实施。1995年后，颁布实施了若干批中国注册会计师独立审计准则。2003年开始，《内部审计基本准则》《内部审计具体准则》和《内部审计实务指南》等陆续颁布并实施，我国内部审计得到迅速发展。2006年，在独立审计准则的基础上，重新颁布实施《中国注册会计师执业准则》。

这样，我国形成了政府审计、注册会计师审计和内部审计三位一体的审计监督体系。2010年，审计署在其网站公布了新修订的《中华人民共和国国家审计准则》，自2011年1月1日起施行。2012年，中国内部审计协会对2003年以来发布的内部审计准则进行了全面、系统的修订，自2014年1月1日起施行。2016年，我国财政部颁布了《中国注册会计师审计准则第1504号——在审计报告中沟通关键审计事项》等12项新注册会计师审计准则，并于2017年1月1日起逐步实施。随着国家对相关审计准则的修订，我国审计的质量和标准得到了提高，并逐步与国际接轨。

三、现代审计与社会经济结构之间的关系

(一) 两权分离理论

两权分离理论即公司所有权与控制权分离理论。在"企业"或"公司"未出现之前，两权

分离主要是指财产所有者将财产交给他人代理产生的所有权和经营权分离的情况。随着社会经济的发展,以及企业或公司形式的出现,财产所有者拥有的资产不是自己管理运作,而是通过委托他人进行管理运作,企业或公司的所有权与控制权分离。

财产所有者即委托人,财产控制者即代理人,代理人所管理的财产并非归自己所有,但代理人却要对这些财产负有经营责任。为了使委托人能充分了解财产的所有情况,代理人需要通过会计报告来说明财产的经营情况。由此,对这类报告的监督管理活动就开始发展起来。

(二) 委托代理理论

20世纪30年代,美国经济学家伯利和米恩斯因为洞悉企业所有者兼做经营者的做法存在极大的弊端,于是提出"委托代理理论",倡导所有权和经营权分离,企业所有者保留剩余索取权,而将经营权利让渡。

由于生产力水平的提高和社会经济规模的扩大,所有者受条件所限不能行使所有的权力,同时出现了一批具有专业性、技术性的人才可以帮助所有者经营管理,所有者就会通过委托这些人才使利益最大化,但代理人追求的是自身的收入、消费能力和空闲时间最大化,这就使得两者有一定的利益冲突。在信息对称的情况下,代理人的行为是可以被观察的,那么委托人就可以根据代理人的行为实施奖惩。此时,帕累托最优风险分担和帕累托最优努力水平都可以达到,但市场一般都处于信息不对称的情况下。

(三) 信息不对称理论

在市场经济活动中,各类人员对有关信息的了解是有差异的:掌握信息比较充分的人员比掌握信息贫乏的人员处于更有利的地位。在委托代理的情况下,所有者往往无法直接观察到代理中的所有行为,只能通过相关变量进行观察。

因为委托人和代理人的利益冲突,信息不对称容易导致双方面临"道德风险"问题。例如,代理人利用企业或公司资源为自己谋福利,或者工作时不努力、偷懒耍滑等。但由此产生的代理成本总是无法避免的。

第二节 审计的含义与分类

一、审计的含义

中国审计学会对审计的定义如下:"审计是独立检查会计账目,监督财政、财务收支真实、合法、效益的行为。"

美国会计学会(AAA)审计基本概念委员会对审计的定义如下:"审计是客观地获取和评价有关经济活动和事件运行的证据,以确定有关经济活动和事件运行的情况与已建立的标准之间的一致性程序,并将此结果报告给有关利益人的一个系统过程。"

美国注册会计师协会(AICPA)对审计的定义如下:"独立人员对财务报表加以检查,搜集必要证据。目的是对这些报表是否按照公认会计原则公允地反映财务状况、经营成果和财务状况变化情况表示意见。"

综上所述，审计是由独立的机构和人员，运用特定方法，对有关部门和单位的会计资料及这些会计资料所反映的财政、财务活动的真实性、合法性和效益性进行监察、鉴证和评价，以保护有关部门和单位的财产安全，提高有关部门和单位经济效益的一种经济监督形式。

我们也可以通过审计主体、客体、方式、目的和特征这几方面来理解审计的定义。

(一) 审计的主体

审计的主体通常是独立的机构和人员，包括政府审计机构和人员、内部审计部门和人员、会计师事务所及会计师事务所实施审计活动的人员。

(二) 审计的客体

审计的客体包括审计谁，审计什么内容，即被审计单位，包括法定范围内的国家事业单位、企业单位及其他经济组织。

(三) 审计的方式

审计通常以相关法律、法规为依据，对被审计单位特定时期内财政、财务收支及其他有关经济活动进行审计。其中，政府审计和内部审计要由上级管理部门或领导授权。

(四) 审计的目的

通过对被审单位的审计，了解被审计单位的财政、财务收支及有关经济活动的公允性、真实性、合法性和效益性，从而维护经济秩序。

(五) 审计的特征

保证审计工作顺利进行，审计主体通常是独立的机构和人员，具有独立性；审计以相关法律、法规为依据，具有权威性，而审计的权威性总是与独立性相关，它离不开审计组织的独立地位与审计人员的独立执业；审计人员在审计过程中实事求是、客观公正，具有公正性，而从某种意义上说，没有公正性，也就不存在权威性。

二、审计的分类

审计可以按不同的分类标准进行分类。

(一) 按主体分类

审计按主体分类，可分为国家审计、民间审计和内部审计。

▶ 1. 国家审计

国家审计的特征主要是在审计主体、审计内容和被审计单位中体现了国家所有权。

《中华人民共和国审计法》规定：我国国家审计对象的实体即被审计单位，是指所有作为会计单位的中央和地方的各级财政部门、中央银行和国有金融机构、行政机关、国家的事业组织、国有企业、基本建设单位等。审计对象的主要内容包括上述部门的财政预算、信贷、财务收支(负债、资产、损益)和决算，以及与财政、财务收支有关的经济活动及经济效益。审计署还将把审计对象延伸到中央驻香港机构和中资企业国有资产管理中。

▶ 2. 民间审计

民间审计即注册会计师审计。由于民间审计具有可以接受不同所有者委托的特征，不仅民间审计主体采取法人的形式，而且审计活动也是通过委托受托进行的。民间审计的被审计单位依委托审计主体的所有权性质不同而各异。民间审计的目的是对被审计单位的财务报表的合规、合法和公允性发表意见。

▶ 3. 内部审计

由于内部审计只是代表某一特定的所有者或集团，所以，内部审计机构或人员都直接设立于特定组织或部门、单位内部，内部审计的对象也只限于特定财产经营者本部门和本单位内部的会计资料及会计资料所反映的经济活动。

（二）按内容分类

审计按内容分类，可分为财务审计、法纪审计和效益审计。

▶ 1. 财务审计

由于财务审计侧重于真实性、正确性审计，因而主要通过鉴证职能来完成。

▶ 2. 法纪审计

由于法纪审计侧重于合法性审计，因而主要通过监察职能来完成。

▶ 3. 效益审计

由于效益审计侧重于效益性审计，因而主要通过评价职能来完成。

（三）按范围分类

审计按范围分类，可分为全部审计、局部审计和专项审计。

全部审计是指对被审计单位一定时期内的全部会计资料或全部经济活动所进行的审计。局部审计是指对被审计单位一定时期内的部分会计资料或部分经济活动所进行的审计。专项审计是指根据特定需要或目的进行的审计。

（四）按时间分类

审计按时间分类，可分为事前审计、事中审计和事后审计。

事前审计是指对被审计单位在财政、财务收支或经济活动发生之前进行的审计。事中审计是指对被审计单位在财政、财务收支或经济活动发生的过程中进行的审计。事后审计是指对被审计单位在财政、财务收支或经济活动结束后进行的审计。

（五）按执行地点分类

审计按执行地点分类，可分为报送审计和就地审计。

报送审计是指审计机关通知被审计单位将有关资料在规定的时间送到指定审计地点，由审计机关依法进行的审计。就地审计是指审计机关或民间审计即社会审计组织派遣审计人员到达被审计单位依法进行的审计。

第三节 审计假设

一、审计假设的含义与原则

（一）审计假设的含义

假设是什么？著名学者胡适曾有一句名言："大胆假设，小心求证。"假设是人们对所研究事物的本质或规律的初步设想或推测，是对所研究课题提出的可能的答案或尝试性的理解。我们认为，假设是人们在日常工作中通过细致观察，在具有一定理论基础和调查资料的前提下，从一个客观已知的理论认识中推导出来的。

同理，审计假设是人们根据现有的审计经验和已知的事实，建立在已有的相关理论知识基础上，对审计事物的基本特征和审计事物运动规律的认识。简言之，审计假设是指关于审计实践和审计理论的抽象概括。首先，审计假设不是突发奇想，而是人们以已认识并掌握的审计知识或经验为依据，以一定的确实、可靠的关于审计的事实材料为基础，对审计的基本特征和运动规律的初步认识；其次，由于现有审计经验或理论知识的不完善，在此基础上推断出来的审计假设是还未经过审计实践检验的结论，具有一定的不准确性，会因为不断修正的经验和理论而推翻或完善；最后，审计假设是结合了审计的本质、审计各要素的内在联系、审计发展的规律性而得出的猜想和推论。这些猜想和推论，在运用了各种逻辑方法进行推理和证明后，又能得到新的审计假设。审计假设是在不断变化、不断修正的。

（二）构建审计假设体系的基本原则

假设的形成和运用具有很大的创造性，显示了思维主体的自觉能动性。这里不存在机械性规则，但是却有一些必须遵循的方法论原则。

▶ 1. 客观性原则

科学的审计假设不是猜想，它是以一定的客观条件为依据对那些直接观察的规律和事实所做的假定。假设的建立离不开实践，即必须在大量观察、实验的基础上，掌握大量有重要意义的、反映事物本质的材料。按照假设构成的条件、假设的修正、假设的验证等逻辑原则，新的假设"不能与已有的科学理论相矛盾"；新的假设"应当能够很好地解释已有的事实，并能推出可在实践中检验的判断"；新的假设"绝不意味着原有假设所获得的事实材料和检验结果完全作废"。

▶ 2. 可检验原则

可检验是审计假设具有科学性的一个基本条件。假设本身就是一种推测性解释，它必须接受事实和经验材料、科学理论的检验，在检验中证实或证伪。不可检验或无法检验的假设永远是一个谜，无法成为科学理论，因而是不可取的。

▶ 3. 独立性原则

审计假设必须是相互独立的，或者说审计假设体系中的任何假设不应该是由其他假设推出的推论。独立性原则是审计假设的重要特征。审计假设的独立性原则表明审计假设体系中的每一项内容彼此应相互独立，"不为其他假设所笼罩"。也就是说，审计假设体系中的每项内容都应是独立的命题，它们不能重复、交叉，彼此之间也没有派生关系。

▶ 4. 排他性原则

从逻辑上讲，两个相互矛盾而又同时真实的命题在同一个体系中是不能并存的，这就是所谓的排他性。审计假设体系作为一个完整的整体，也具有排他性。审计假设的排他性原则表明在审计假设体系中不能包含相互矛盾的命题，即由审计假设体系推导出来的命题中若有相互矛盾的两个命题，那么至少有一个是不能被证明的。

▶ 5. 包容性原则

审计假设在审计理论结构体系中处于高层次，它决定着审计的基本原则。审计假设的包容性原则表明每一项审计假设或几项审计假设结合之后，其中应该隐含更多、更丰富的命题。作为审计学科的出发点或基础，审计假设如果没有包容性，审计学科便难以在审计假设的基础上发展起来。一项审计假设如果仅能说明自己，而不隐含更为丰富的命题，这项审计假设对审计学科就没有贡献，也就失去了存在的价值。

▶ 6. 简明性原则

审计假设要尽可能地在逻辑上简洁明了，尽可能地解释和符合更多的事实与客观对象，即审计假设要有很大的内存量，这样，假设的科学性就强。此外，审计假设应以能够支持审计理论框架为限，应力求简明扼要，便于理解。

二、审计假设的理论研究

关于审计假设的相关理论研究，从 20 世纪 60 年代初才开始有所重视，因此对此的研究时间还不够长。在这方面做出杰出贡献的首推 Mautz 和 Sharaf，在他们合著的 *The Philosophy of Auditing* 一书中提出的八条审计假设，开创了审计假设研究的先河，成为人们研究审计假设的基础。各国关于审计假设的代表观点主要有以下几种。

（一）Mautz 和 Sharaf 的审计假设

Mautz 和 Sharaf 是研究审计假设的开创者，他们将审计假设归纳为八条具体内容[①]：

(1) 财务报表和财务资料是可以验证的；
(2) 审计人员和被审计单位管理当局之间没有必然的利害冲突；
(3) 提交验证的财务报表和其他资料不存在串通舞弊和其他异常舞弊；
(4) 完善的内部控制系统可以减少舞弊发生的可能性；
(5) 公认会计原则的一致运用可以使财务状况、经营成果和财务状况变动得以公允表达；
(6) 如果没有明确的相反证据，对被审计单位来说，过去被认为是正确的，将来也被认为是正确的；
(7) 当财务数据的审查目的是为发表一个独立意见时，审计人员只能唯一地充当审计师的角色；
(8) 独立审计人员承担与审计人员的职业地位相称的职业责任。

Mautz 和 Sharaf 的审计假设为后人在审计理论方面的研究打下了坚实的基础，新的审计理论的发展都是建立在 Mautz 和 Sharaf 的理论结构上的。但他们的审计假设也不是完美的，随着社会环境的变化，他们的审计假设也在经受严峻的检验。

（二）Tom Lee 的审计假设

英国的审计理论研究者 Tom Lee 在著作 *Company Auditing* 一书中，将审计假设分为审计必要性假设(justifying postulates)、审计人员的行为假设(behavioral postulates)和审

[①] Mautz & Sharaf. The Philosophy of Auditing. American Accounting Association，1961：42.

计功能假设(functional postulates)①。它们的内容如下所述。

▶ 1. 审计必要性假设

(1) 未经审计的年度会计信息缺乏充分的可信性。

(2) 对年度会计信息可信性的鉴证是最迫切的审计要求。

(3) 年度会计信息可信性的鉴证最能由法定审计达到。

(4) 年度会计信息的可信性是可被验证的。

(5) 股东和其他财务报告使用者自己通常不能验证年度会计信息的可信性。

▶ 2. 审计人员的行为假设

(1) 审计人员与管理部门之间没有必然的利益冲突。

(2) 对审计人员不存在不合理的法律约束。

(3) 审计人员是适当独立的。

(4) 审计人员具有足够的技能和经验。

(5) 审计人员被要求能对本人意见的性质和工作质量负责。

▶ 3. 审计功能假设

(1) 审计可以获取充分可靠的审计证据，并以适当形式在合理的时间和成本范围内进行审计。

(2) 内部控制的存在可使会计信息避免重大的错误和舞弊。

(3) 公认的会计概念与基础的适当和一致运用，可使财务报表公允表达。

Tom Lee 的审计假设从审计产生的原因、对审计人员的要求和履行审计职能的基本条件三个方面进行分析。与 Mautz 和 Sharaf 的审计假设相比，Tom Lee 增加了审计需求产生的原因假设。Hamilton 认为这是必须的，但也有人怀疑这一步是否有意义，审计界对 Tom Lee 的审计假设是否具有积极意义存在分歧。

(三) C. W. 尚德尔的审计假设

美国的审计学者 C. W. 尚德尔在 1975 年出版的《审计理论》一书中，提出了以下五条审计假设。

▶ 1. 目的基本假设

要收集、考虑和创造证据的范围和性质，用来评价证据的标准，所得出的结论都取决于审计的目的。我们还不能证明每一次审计都有其目的，它是审计的一项基本假设。

▶ 2. 判断基本假设

确定审计活动的目的要求有一个中间的或最终的决定，它使判断或意见成为必要。它包含将判断者头脑中产生的某种模式的概要观点与某个标准或标准体系相比较，然后得出结论。

▶ 3. 证据基本假设

过去、现在或预计的证据是进行一项审计所必需的。没有证据就不能形成审计意见，从而也就没有审计。

---

① Tom Lee. Company Auditing(3rd edition). Van Wostrand Reinhold Co. Ltd.，1986：84-85.

▶ 4. 标准基本假设

存在一种抽象的，但能使审计人员做出陈述、意见或判断的标准系统。标准是形成审计意见，进行审计的必要条件。

▶ 5. 传输基本假设

该假设宣称，可通过记忆或外界的存在将数据传输给其他人，且这些数据是有意义的。这些数据的存在、有效性，以及对它们的解释是审计过程的主题。没有它们就不可能有理解、评价或判断。

尚德尔教授的审计假设是对 Mautz 和 Sharaf 的审计假设的延伸和拓展，他从审计的基本原理出发，对评价过程、判断、调查和证据——进行研究，极大地丰富了审计假设理论。

（四）David Flint 的审计假设

英国著名审计教授 David Flint 在 1988 年出版的 *Philosophy and Principles of Auditing* 一书中，对审计假设做了新的探讨，提出了以下七条审计假设①。

（1）受托经济责任关系或公共责任关系是审计存在的首要前提；

（2）经济责任的内涵微妙、复杂、重要，以致如果没有审计，该种责任的解除就无法证实；

（3）审计必须具备的特征是审计地位的独立性和摆脱调查与报告方面的约束；

（4）审计的对象、内容都可以通过证据予以证实；

（5）可以对行为、业绩、成果和信息质量等确认责任标准并进行计量，然后对照标准做出判断；

（6）被审财务或其他报表资料的含义和目的是充分的、清晰的，审计可以对这些含义和目的的可信性做出充分表达；

（7）审计可以产生经济或社会效益。

David Flint 从社会的观点角度对审计假设进行研究，为建立广义的审计理论结构打开了视野，但是否有效仍需等待实践的检验。

以上列示了几大具有代表性的关于审计假设的研究结果。通过对这些假设的学习，我们可以发现 Mautz、Sharaf、Tom Lee、尚德尔和 David Flint 的审计假设都包含了审计产生的需求、实现审计目标和实施审计程序三个方面。审计目标的确认和实现都是建立在有逻辑、有依据的审计假设之上的，没有这些假设就无法推定审计准则的合理性和正确性。

三、我国审计假设体系

国内不少学者结合中国国情对审计假设进行了有益的探索，形成了不同特色的审计假设体系。

▶ 1. 信息不对称假设

财产所有者与经营者分离而造成的信息不对称是审计产生的直接原因。在信息不对称的情况下，需要一个机构来解决在事前信息不对称的情况下提供真实信息、在事后信息不

---

① See David Flint. Philosophy and Principles of Auditing，Macmillan Education Ltd.，1988：23-39.

对称的情况下确实履行责任的问题。这一假设主要解决为什么需要审计及审计做什么的问题。

▶ 2. 信息不确定假设

被审计单位管理当局提供的财务报表等所反映的信息的不确定性是审计产生的根本原因。诸多影响因素的存在导致了信息的不确定性，这种不确定性导致信息可能呈现真实有用的信息、错误的信息或虚假的信息三种情况。错误的信息和虚假的信息会给信息使用者造成决策失误，从而导致巨大的经济损失。为了避免这一情况，信息使用者客观上就需要一个来自外部的，持独立、客观、公正立场的第三者对被审计单位管理当局提交的信息的公允性加以验证，这样就产生了审计。无论国家审计、内部审计还是注册会计师审计，都是由于信息的不确定性而产生的。如果信息是确定的，则审计也将不再存在。

▶ 3. 信息可验证假设

信息可验证假设是指反映被审计单位的财务收支及有关的经营管理活动的会计信息是可以验证的。这条假设的含义至少应包含四个方面的内容。

(1) 对审计客体的记录和汇总是客观的，即反映经济业务的凭证和对凭证进行分类登记的账簿，以及反映综合情况的报表等资料之间存在逻辑联系；

(2) 存在判断财务报表和财务数据及其形成过程合理性的客观标准；

(3) 重大舞弊差错及非法行为是可揭露的；

(4) 审计主体能在合理的时间、人力和费用范围内取得足够的证据并得出有效的结论。

也就是说，审计师可采用一定的审计程序、审计技术和方法对企业递交的信息资料进行验证，为审计意见的形成提供充分有力的证据。

从信息可验证假设出发，可以推导出四个重要的审计概念，即审计证据、审计标准、审计风险和合理保证。要对审计客体进行验证，首先必须取得充分有效的审计证据；为了做出审计评价，还必须有大家公认的审计标准；审计师未能揭露财务报表所包含的重大差错和舞弊，就必须承担相应的审计风险；社会公众可以相信经验证的财务报表能提供某种程度的合理保证，一旦遭受损失，可向审计师提起诉讼。

▶ 4. 信息重要假设

信息重要假设是指经济信息的内涵微妙、复杂、重要，以致如果没有已经审计的信息，无法做出合理的决策；而验证信息的真实、可靠是审计过程的主题。没有审计不可能正确地理解、评价或判断信息。在经济社会中，经济责任是普遍存在的，必须有这样的审计假设，在审计中才能明确经济责任，考核经济责任的履行情况，真正发挥审计的作用。

▶ 5. 审计主体独立假设

随着财产所有权和经营权的分离，客观上需要一个与其没有任何利害关系的独立主体对会计信息的真实可靠性做出鉴证和评价。这一假设推导出从方式上审计必须是一种委托审计，从而将审计与会计检查、经济监察等区分开来，使得审计具有自身的基本特征。

▶ 6. 审计主体胜任假设

审计主体胜任假设是指在履行审计职责过程中，审计主体应具备专业胜任能力，包括技术、知识和经验等。审计师需要根据具体的情况做出大量的判断和决策，即审计师应当有能力进行一系列的判断和决策，识别所有影响审计风险的因素，达到审计目标。

▶ 7. 审计主体理性假设

人类行为，无论是出自生命自身的冲动，或是为个人荣誉而产生的善举，其动机都发端于利己心。审计师在执行业务过程中所表现出的自利性表现为对审计收费和客户数量的追求，但审计师不能无视法律和规范的存在而出具虚假报告。理性的审计师应从长远的角度考虑其行为的最大效益，主动接受法律和规范的约束。

▶ 8. 风险可控假设

风险可控假设是指审计师可以通过设计恰当的审计程序，通过风险的识别、评估和应对措施把审计风险控制到可接受的水平。审计风险由固有风险、控制风险和检查风险等三个要素组成，虽然固有风险、控制风险的发生是审计师无法控制的，但审计师可通过评价它们的高低，通过把审计资源重点分配到高风险的审计领域，较好地揭露企业财务报表中所包含的重大错报，控制检查风险，而间接地使审计风险控制在可接受的水平。

▶ 9. 证据力差别假设

证据力差别假设是指不同的审计证据其可靠性是不同的，受其来源、及时性和客观性的影响。审计工作的核心就是获取审计证据，审计证据是做出审计结论的依据。证据力差别假设为审计工作的顺利进行提供了必要的基础，没有证据力差别假设将无法开展审计工作，得出最终的审计结论。

▶ 10. 责任明确假设

责任明确假设认为，会计责任和审计责任是两个完全不同的概念。保护资产的安全、完整，保证会计资料的真实、完整、合法，是被审计单位的会计责任，这一责任不能由审计主体来承担；审计主体的责任是对被审计单位财务报表的合法性、公允性发表审计意见，并对出具的审计报告负责。

阅读资料

世界通信公司（以下简称世界通信）成立于1983年，在不到20年的时间内，成为美国的第二大长途电信营运商［仅次于1877年成立的美国电报电话公司（AT&T），如果不是司法部在2001年否决了世界通信与斯普瑞特（Sprint）公司的合并方案，它很可能成为美国电信业的龙头老大］。世界通信的成功应归功于创始人本纳德·埃伯斯（Bernard J. Ebbers）在收购兼并方面的禀赋，以及首席财务官司考特·D. 苏利文（Scott D. Sullivan）。从1983年成立至2001年，世界通信共完成了65项重大收购兼并。

在2002年7月21日申请破产保护前，世界通信是一个业务范围覆盖65个国家，拥有85 000名员工、1 000多亿美元资产、350多亿美元营业收入，为2 000多万个人客户和数万家公司客户提供语音话务、数据传输和因特网服务的超大型跨国公司。

首先发现世界通信财务舞弊的是内部审计部副总经理辛西亚·库伯（Cynthia Cooper），她于2002年年末被评为《时代》杂志一年一度的新闻人物。此外，还有安然公司的雪伦·沃特金斯（Sherron Watkins）和联邦调查局的柯琳·罗莉（Coleen Rowley）。

2002年2月8日，世界通信降低了2002年度的收入和盈余预测，并计划在第二季度计提150亿美元至200亿美元的无形资产减值准备。

3月12日，美国证券交易委员会正式对世界通信的会计处理立案稽查。

4月3日，世界通信宣布裁员10%（8 500名员工）。

4月30日，世界通信的创始人本纳德·埃伯斯因卷入4.08亿美元贷款丑闻而辞去首席执行官职务。

5月9日，穆迪斯和菲奇等信用评级机构将世界通信债券的信用等级降至"垃圾债券"级别。

6月5日，再次裁员20%（17 000名员工）。

6月20日，因资金周转紧张，推迟了优先股的股息支付。

6月24日，世界通信的股价跌破1美元（1999年6月最高股价曾达到64.50美元）。

6月25日傍晚，上任不到两个月的首席执行官约翰·西择摩尔（John Sidgmore）宣布：内部审计发现，2001年度及2002年第一季度，世界通信公司通过将支付给其他电信公司的线路和网络费用确认为资本性支出，在五个季度内低估期间费用，虚增利润38.52亿美元。世界通信的股票交易被纳斯达克紧急停牌三天，复牌的第一个交易日，股价跌至0.06美元（前一日的股价跌至0.83美元）。许多美国主流媒体将世界通信的英文缩写"Word Com"改为"Word Con"（世界骗局），当时正在加拿大进行国事访问的布什总统公开表示震怒。

6月26日，美国证券交易委员会以超乎寻常的速度向联邦法院递交了诉状，对世界通信提出证券欺诈指控，与此同时，美国司法部和国会宣布对世界通信的财务丑闻展开调查。

7月21日，世界通信向美国破产法院纽约南区法庭申请破产保护，申报的资产总额高达1 070亿美元，成为美国历史上最大的破产案（据专家估计，资产的公允价值约为150亿美元，而世界通信的负债总额接近450亿美元，资不抵债约300亿美元）。

7月31日，纳斯达克将世界通信的股票摘牌。

8月1日，对财务丑闻负有不可推卸责任的世界通信前执行副总裁兼前首席财务官司考特·D.苏利文及前副总裁兼主计长大卫·迈耶斯（David F. Myers）被联邦调查局逮捕。

8月8日，世界通信宣布1999年度和2000年度的税前利润被高估了34.66亿美元。

11月5日，再次披露又发现了20亿美元的虚假利润，至此，世界通信承认的虚假会计利润已经超过93亿美元。随着调查的进一步深入，预计会突破100亿美元，创下了空前的财务舞弊世界纪录。

世界通信曾经一度以1 150亿美元的股票市值成为美国第25大公司。1999年6月24日，世界通信的股票市值超过1 150亿美元，丑闻公布后恢复交易的2002年7月1日，股票市值猛跌至3亿美元以下，债权银行和机构投资者损失惨重：JP摩根信托公司损失172.0亿美元，梅隆银行损失66.0亿美元，花旗银行损失32.9亿美元，JP摩根大通银行损失30.0亿美元等；加州公务人员退休基金损失3.9亿美元，培基证券公司损失3.9亿美元，大都会人寿保险公司损失3.0亿美元等（上述数字为2002年7月12日所持有世界通信公司债券和股票的账面价值）。

资料来源：豆瓣网.

第四节 审计目标与对象

一、审计目标的含义与影响因素

审计目标是在一定历史环境下，审计主体通过审计实践活动所期望达到的目标或最终结果，体现了审计的基本职能，是构成审计理论结构的基石，是整个审计系统运行的定向机制，是审计工作的出发点和落脚点。

(一) 影响审计目标的确立与变更的因素

▶ 1. 社会需求是影响审计目标的根本因素

社会需求是社会生产和服务的出发点。审计作为一种服务职业，审计目标自然受到社会需求的重要影响，这可以通过注册会计师审计产生、发展的历史演变过程得以验证。

审计萌芽时期，这一时期所有者最关心的是财产经营管理者的诚实和可靠性。企业的经济业务简单、控制手段原始、生产技术落后，审计人员可以利用听账、对账和详查的方法来完成查找舞弊的审计目标。

19世纪末20世纪初，随着企业生产的发展和规模的日益扩大，详细审计方法已经跟不上经济形势的要求，加之公司资金主要依赖银行贷款，债权人需要审计人员证明资产负债表所反映的企业偿债能力。于是，审计方法变为详查和抽查相结合，审计目标变为确定资产负债表的公允性。

20世纪三四十年代，随着资本市场的迅速发展，投资者也开始关心企业的经营成果，需要了解全部财务报表反映的财务状况、经营成果，审计发展到以验证财务报表的公允性为目标的抽样审计阶段。

20世纪下半叶，资本主义从自由竞争阶段发展到垄断阶段，企业内部的管理活动日益加强，现代管理会计与传统财务会计相分离，审计的内容扩展到内部控制、经营决策、职能分工、企业素质、工作效率和经营收益等方面，于是经营审计就从财务审计中分离出来，审计目标转为采用特定方法评价企业工作的经济性、效率性和效果性。

▶ 2. 审计能力是影响审计目标确立的决定性制约因素

社会环境对审计需求的不断扩大和对审计作用的过高期望，常常使人们卷入责任诉讼纠纷。当审计的能力不能达到社会的全部期望时，或者说，当社会与审计职业界对审计的内容和要求认识不一致时，就出现了"期望差"，这是双方在目标上所存在的差距。实际上，审计自产生以来，审计人员始终为满足社会的需求而努力，但因为一直无法完全满足社会的需求，所以始终处于被动状态。因此，审计能力满足社会需求是相对的，而不是绝对的。

影响审计能力的因素是多方面的，有审计技术方面的原因、审计人员素质方面的原因、审计的时间限制及审计委托人所能承担的费用等原因，其中既有主观原因，也有客观原因。

审计能力的有限性限制了审计满足社会要求的程度，它在审计目标的确立中起着平衡作用，只有当审计具备了满足社会需求的能力时，这种社会需求才能成为审计目标。

3. 社会环境对审计目标产生重大影响

(1) 国家法律对审计目标确立的影响。国家法律对民间审计的影响以英国的《公司法》、美国的《证券交易法》为主要代表。这些法律的颁布产生了法定审计，从法律的高度确立了审计的社会地位，也明确了审计的目标。例如，1900年以前的英国《公司法》，根据当时的社会需求，规定公司审计的主要目标是揭露欺诈、舞弊和差错。到了1948年，根据社会经济环境的变化，在新修订的《公司法》中认为，审计目标第一是对每年向股东公布的会计信息的质量提出意见，第二是证实会计数据的可靠性，而揭露欺诈、舞弊和差错已成为第三重要的目标。在美国，《证券法》和《证券交易法》及其他法律，如《反外国贿赂法》等对审计目标也有类似的影响。所以，法律根据社会需求对目标的规定具有强制性，成为审计人员的法定职责（如公允性、差错揭弊），审计人员必须遵守。这在审计准则中也有体现。

(2) 法庭判决对审计目标确立的影响。在英美等国，法庭对诉讼案例的判决结果及判决原则被看成一种习惯法，审计责任和范围通过法庭的判决而得到明确。这表明审计目标主要是检查报表反映情况的真实性，即是否有欺诈和舞弊行为。因为法律规定较抽象，许多细节要通过法庭判决加以明确，同时判决也考虑了社会需求与审计能力，因而导致判决随社会经济环境的变化而变化，审计目标也发生相应变化。

(3) 会计职业团体对审计目标确立的影响。会计职业团体对审计目标的影响可以说是最重要的。如美国注册会计师协会在20世纪七八十年代制定的《审计准则说明书》(SAS)就是很好的例证。1977年发布的第16号和第17号《审计准则说明书》，根据社会的需求，将揭露差错、舞弊及客户的非法行为列作审计目标。1988年，根据环境的新变化，公布了第53号~61号《审计准则说明书》，分别对审计人员揭露差错、舞弊和非法行为的目标做了新的修正。

综上所述，审计目标是不同时期社会需求与审计能力的协调统一。当社会公众与审计人员的审计目标不一致时，就会产生期望差。在缩小期望差、明确审计目标的过程中，国家法律、法庭判决和会计职业团体分别发挥了重要作用。

(二) 审计目标的演变

审计目标与审计环境就像力存在作用与反作用一样，审计环境影响审计目标的确定，审计目标也对审计环境产生一定的影响。审计目标的演变大致可以分为三个阶段。

1. 以查错揭弊为首要目标

20世纪30年代之前，企业主要通过审计来了解管理层履行管理职责的情况。因此"发现舞弊"被公认为是注册会计师审计的首要目标。以查错揭弊为审计的首要目标可以避免由于公众对公允性的理解差异造成的审计目标模糊和不可操作性，同时也符合我国企业内部控制制度落后的现状。

2. 以验证财务报表的真实公允性为主要目标

20世纪30—60年代，随着社会经济环境的变化，审计职业界认为审计师不承担专门检查舞弊的责任，而将其作为顺带责任。这主要由于20世纪20年代起，受两次世界大战的影响，以及资本主义经济危机的不断恶化，凯恩斯政策在工业化国家的普遍实施导致了社会经济环境的巨大变化。但60年代以后，管理人员欺诈舞弊案不断增加，原先由管理当局的内部控制防止雇员舞弊的做法,显然无法适用于雇员串通舞弊导致内控失效,以及部门管理人员制定内控制度者直接进行舞弊的情形。随着管理人员舞弊规模及数量不断升级,社会公众要求审计师承担审查舞弊的职责,而审计师由于内部控制固有的局限性和审计技术方法的有限性,又推卸舞弊审计责任,从而引发了审计职业界的信用危机,甚至生存危机。在这一形势下,审计职业界不再支持"对舞弊不承担责任"的观点。

▶ 3. 查错揭弊和验证财务报表的真实公允性双重目的并重

20世纪60年代以后,舞弊审计责任重新成为民间审计职业界的主要责任之一,并与验证财务报表公允性的鉴证责任一起组成民间审计责任的内容。这是因为随着企业股权的进一步分散化、经营的多元化、环境的复杂化,以及竞争的激烈化,财务信息公允反映企业财务状况、经营成果的难度大大增加。更为严重的是,管理当局参与舞弊以掩盖经营失败变得越来越容易、越来越普遍,给社会造成的危害越来越大,社会对审计人员承担舞弊审计责任的呼声越来越强烈,最终形成了愈演愈烈的"舞弊浪潮"和"诉讼爆炸"局面。面对社会的强烈需求和各方面的巨大压力,更由于职业"适者生存"的法则,使得审计职业界不得不对舞弊审计责任重新考虑,逐渐实现了从极力推脱到被动接受,直至积极主动寻找解决方法的转变。

二、管理层认定

(一) 管理层认定的含义

管理层认定是指管理层在财务报表中做出的明确或隐含的表达。管理层认定反映了被审计单位管理层在处理各项经济交易与事项时,遵循会计准则及相关会计法规的范围、程度及结果。管理层对财务报表中所有的资产、负债、所有者权益、收入与费用等都做出了认定。这些认定有些是明确的,有些是隐含的。例如,管理层在资产负债表中列报应收账款及金额,意味着做出了下列明确的认定:一是记录的应收账款是存在的;二是应收账款以恰当的金额包括在财务报表中,与之相关的计价或分摊调整已恰当记录。同时,管理层也做出了下列隐含的认定:一是所有应当记录的应收账款均已记录;二是记录的应收账款都由被审计单位拥有;三是应收账款的使用不受限制。

(二) 管理层认定的三个层次

▶ 1. 与各类交易和事项相关的认定

与各类交易和事项相关的认定包括以下内容。

(1) 发生:记录的交易和事项已发生,且与被审计单位有关。

(2) 完整性:所有应当记录的交易和事项均已记录。

(3) 准确性:与交易和事项有关的金额及其他数据已恰当记录。

(4) 截止:交易和事项已记录于正确的会计期间。

(5) 分类:交易和事项已记录于恰当的账户。

▶ 2. 与期末账户余额相关的认定

与期末账户余额相关的认定包括以下内容。

(1) 存在:记录的资产、负债和所有者权益是存在的。

(2) 权利和义务:记录的资产由被审计单位拥有或控制,记录的负债是被审计单位应当履行的偿还义务。

(3) 完整性：所有应当记录的资产、负债和所有者权益均已记录。

(4) 计价和分摊：资产、负债和所有者权益以恰当的金额包含在财务报表中，与之相关的计价或分摊调整已恰当记录。

▶ 3. 与列报相关的认定

与列报相关的认定包括以下内容。

(1) 发生及权利和义务：披露的交易、事项和其他情况已发生，且与被审计单位有关。

(2) 完整性：所有应当包括在财务报表中的披露均已包括。

(3) 分类和可理解性：财务信息已被恰当地列报和描述，且披露内容表述清楚。

(4) 准确性和计价：财务信息和其他信息已公允披露，且金额恰当。

三、审计目标

审计目标是指对财务报表具体项目审计时所要达到的目标。通常，特定财务报表项目的具体审计目标是依据管理层的认定，针对被审计单位具体情况而确定的。

(一) 与各类交易和事项相关的审计目标

(1) 发生：由发生认定推导的审计目标是已记录的交易是真实的。例如，如果没有发生销售交易，但在销售日记账中记录了一笔销售，则违反了该目标。

发生认定所要解决的问题是管理层是否把那些不曾发生的项目记入财务报表，它主要与财务报表组成要素的高估有关。

(2) 完整性：由完整性认定推导的审计目标是已发生的交易确实已经记录。例如，如果发生了销售交易，但没有在销售日记账和总账中记录，则违反了该目标。

发生和完整性两者强调的是相反的关注点。发生目标针对潜在的高估，而完整性目标则针对漏记交易(低估)。

(3) 准确性：由准确性认定推导出的审计目标是已记录的交易是按正确金额反映的。例如，如果在销售交易中，发出商品的数量与账单上的数量不符，或是开账单时使用了错误的销售价格，或是账单中的乘积或加总有误，或是在销售日记账中记录了错误的金额，则违反了该目标。

准确性与发生、完整性之间存在区别。例如，若已记录的销售交易是不应当记录的（如发出的商品是寄销商品），则即使发票金额是准确计算的，仍违反了发生目标。再如，若已入账的销售交易是对正确发出商品的记录，但金额计算错误，则违反了准确性目标，但没有违反发生目标。在完整性与准确性之间也存在同样的关系。

(4) 截止：由截止认定推导出的审计目标是截至资产负债表日的交易记录截止于恰当的期间。例如，如果本期交易推到下期，或下期交易提到本期，均违反了截止目标。

(5) 分类：由分类认定推导出的审计目标是被审计单位记录的交易经过适当分类。例如，如果将现销记录为赊销，将出售经营性固定资产所得的收入记录为营业收入，则导致交易分类的错误，违反了分类的目标。

（二）与期末账户余额相关的审计目标

（1）存在：由存在认定推导的审计目标是记录的金额确实存在。例如，如果不存在某顾客的应收账款，在应收账款试算平衡表中却列入了对该顾客的应收账款，则违反了存在性目标。

（2）权利和义务：由权利和义务认定推导的审计目标是资产属于被审计单位，负债属于被审计单位的义务。例如，将他人寄售商品计入被审计单位的存货中，违反了权利目标；将不属于被审计单位的债务记入账内，违反了义务目标。

（3）完整性：由完整性认定推导的审计目标是已存在的金额均已记录。例如，如果存在某顾客的应收账款，在应收账款试算平衡表中却没有列入对该顾客的应收账款，则违反了完整性目标。

（4）计价和分摊：资产、负债和所有者权益以恰当的金额包括在财务报表中，与之相关的计价或分摊调整已恰当记录。

（三）与列报相关的审计目标

各类交易和账户余额的认定正确只是为列报正确打下了必要的基础，财务报表还可能因被审计单位误解有关列报的规定或舞弊等而产生错报。另外，还可能因被审计单位没有遵守一些专门的披露要求而导致财务报表错报。因此，即使审计了各类交易和账户余额的认定，实现了各类交易和账户余额的具体审计目标，也不意味着获取了足以对财务报表发表审计意见的充分、适当的审计证据。因此，审计人员还应当对各类交易、账户余额及相关事项在财务报表中列报的正确性实施审计。

（1）发生及权利和义务：将没有发生的交易、事项，或与被审计单位无关的交易和事项包括在财务报表中，则违反该目标。例如，复核董事会会议记录中是否记载了固定资产抵押等事项，询问管理层固定资产是否被抵押，即是对列报的权利认定的运用。如果抵押固定资产则需要在财务报表中列报，说明固定资产的权利受到限制。

（2）完整性：如果应当披露的事项没有包括在财务报表中，则违反该目标。例如，检查关联方和关联交易，以验证其在财务报表中是否得到充分披露，即是对列报的完整性认定的运用。

（3）分类和可理解性：财务信息已被恰当地列报和描述，且披露内容表述清楚。例如，检查存货的主要类别是否已披露，是否将一年内到期的长期负债列为流动负债，即是对列报的分类和可理解性认定的运用。

（4）准确性和计价：财务信息和其他信息已公允披露，且金额恰当。例如，检查财务报表附注是否分别对原材料、在产品和产成品等存货成本核算方法做了恰当说明，即是对列报的准确性和计价认定的运用。

四、审计对象

审计对象是指审计所要考察的客体，即被审单位的财务收支，以及有关的经营管理活动和作为提供这些经济活动信息载体的会计报表及其他有关资料。正确认识审计对象，有利于对审计概念的正确理解、审计方法的正确运用和审计监督职能的进一步发挥。

审计对象可以概括为被审计单位的经济活动，具体包括两个方面的内容。

(一)被审计单位的财政、财务收支及有关的经济活动

审计主体不同,审计对象的内容也不尽相同。无论是国家审计、注册会计师审计还是内部审计,都要求以被审计单位的财政、财务收支及有关经济活动为审计对象,并对审计对象的真实性、合法性、效益性进行审查和评价。被审计单位的财政、财务收支活动是社会主义生产关系的具体体现,主要包括:财政预算和决算;信贷计划及执行情况;财务收支计划及执行情况;国有资产管理的情况;与财政、财务收支有关的各项经济活动及经济效益;严重侵占国有资产和严重损失浪费等损害国家利益的行为等。被审计单位有关经济活动是与该单位生产经营管理和财产物资有关的活动。

(二)被审计单位提供的各种财政、财务收支及有关经济活动信息的载体

由于财政、财务收支及有关经济活动总要以一定的载体来反映,一般是通过会计、统计和业务核算记录及预算计划、方案、合同、会计记录、分析等文本,或者电子计算机的磁带、磁盘等来体现,所以各单位的会计资料及其他有关经济资料就成为审计的主要具体对象。

当然,会计资料和其他有关经济资料是审计对象的表象,所反映的被审计单位的财政、财务收支及有关经济活动是审计对象的本质。

第五节 审计职业道德

一、审计职业道德概述

英文中表示"道德"意思的单词是"morality",它来源于拉丁语的"moralis",指风尚、习俗及规律、规则、品格等。在我国,古时的"道"与"德"是分开使用的且各具含意。"道"指道路,引申指万事万物运动变化的普遍规律和人们行为的规则。人们认识这种"道"且有所修养,"内得于己、外施于人",即谓"德"(与"得"相通)。

道德的形成源于人类社会的发展过程。人们生活在社会中,进行着各种活动,形成了复杂的社会关系。为了保障正常的生产和生活秩序,人们之间的关系必须经常进行自觉的必要调整,对个人行为加以适当的约束。在阶级社会,除了依靠政治法律等手段外,表现为根据一定的阶级利益引申出来的调整人们相互关系的行为原则和规范,此即为约束个人行为的道德。它以是与非、好与坏、善与恶、荣誉与耻辱、正义与非正义、公正与偏私、诚实与虚伪、责任与义务等道德概念来评价人们的各种行为,调整个人与个人,个人与集体、社会之间的关系。一个人的行为只有符合当时社会公认的品行标准,才被认为是道德的行为,否则就是不道德的行为。

所谓职业,是指由于社会分工而形成,具有特定专业和专门职责,并以所得收入作为主要生活来源的工作。职业是人类社会出现分工之后而产生的一种社会历史现象,是伴随劳动分工的深化而产生和发展起来的人们所从事的具有专门业务的特定职责,也是人们作为正式生活来源的社会活动。个人通过职业来进行自己的社会生产实践和社会化过程,职

业成为个人与组织、与社会的联系纽带。同时，职业集中体现社会关系的三大要素——责、权、利。

恩格斯指出："实际上，每一个阶级，甚至每一个行业，都各有各的道德。"这充分说明了道德在实践形态上的多样性，官有"官德"，教有"师德"，医有"医德"，彼此的要求是截然不同的。作为以职业角色和职业行为为载体的高度社会化的行为规范，职业道德是为实现一定的职业价值服务的。归根结底，职业道德是以"责、权、利"的统一为基础，以协调个人、集体与社会的关系为核心的职业行为准则和规范系统。没有相应的道德规范，职业就不可能真正担负起它的社会职能。因此，职业道德既是职业系统自身的，也是社会的一种必要的生存与发展条件。

由此，我们可以将职业道德表述为，是与人们的职业活动紧密联系而符合职业特点所要求的道德准则、道德情操与道德品德的总和，它不仅是从业人员在职业活动中的行为标准和要求，而且是本职业对社会所承担的道德责任和义务，是社会道德在职业生活中的具体化表现。

为了规范注册会计师职业道德，提高职业道德水准，维护职业形象，中国注册会计师协会制定了《中国注册会计师职业道德守则》和《中国注册会计师协会非职业会员道德守则》。

二、注册会计师审计职业道德

（一）职业道德基本原则

注册会计师为实现职业目标，必须遵守职业道德基本原则。这些基本原则包括诚信、独立性、客观和公正、专业胜任能力和应有的关注、保密、良好的职业行为。

▶ 1. 诚信

诚信原则要求注册会计师在所有的职业关系和商业关系中，保持正直和诚实，秉公处事、实事求是。诚信原则要求注册会计师不得与有问题的信息发生牵连，如果发生牵连，则应当消除牵连。

（1）如果注册会计师认为审计客户的业务报告、申报资料或者其他信息存在以下情况，则不得与有问题的信息发生牵连：含有严重虚假或误导性的陈述；含有缺乏充分依据的陈述或信息；存在遗漏或含糊其辞的信息。

（2）如果注意到与已有问题的信息发生牵连，则应当采取措施消除牵连。

（3）如果对鉴证业务中有问题的信息出具了恰当的非标准业务报告，则不被视为违反诚信原则。

▶ 2. 独立性

独立性是注册会计师执行鉴证业务的灵魂，因为注册会计师要以自身的信誉向社会公众表明，被审计单位的财务报表是真实与公允的。独立性是指注册会计师执行审计或其他鉴证业务，应当在形式上和实质上独立于委托单位和其他组织。实质上的独立是指注册会计师在发表意见时自身的专业判断不受影响；公正执业，保持客观和专业怀疑；形式上的独立是指会计师事务所或鉴证小组避免出现这样重大的情形，使得拥有充分相关信息的理性第三方推断其公正性、客观性或专业怀疑受到损害。

3. 客观和公正

客观原则是指注册会计师对有关事项的调查、判断和意见表述，应当基于客观的立场，应当力求公平，以客观事实为依据，实事求是，不掺杂个人的主观愿望，也不为委托单位或第三者的意见所左右；不得因成见或偏见、利益冲突和他人影响而损害事项的客观性。在分析、处理问题时，不能以个人的好恶或成见、偏见行事。

公正原则是注册会计师在提供服务时应当将社会公众利益置于个人利益之上，不偏不倚地对待有关利益各方。正直、诚实，不偏不倚地对待有关利益各方，不以牺牲一方利益为条件而使另一方受益。无论提供何种服务，担任何种职务，注册会计师都应维护专业服务的公正性，并在判断中保持客观。另外，公正还有公平交易和真实的含义。

4. 专业胜任能力和应有的关注

注册会计师应当具有专业知识、技能或经验，能够胜任工作。专业胜任能力既要求注册会计师具有专业知识、技能和经验，又要求注册会计师经济、有效地完成客户委托的业务。注册会计师如果不能保持和提高专业胜任能力，就难以完成客户委托的业务。事实上，如果注册会计师缺乏足够的知识、技能和经验而提供专业服务，就构成了一种欺诈。当然，注册会计师依法取得了执业证书，就表明在该领域具备了一定的知识。一个合格的注册会计师，不仅要充分认识自己的能力，对自己充满信心，更重要的是必须清醒地认识到自己在专业胜任能力方面的不足，不承接自己不能胜任的业务。如果注册会计师不能认识到这一点，承接了难以胜任的业务，就会给客户乃至社会公众带来危害。注册会计师作为专业人士，在许多方面都要履行相应的责任，保持和提高专业胜任能力就是其中之一。

注册会计师提供专业服务时，应保持应有的职业关注、专业胜任能力和勤勉，并且随着业务、法规和技术的不断发展，应使自己的专业知识和技能保持在一定水平之上，以确保客户能够享受到高水平的专业服务。除此以外，还要求注册会计师在执业过程中保持职业谨慎，以质疑的思维方式评价所获取证据的有效性，并对产生怀疑的证据保持警觉。

5. 保密

注册会计师能否与客户维持正常的关系，有赖于双方能否自愿而又充分进行沟通和交流，不掩盖任何重要的事实和情况。只有这样，注册会计师才能有效地完成工作。如果注册会计师受到客户的严重限制，不能充分了解情况，就无法发表审计意见。同时，注册会计师与客户的沟通必须建立在为客户信息保密的基础上。因此，注册会计师在签订业务约定书时，应当书面承诺对在执行业务过程中获知的客户信息保密。这里所说的客户信息，通常是指商业秘密。一旦商业秘密被泄露或被利用，往往给客户造成损失。因此，许多国家规定，在公众领域执业的注册会计师，应当对在提供专业服务过程中获知的信息保密，除非有法定的或专业的披露权利或义务。在未经适当或特别授权的情况下，注册会计师不得使用或披露任何相关信息。同时，还应确保协助注册会计师工作的业务助理人员及注册会计师所在的会计师事务所信守保密原则。

总之，注册会计师与客户的沟通，必须建立在为客户信息保密的基础上。在没有取得客户同意的情况下，不能泄露任何客户的涉密信息。

(1) 保密原则要求注册会计师应当对在职业活动中获知的涉密信息予以保密，不得有下列行为：

① 未经客户授权或法律法规允许，向会计师事务所以外的第三方披露所获知的涉密信息；

② 利用所获知的涉密信息为自己或第三方谋取利益。

注册会计师应当警惕无意泄密的可能性，特别是警惕无意中向亲属或关系密切的人员泄密的可能性。

(2) 注册会计师在下列情况下可以披露涉密信息：

① 法律法规允许披露，并且取得客户或工作单位的授权；

② 根据法律法规的要求，为法律诉讼、仲裁准备文件或提供证据，以及向有关监管机构报告发现的违法行为；

③ 法律法规允许的情况下，在法律诉讼、仲裁中维护自己的合法权益；

④ 接受注册会计师协会或监管机构的执业质量检查，答复询问和调查；

⑤ 法律法规、执业准则和职业道德规范规定的其他情形。

▶ 6. 良好的职业行为

注册会计师的行为应符合本职业的良好声誉，不得有任何损害职业形象的行为。

注册会计师在向公众传递信息及推介自己和工作时，应当客观、真实、得体，不得损害职业形象。

注册会计师应当诚实、实事求是，不得有以下行为：夸大宣传提供的服务、拥有的资质或获得的经验；贬低或无根据地比较其他注册会计师的工作。

(二) 可能对职业道德基本原则产生不利影响的因素

▶ 1. 自身利益导致不利影响的情形

自身利益导致不利影响的情形主要包括以下方面：

(1) 鉴证业务项目组成员在鉴证客户中拥有直接经济利益；

(2) 会计师事务所的收入过分依赖某一客户；

(3) 鉴证业务项目组成员与鉴证客户存在重要且密切的商业关系；

(4) 会计师事务所担心可能失去某一重要客户；

(5) 鉴证业务项目组成员正在与鉴证客户协商受雇于该客户；

(6) 会计师事务所与客户就鉴证业务达成或有收费的协议；

(7) 注册会计师在评价所在会计师事务所以往提供的专业服务时，发现了重大错误。

▶ 2. 自我评价导致不利影响的情形

自我评价导致不利影响的情形主要包括以下方面：

(1) 会计师事务所在对客户提供财务系统的设计或操作服务后，又对系统的运行有效性出具鉴证报告；

(2) 会计师事务所为客户编制原始数据，这些数据构成鉴证业务的对象；

(3) 鉴证业务项目组成员担任或最近曾经担任客户的董事或高级管理人员；

(4) 鉴证业务项目组成员目前或最近曾受雇于客户，并且所处职位能够对鉴证对象施加重大影响；

(5) 会计师事务所为鉴证客户提供直接影响鉴证对象信息的其他服务。

▶ 3. 过度推介导致不利影响的情形

过度推介导致不利影响的情形主要包括以下方面：

（1）会计师事务所推介审计客户的股份；

（2）在审计客户与第三方发生诉讼或纠纷时，注册会计师担任该客户的辩护人。

▶ 4. 密切关系导致不利影响的情形

密切关系导致不利影响的情形主要包括以下方面：

（1）项目组成员的近亲亲属担任客户的董事或高级管理人员；

（2）项目组成员的近亲亲属是客户的员工，所处职位能够对业务对象施加重大影响；

（3）客户的董事、高级管理人员或所处职位能够对业务对象施加重大影响的员工，最近曾担任会计师事务所的项目合伙人；

（4）注册会计师接受客户的礼品或款待；

（5）会计师事务所的合伙人或高级员工与鉴证客户存在长期业务关系。

▶ 5. 外在压力导致不利影响的情形

外在压力导致不利影响的情形主要包括以下方面：

（1）会计师事务所受到客户解除业务关系的威胁；

（2）审计客户表示，如果会计师事务所不同意对某项交易的会计处理，则不再委托会计师事务所承办协议中的非鉴证业务；

（3）客户威胁将起诉会计师事务所；

（4）会计师事务所受到降低收费的影响而不恰当地缩小工作范围；

（5）由于客户员工对所讨论的事项更具有专长，注册会计师面临服从客户员工判断的压力；

（6）会计师事务所合伙人告知注册会计师，除非同意审计客户不恰当的会计处理，否则将影响注册会计师的晋升。

【例题1.1】上市公司甲公司是 ABC 会计师事务所的常年审计客户。乙公司是非公众利益实体，于 2014 年 6 月被甲公司收购，成为甲公司重要的全资子公司。XYZ 公司和 ABC 会计师事务所处于同一网络。审计项目组在甲公司 2014 年度财务报表审计中遇到下列事项：

（1）A 注册会计师自 2012 年度起担任甲公司财务报表审计项目合伙人，其妻子在甲公司 2013 年度报告公告后购买了甲公司股票 3 000 股，在 2014 年度审计工作开始前卖出了这些股票。

（2）B 注册会计师自 2009 年度起担任乙公司财务报表审计项目合伙人，在乙公司被甲公司收购后，继续担任乙公司 2014 年度财务报表审计项目合伙人，并成为甲公司的关键审计合伙人。

（3）在收购过程中，甲公司聘请 XYZ 公司对乙公司的各项资产和负债进行了评估，并根据评估结果确定了购买日乙公司可辨认净资产的公允价值。

（4）C 注册会计师曾是 ABC 会计师事务所的管理合伙人，于 2014 年 1 月退休后担任甲公司董事。

（5）丙公司是甲公司新收购的海外子公司，为甲公司不重要的子公司。丙公司聘请

XYZ公司将其按照国际财务报告准则编制的财务报表转化为按照中国《企业会计准则》编制的财务报表。

（6）甲公司的子公司丁公司提供信息系统咨询服务，与XYZ公司组成联合服务团队，向目标客户推广营业税改增值税相关咨询和信息系统咨询一揽子服务。

要求：针对上述第（1）～（6）项，逐项指出是否可能存在违反中国注册会计师职业道德守则有关独立性规定的情况，并简要说明理由。（2015年注册会计师考题）

【答案及解析】

（1）违反，因针对甲公司的审计业务具有连续性，2013年度审计报告出具后至2014年度审计工作开始前期间仍属于业务期间，A注册会计师的妻子在该期间持有甲公司的股票，因自身利益对独立性产生严重不利影响。

（2）不违反，B注册会计师在成为公众利益实体的关键审计合伙人后还可以继续服务两年。

（3）违反，评估结果对甲公司合并财务报表影响重大，因自我评价对独立性产生严重不利影响。

（4）违反，C注册会计师作为高级合伙人在离职后12个月内加入甲公司担任董事，因外在压力对独立性产生严重不利影响。

（5）违反，该服务不属于日常性和机械性的工作，将因自我评价对独立性产生严重不利影响。

（6）违反，XYZ公司和丁公司以双方的名义捆绑提供服务，因自身利益、外在压力对独立性产生严重不利影响。上述关系属于守则禁止的商业关系。

（三）应对不利影响的防范措施

注册会计师应当确定如何应对超出可接受水平的不利影响，包括采取防范措施消除不利影响或将不利影响降至可接受的低水平，或者终止业务约定书或拒绝接受业务委托书。

在具体工作中采取的防范措施包括两方面：会计师事务所层面的防范措施和具体业务层面的防范措施。

▶ 1. 会计师事务所层面的防范措施

会计师事务所层面的防范措施包括以下方面：

（1）强调遵循职业道德基本原则的重要性；
（2）强调鉴证业务项目组成员应当维护公众利益；
（3）制定有关政策和程序，实施项目质量控制，监督业务质量；
（4）识别对职业道德基本原则的不利影响，评价不利影响的严重程度，采取防范措施消除不利影响或将不利影响降至可接受的低水平；
（5）保证遵循职业道德基本原则；
（6）识别会计师事务所或项目组成员与客户之间的利益或关系；
（7）监控对某一客户收费的依赖程度；
（8）防止项目组以外的人员对业务结果施加不当影响；
（9）鼓励员工就遵循职业道德基本原则方面的问题与领导层沟通；
（10）向鉴证客户提供非鉴证服务时，指派鉴证业务项目组以外的其他合伙人和项目

组,并确保鉴证业务项目组和非鉴证业务项目组分别向各自的业务主管报告工作;

(11) 及时向所有合伙人和专业人员传达会计师事务所的政策和程序,以及相关政策和程序的变化情况,并就这些政策和程序进行适当的培训;

(12) 指定高级管理人员负责监督质量控制系统是否有效运行;

(13) 向合伙人和专业人员提供鉴证客户及鉴证客户关联实体的名单,并要求合伙人和专业人员与鉴证客户保持独立;

(14) 建立惩戒机制,保障相关政策和程序得到遵守。

▶ **2. 具体业务层面的防范措施**

具体业务层面的防范措施包括以下方面:

(1) 对已执行的非鉴证业务,由未参与该业务的注册会计师进行复核,或在必要时提供建议;

(2) 对已执行的鉴证业务,由鉴证业务项目组以外的注册会计师进行复核,或在必要时提供建议;

(3) 向客户审计委员会、监管机构或注册会计师协会咨询;

(4) 与客户治理层讨论有关的职业道德问题;

(5) 向客户治理层说明提供服务的性质和收费的范围;

(6) 由其他会计师事务所执行或重新执行部分业务;

(7) 轮换鉴证业务项目组合伙人和高级员工。

本章小结

本章主要阐述了审计的产生与发展、审计的含义与分类、审计假设、审计目标与对象、审计的职业道德等内容。审计是社会经济发展到一定阶段的产物,是基于经济监督的客观需要而产生的。现代审计与社会经济结构之间的关系可以通过两权分离理论、委托代理理论和信息不对称理论加以说明。

审计假设是人们根据现有的审计经验和已知的事实,建立在已有的相关理论知识基础上,对审计事物的基本特征和运动规律的认识。

审计目标是在一定历史环境下,审计主体通过审计实践活动所期望达到的目标或最终结果,体现了审计的基本职能,是构成审计理论结构的基石,是整个审计系统运行的定向机制,是审计工作的出发点和落脚点。审计对象是指审计所要考察的客体,即被审计单位的财务收支,及有关的经营管理活动和作为提供这些经济活动信息载体的会计报表及其他有关资料。

职业道德不仅是从业人员在职业活动中的行为标准和要求,而且是本职业对社会所承担的道德责任和义务,是社会道德在职业活动中的具体表现。注册会计师的职业道德基本原则包括诚信、独立性、客观和公正、专业胜任能力和应有的关注、保密、良好的职业行为。

练习题

一、单项选择题

1. 审计产生的前提条件是(　　)。
   A. 私有制的产生　　　　　　　　　B. 受托经济责任关系的确定
   C. 社会化大生产的形成　　　　　　D. 市场经济的形成
2. 标志我国社会主义审计监督制度建立的是(　　)。
   A. 1932 年成立中央苏区审计委员会
   B. 1934 年颁布《审计条例》
   C. 1982 年五届人大五次会议通过修改的《宪法》
   D. 1983 年审计署正式成立
3. 我国"审计"这个名词正式出现是在(　　)。
   A. 西周　　　　　　　　　　　　　B. 汉朝
   C. 宋朝　　　　　　　　　　　　　D. 清朝
4. 《中华人民共和国审计法》正式实施的时间是(　　)。
   A. 1994 年 8 月 31 日　　　　　　B. 1995 年 1 月 1 日
   C. 1995 年 7 月 14 日　　　　　　D. 1995 年 7 月 19 日
5. 一般认为，世界上第一个会计师职业团体是(　　)。
   A. 爱丁堡会计师协会　　　　　　　B. 美国注册公共会计师协会
   C. 东京会计师协会　　　　　　　　D. 蒙特利尔会计师协会
6. 审计性质应当表述为(　　)。
   A. 经济监督　　　　　　　　　　　B. 财政、财务收支的审查
   C. 会计检查　　　　　　　　　　　D. 独立性的经济监督
7. 现代审计实务中，最能体现经济评价职能的审计种类是(　　)。
   A. 财政审计　　　　　　　　　　　B. 财务审计
   C. 财经法纪审计　　　　　　　　　D. 经济效益审计
8. 研究审计演进历史，可以发现牵动审计产生、存在和发展的一条主线是(　　)。
   A. 生产力发展　　　　　　　　　　B. 资源财产私有制出现
   C. 国家权力加强　　　　　　　　　D. 受托经济责任关系
9. 经济效益审计的主体(　　)。
   A. 只能是内部审计　　　　　　　　B. 只能是外部审计
   C. 只能是国家审计机关　　　　　　D. 外部审计、内部审计都可以
10. 按审计的范围不同，审计可分为(　　)。
    A. 全部审计和局部审计　　　　　　B. 详细审计和抽样审计
    C. 全部审计和抽样审计　　　　　　D. 局部审计和详细审计
11. 下列各项中，属于民间审计特点的是(　　)。
    A. 内向性　　　　　　　　　　　　B. 广泛性
    C. 委托性　　　　　　　　　　　　D. 针对性

12. 按审计执行地点的不同，可以将审计分为（　　）。
   A. 送达审计和就地审计　　　　　　B. 强制审计和任意审计
   C. 内部审计和外部审计　　　　　　D. 预告审计和突击审计

13. 民间审计组织接受委托人的委托，按照委托人的要求进行的财务审计或经济效益审计，属于（　　）。
   A. 强制审计　　　　　　　　　　　B. 任意审计
   C. 送达审计　　　　　　　　　　　D. 不定期审计

14. 在业务上指导和管理社会审计组织的是（　　）。
   A. 国家审计机关　　　　　　　　　B. 被审计单位的股东
   C. 被审计单位的主要投资人　　　　D. 行业协会

15. 我国国家审计准则的适用范围包括（　　）。
   A. 全国审计机关和社会审计组织
   B. 全国审计机关和内部审计机构
   C. 全国审计机关、内部审计机构和社会审计组织
   D. 全国审计机关及承办国家审计机关审计事项的其他审计组织

二、多项选择题

1. 审计产生和发展的社会基础是指（　　）。
   A. 受托经济责任关系出现
   B. 社会财富分配不合理
   C. 资源财产所有权与经营管理权分离
   D. 经济责任授权人无法直接经常地监督检查
   E. 会计核算业务的发展

2. 作为审计产生和发展的直接原因，经济责任授权人无法直接经常地监督检查，是由于（　　）。
   A. 地理上的限制　　B. 人际上的限制　　C. 时间上的限制
   D. 法律上的限制　　E. 技术上的限制

3. 总结国内外审计实践，我国审计的独立性应体现在（　　）。
   A. 组织上的独立　　B. 人员上的独立　　C. 工作上的独立
   D. 经费上的独立　　E. 目的上的独立

4. 著名审计会计学家莫茨和夏拉夫等人认为审计的独立应是（　　）。
   A. 财务利益方面的独立　　　　　　B. 精神状态方面的独立
   C. 评价依据方面的独立　　　　　　D. 组织地位方面的独立
   E. 自由调查方面的独立

5. 《利马宣言——审计规则指南》中专门提出的独立性问题是（　　）。
   A. 最高审计机关的独立性　　　　　B. 最高审计机关成员和官员的独立性
   C. 最高审计机关行为的独立性　　　D. 最高审计机关报告的独立性
   E. 最高审计机关财政上的独立性

6. 下列职能中，不属于我国审计职能范畴的是（　　）。

A. 经济监督　　　　B. 经济司法　　　　C. 经济鉴证
D. 经济预测　　　　E. 经济仲裁

7. 审计的作用可以概括为（　　）。
A. 公允性作用　　　B. 防护性作用　　　C. 建设性作用
D. 综合性作用　　　E. 效益性作用

8. 根据审计关系理论，与审计对象息息相关的是（　　）。
A. 审计主体　　　　B. 审计客体　　　　C. 审计原则
D. 审计地位　　　　E. 审计作用

三、简答题

1. 简述注册会计师行业在美国快速发展的主要原因。

2. 你认为国家审计、民间审计与内部审计这三种审计职业各自独立存在的社会意义是什么？

3. 王学敏是一家公司的承包经营负责人，在承包经营 2 年期结束之后，他请当地一家会计师事务所对他的经营期内的财务报表进行审计。该事务所经过审计，出具了无保留意见审计报告，即认为该公司在承包经营期内财务报表已公允地反映了财务状况。不久，检察机关接到举报，有人反映王学敏在经营期内勾结财务经理与出纳，暗自收受回扣，侵吞国家财产。为此，检察机关传讯王学敏。王学敏到检察机关后，手持会计师事务所审计报告，振振有词地说："会计师事务所已经出具了审计报告，证明我没有经济问题，如果不信，你们可以问注册会计师。"请说明案例中的审计主体、客体和目标，并说说王学敏的说法是否有错？

第二章 审计技术

本章重点

1. 审计证据的两个基本特性。
2. 审计工作底稿的要素。
3. 获取审计证据的方法。
4. 抽样风险与非抽样风险。
5. 样本设计、样本选取与样本结果评价。

第一节 审计证据

一、审计证据的含义

审计证据是指审计人员为了得出审计结论、形成审计意见而使用的所有信息。审计证据包括构成财务报表基础的会计记录所含有的信息和其他信息。审计人员应当获取充分、适当的审计证据，以得出合理的审计结论，作为形成审计意见的基础。审计证据是审计理论的一个重要组成部分。

（一）会计记录中含有的信息

会计记录是指对初始会计分录形成的记录和支持性记录。会计记录主要包括原始凭证、记账凭证、总分类账和明细分类账、未在记账凭证中反映的对财务报表予以调整的其他分录，以及支持成本分配、计算、调节和披露的手工计算表和电子数据表。上述会计记录是编制财务报表的基础，构成审计人员执行财务报表审计业务所需获取的审计证据的重要部分。这些会计记录通常是电子数据，因而要求审计人员对内部控制予以充分关注，以获取这些记录的真实性、准确性和完整性。

会计记录的形式取决于相关交易的性质，它既包括被审计单位内部生成的手工或电子形式的凭证，也包括从与被审计单位进行交易的其他企业收到的凭证。除此之外，会计记录还可能包括：销售发运单和发票、顾客对账单及顾客的汇款通知单；附有验货单的订购单、购货发票和对账单；考勤卡和其他工时记录、工薪单、个别支付记录和人事档案；支票存根、电子转移支付记录、银行存款单和银行对账单；合同记录；分类账账户调节表等。将这些会计记录作为审计证据时，会计记录的来源和被审计单位内部控制的相关强度都会影响审计人员对这些原始凭证的信赖程度。

（二）其他信息

会计记录中含有的信息本身并不足以提供充分的审计证据，作为对财务报表发表审计意见的基础，审计人员还应当获取用作审计证据的其他信息。可用作审计证据的其他信息包括：

（1）审计人员从被审计单位内部或外部获取的会计记录以外的信息，如被审计单位会议记录、内部控制手册、询证函的回函、分析师的报告、与竞争者的比较数据等；

（2）审计人员运用询问、观察和检查等审计方法获取的信息，如通过检查存货获取存货存在性的证据等；

（3）审计人员自身编制的可以通过合理推断得出结论的信息，如审计人员编制的各种计算表、分析表等。

财务报表依据的会计记录中包含的信息和其他信息共同构成了审计证据，两者缺一不可。如果没有前者，审计工作将无法进行；如果没有后者，可能无法识别重大错报风险。只有将两者结合在一起，才能将审计风险降至可接受的低水平，为审计人员发表审计意见提供合理基础。

二、审计证据的类型

（一）按审计证据的表现形态分类

▶ 1. 书面证据

书面证据是指以文字记载的内容来证明被审计事项的各种书面资料。书面证据是审计人员获取的各种以书面文件为形式的证据，主要包括原始凭证、记账凭证、会计账簿、各种会议记录、文件、合同等。书面证据是审计证据中最基本和最多的组成部分，是证明力最强的基本证据。

▶ 2. 口头证据

口头证据是指以视听资料、证人证词，有关人员的陈述、意见、说明和答复等形式存在的审计证据。口头证据是被审计单位职员或其他有关人员对审计人员的提问进行口头答复所形成的一类证据。一般而言，口头证据可靠性较差，本身并不足以说明事实真相，不能据此说明结论，但口头证据可以为审计人员提供重要审计线索，在一定程度上起到佐证作用。

（二）按审计证据的来源分类

▶ 1. 外部证据

外部证据是指由被审计单位以外的组织机构或人员所编制和处理的书面证据。例如，采购时的发票、函证回函等，一般具有较强的证明力。按照证据的处理过程，外部证据主要包括以下内容。

（1）由被审计单位以外的机构或人士编制，并由他们直接递交给审计人员的外部证据。例如，应收账款函证回函，被审计单位律师与其他独立的专家关于被审计单位资产所有权和或有负债等的证明函件，保险公司、寄售公司、证券经纪人的证明等，此类证据不仅由完全独立于被审计单位的外界机构或人士提供，而且未经被审计单位有关职员之手，从而排除了伪造、更改凭证或业务记录的可能性，证明力最强。

（2）由被审计单位以外的机构或人士编制，但为被审计单位持有并提交给审计人员的书面证据。例如，银行对账单、购货发票、商业汇票、顾客订购单、有关的契约及合同等，由于此类证据已经过被审计单位有关职员之手，在评价这类证据的可靠性时，审计人员应考虑被涂改或伪造的难易程度及资料已被涂改的可能性。当获取的书面证据有被涂改或伪造的痕迹时，审计人员应予以高度警觉。尽管如此，在一般情况下，外部证据仍是比被审计单位的内部证据更具证明力的书面证据。

▶ 2. 内部证据

内部证据是指由被审计单位内部机构或职员编制和提供的书面证据。它包括被审计单位的会计记录、被审计单位管理层声明书，以及其他各种由被审计单位编制和提供的有关书面文件。按照证据的处理过程，可以将内部证据再进一步分为两类：

（1）只在被审计单位内部流转的证据；

（2）由被审计单位产生，但在被审计单位外部流转，并获得其他单位或个人承认的内部证据。

一般而言，内部证据不如外部证据可靠。但如果内部证据在外部流转，并获得其他单位或个人的承认（如销货发票、付款支票等），则具有较强的可靠性。即便是只在被审计单位内部流转的书面证据，可靠程度也因被审计单位内部控制的有效程度而异。若内部凭证（如收料单与发料单）经过了被审计单位不同部门的审核、签章，且所有凭证预先都有连续编号并按序号依次处理，则这些内部证据也具有较强的可靠性；相反，若被审计单位的内部控制不健全，审计人员就不能过分地信赖被审计单位内部自制的书面证据。

（三）按审计证据的相关程度分类

▶ 1. 直接证据

直接证据是指对审计事项具有直接证明力，能单独、直接地证明审计事项真相的资料和事实。例如，在审计人员亲自监督实物和现金盘点情况下的盘点实物和现金的记录，就是证明实物和现金实存数的直接证据。

▶ 2. 间接证据

间接证据又称旁证，是指对审计事项只起间接证明作用，需要与其他证据结合起来，经过分析、判断、核实才能证明审计事项真相的资料和事实。例如，应证事项是销售收入的公允性，应收账款是对销售收入公允性证明的间接证据。

三、审计证据的特性

审计证据的充分性和适当性是审计证据的两个基本特性。

(一) 审计证据的充分性

审计证据的充分性又称为足够性，是对审计证据数量的衡量。它是审计人员为形成审计意见所需审计证据的最低数量要求，与审计人员确定的样本量有关。

客观公正的审计意见必须建立在有足够数量的审计证据的基础之上，但是这并不是说审计证据的数量越多越好。为了使审计人员进行有效率、有效益的审计，审计人员通常把需要足够数量审计证据的范围降至最低限度。因此，每一个审计项目对审计证据的需要量，以及取得这些证据的途径和方法，应当根据该项目的具体情况来定。在某些情况下，由于时间、空间或成本的限制，审计人员不能获取最为理想的审计证据时，可考虑通过其他的途径或用其他的审计证据来替代。审计人员只有通过不同的渠道和方法取得他认为足够的审计证据时，才能据以发表审计意见。审计人员判断审计证据是否充分时，主要考虑以下因素。

▶ 1. 审计风险大小

审计风险由重大错报风险和检查风险组成。这里，审计人员判断审计证据是否充分时应考虑的是重大错报风险。一般来说，如果审计人员对会计报表层次和账户余额或某类交易层次重大错报风险的性质估计得严重，把风险水平估计得很高，那么所需收集的证据的数量就多；反之，所需收集的证据的数量就少。

▶ 2. 具体审计项目的重要性

越是重要的审计项目，审计人员就越需获取充分的审计证据以支持审计人员的审计结论或意见；否则一旦出现判断错误，就会影响审计人员对审计整体的判断，从而导致审计人员的整体判断失误。相对而言，对于不太重要的审计项目，即使审计人员出现判断上的偏差，也不至于引发审计人员的整体判断失误，故此时审计人员可相应减少审计证据的数量。

▶ 3. 审计人员及业务助理人员的审计经验

丰富的审计经验可使审计人员及助理人员从较少的审计证据中判断出被审事项是否存在错误或舞弊行为。相对来说，此时就可减少对审计证据数量的依赖程度。相反，当审计人员及助理人员缺乏审计经验时，他们就无法从少量的审计证据中发现被审事项是否存在错误或舞弊行为，因而应增加审计证据的需要量。

▶ 4. 审计过程发现错误或舞弊

一旦审计过程中发现了被审事项存在错误或舞弊的行为，则被审计单位整体会计报表存在问题的可能性就增加，因此，审计人员需增加审计证据的数量，以确保能做出合理的审计结论，形成恰当的审计意见。

▶ 5. 审计证据的类型与获取途径

如果大多数审计证据都是从独立于被审计单位的第三者所获取的，而且这些证据本身不易伪造，则审计证据的质量就较高。相对而言，审计人员所需获取的审计证据的数量就可减少；反之，审计证据的数量就应增加。

▶ 6. 成本效益制约

审计工作中的成本效益原则决定审计证据的数量并非越多越好，审计人员应在既定的审计时间和合理的成本限度内取得满足需要的适量的审计证据。

▶ 7. 审计总体规模和特征

在现代审计中,对很多会计报表项目都采用抽样的方法来收集证据。通常,抽样总体规模越大,所需证据的数量就越多。这里的总体规模是指包括在总体中的项目数量,例如,赊销交易数、应收账款明细账数量及账户余额的金额数量等。总体的特征是指总体中各组成项目的同质性或变异性。审计人员对不同质的总体可能比对同质的总体需要较大的样本量和更多的佐证信息。

(二) 审计证据的适当性

审计证据的适当性是对审计证据质量的衡量,即审计证据在支持审计意见所依据的结论方面具有的相关性和可靠性。前者是指审计证据应与审计目标相关联;后者是指审计证据应能如实地反映客观事实。相关性和可靠性是审计证据适当性的核心内容,只有相关且可靠的审计证据才是高质量的。

▶ 1. 审计证据的相关性

审计证据的相关性是指审计证据与审计目的和所考虑的相关认定之间的逻辑联系。审计人员只能利用与审计目的相关联的审计证据来证明或否定被审计单位所认定的事项。例如,存货监盘结果只能证明存货是否存在,而不能证明存货的计价和所有权的情况。

审计人员通过实质性程序获取审计证据时,应考虑的相关认定主要包括:资产或负债在某一特定时日是否存在;资产或负债在某一特定时日是否归属于被审计单位;经济业务的发生是否与被审计单位有关;是否有未入账的资产、负债或其他交易事项;会计记录金额是否恰当;资产或负债的计价是否恰当。

▶ 2. 审计证据的可靠性

审计证据的可靠性是指审计证据的可信程度。例如,审计人员亲自检查存货所获得的存货数据,就比被审计单位管理层提供给审计人员的存货数据更可靠。

审计证据的可靠性受审计证据来源和性质的影响,并取决于获取审计证据的具体环境。判断审计证据可靠性的一般原则包括:

(1) 以文件记录形式(包括纸质、电子或其他介质)存在的审计证据比口头形式的审计证据更可靠;

(2) 从被审计单位外部独立来源获取的审计证据比从其他来源获取的审计证据更可靠;

(3) 审计人员直接获取的审计证据比间接获取或推论得出的审计证据更可靠。

(4) 被审计单位内部控制有效时内部生成的审计证据,比被审计单位内部控制薄弱时内部生成的审计证据更可靠。

(5) 从原件获取的审计证据比从传真、复印或通过拍摄、数字化或其他方式转化成电子形式的文件获取的审计证据更可靠。

需要注意的是,某一来源所获取的证据与通过其他来源所获取的证据相互印证时不相一致,或者不同性质的证据相互矛盾时,则审计人员就需进一步审计。

审计人员在按照上述标准评价审计证据的可靠性时,还应当注意可能出现的重要例外情况。例如,审计证据虽然是从独立的外部来源获得,但如果该证据是由不知情或不具备资格者提供，审计证据也可能是不可靠的。同样，如果审计人员不具备评价证据的专业能力，那么即使是直接获取的证据，也可能不可靠。

（三）充分性和适当性之间的关系

充分性和适当性是审计证据的两个重要特性，两者缺一不可，只有充分且适当的审计证据才是有证明力的。

审计证据的适当性会影响审计证据充分性。一般而言，审计证据的相关与可靠程度越高，则所需审计证据的数量就可减少；反之，审计证据的数量就要相应增加。例如，被审计单位内部控制健全时生成的审计证据更可靠，审计人员只需获取适量的审计证据，就可以为发表审计意见提供合理的基础。

需要注意的是，尽管审计证据的充分性和适当性相关，但如果审计证据的质量存在缺陷，那么审计人员仅靠获取更多的审计证据可能无法弥补审计证据质量上的缺陷。例如，审计人员应当获取与销售收入完整性相关的证据，实际获取的却是有关销售收入真实性的证据，审计证据与完整性目标不相关，即使获取的审计证据再多，也证明不了收入的完整性。同样地，如果审计人员获取的审计证据不可靠，那么审计证据再多也难以起到证明的作用。

四、获取审计证据的方法

审计人员在审计过程中可以采用检查、观察、询问、函证、重新计算、重新执行及分析程序等审计方法获取审计证据。这些审计方法可以单独或综合运用于风险评估程序、控制测试和实质性程序(这些方法将在本章第三节做详细介绍)。

第二节　审计工作底稿

一、审计工作底稿概述

（一）审计工作底稿的含义

审计工作底稿是指审计人员对制订的审计计划、实施的审计程序、获取的相关审计证据，以及得出的审计结论做出的记录。审计工作底稿是审计证据的载体，是审计人员在审计过程中形成的审计工作记录和获取的资料。审计工作底稿形成于审计过程，也反映整个审计过程。

（二）审计工作底稿的编制目的

审计工作底稿在计划和执行审计工作中发挥着关键作用。它提供了审计工作实际执行情况的记录，并形成审计报告的基础。审计工作底稿也可用于质量控制复核、监督审计机构对审计准则的遵守情况，以及第三方的检查等。在审计机构因执业质量而涉及诉讼或有关监管机构进行执业质量检查时，审计工作底稿能够提供证据，证明审计机构是否按照审计准则的规定执行了审计工作。因此，审计人员应当及时编制审计工作底稿，以实现下列目的：
(1) 提供充分、适当的记录，作为出具审计报告的基础；
(2) 提供证据，证明审计人员已按照相关审计准则和相关法律法规的规定计划与执行了审计工作。

除上述目的外，编制审计工作底稿还可以实现下列目的：
(1) 有助于项目组计划和执行审计工作；
(2) 有助于负责督导的项目组成员按照相应的审计准则的规定，履行指导、监督与复核审计工作的责任；
(3) 便于项目组说明其执行审计工作的情况；
(4) 保留对未来审计工作持续产生重大影响的事项的记录；
(5) 便于监管机构根据相关法律法规或其他相关要求，实施执业质量检查。

(三) 审计工作底稿的编制要求

审计人员编制的审计工作底稿，应当使未曾接触该项审计工作的有经验的专业人士清楚地了解以下内容。
(1) 按照审计准则和相关法律法规的规定实施的审计程序的性质、时间安排和范围；
(2) 实施审计程序的结果和获取的审计证据；
(3) 审计中遇到的重大事项和得出的结论，以及在得出结论时做出的重大职业判断。

有经验的专业人士是指具有审计实务经验，并且对下列方面有合理了解的人士：审计过程、审计准则和相关法律法规的规定，被审计单位所处的经营环境，以及与被审计单位所处行业相关的会计和审计问题。

(四) 审计工作底稿的性质

1. 审计工作底稿的存在形式

审计工作底稿可以以纸质、电子或其他介质形式存在。但无论审计工作底稿以哪种形式存在，审计机构都应当针对审计工作底稿设计和实施适当的控制，以实现下列目的：
(1) 使审计工作底稿清晰地显示审计工作底稿生成、修改及复核的时间和人员；
(2) 在审计业务的所有阶段，尤其是在项目组成员共享信息或通过互联网将信息传递给其他人员时，保护信息的完整性和安全性；
(3) 防止未经授权改动审计工作底稿；
(4) 允许项目组和其他经授权的人员为适当履行职责而接触审计工作底稿。

为便于审计机构内部进行质量控制，以电子或其他介质形式存在的审计工作底稿，应与其他纸质形式的审计工作底稿一并归档，并应能通过打印等方式，转换成纸质形式的审计工作底稿。

在实务中，为便于复核，审计人员可以将以电子或其他介质形式存在的审计工作底稿通过打印等方式，转换成纸质形式的审计工作底稿，并与其他纸质形式的审计工作底稿一并归档，同时，单独保存这些以电子或其他介质形式存在的审计工作底稿。

2. 审计工作底稿通常包括的内容

审计工作底稿通常包括总体审计策略、具体审计计划、问题备忘录、重大事项概要、审计核对表、有关重大事项的往来函件（包括电子邮件）、审计证据、审计业务约定书、管理建议书、项目组内部或项目组与被审计单位举行的会议记录、与其他人士（如其他审计人员、律师、专家等）的沟通文件及错报汇总表等。但是，审计工作底稿并不能代替被审计单位的会计记录。

问题备忘录一般是指对某一事项或问题的概要的汇总记录。在问题备忘录中，审计人员通常记录该事项或问题的基本情况、执行的审计程序或具体审计步骤，以及得出的审计结论。例如，有关存货监盘审计程序或审计过程中发现问题的备忘录。

审计核对表一般是指审计机构内部使用的、为便于核对某些特定审计工作或程序的完成情况的表格。例如，特定项目（如财务报表列报）审计程序核对表、审计工作完成情况核对表等。它通常以列举的方式列出审计过程中审计人员应当进行的审计工作或程序，以及特别需要提醒注意的问题，并在适当情况下索引至其他审计工作底稿，便于审计人员核对是否已按照相关审计准则的规定进行审计。

3. 审计工作底稿通常不包括的内容

审计工作底稿通常不包括已被取代的审计工作底稿的草稿或财务报表的草稿、反映不全面或初步思考的记录、存在印刷错误或其他错误而作废的文本，以及重复的文件记录等。由于这些草稿、错误的文本或重复的文件记录不直接构成审计结论和审计意见的支持性证据，因此，审计人员通常无须保留这些记录。

二、审计工作底稿的要素

通常来说，审计工作底稿包括下列要素：审计工作底稿的标题、审计过程记录、审计结论、审计标识及说明、索引号及编号、编制人员及编制日期、复核者人员及复核日期，以及其他应说明事项。

（一）审计工作底稿的标题

每张审计工作底稿应当包括被审计单位的名称、审计项目的名称，以及资产负债表日或底稿覆盖的会计期间。

（二）审计过程记录

在记录审计过程时，应当特别注意以下几个重点方面。

1. 具体项目或事项的识别特征

在记录实施审计程序的性质、时间安排和范围时，审计人员应当记录测试的具体项目或事项的识别特征。记录具体项目或事项的识别特征可以实现多种目的，例如，既能反映项目组履行职责的情况，也便于对例外事项或不符事项进行调查，以及对测试的项目或事项进行复核。

识别特征是指被测试的项目或事项表现出的征象或标志。识别特征因审计程序的性质和测试的项目或事项不同而不同。对某一个具体项目或事项而言，识别特征通常具有唯一性，这种特性可以使其他人员根据识别特征在总体中识别该项目或事项并重新执行该测试。为帮助理解，以下列举部分审计程序中所测试的样本的识别特征。

如在对被审计单位生成的订购单进行细节测试时，审计人员可以订购单的日期或唯一编号作为测试订购单的识别特征。需要注意的是，在以日期或编号作为识别特征时，审计人员需要同时考虑被审计单位对订购单编号的方式，例如，若被审计单位按年对订购单依次编号，则识别特征是××××年的××号；若被审计单位按序列号进行编号，则可以直接将该号码作为识别特征。

对于需要选取或复核既定总体内一定金额以上的所有项目的审计程序，审计人员可以记录实施程序的范围并指明该总体。例如，银行存款日记账中一定余额以上的所有会计分录。

对于需要系统化抽样的审计程序，审计人员可能会通过记录样本的来源、抽样的起点及抽样间隔来识别已选取的样本。例如，若被审计单位对发运单进行顺序编号，测试的发运单的识别特征可以是，对4月1日—9月30日的发运记录，从第12345号发运单开始，每隔125号抽取发运单。

对于需要询问被审计单位中特定人员的审计程序，审计人员可能会以询问的时间、被询问人的姓名及职位作为识别特征。

对于观察程序，审计人员可以以观察的对象或观察过程、相关被观察人员及其各自的责任、观察的地点和时间作为识别特征。

▶ 2. 重大事项及相关重大职业判断

审计人员应当根据具体情况判断某一事项是否属于重大事项。重大事项通常包括：

（1）引起特别风险的事项；

（2）实施审计程序的结果，该结果表明财务信息可能存在重大错报，或需要修正以前对重大错报风险的评估和针对这些风险拟采取的应对措施；

（3）导致审计人员难以实施必要审计程序的情形；

（4）导致出具非标准审计报告的事项。

审计人员应当记录与管理层、治理层和其他人员对重大事项的讨论，包括所讨论的重大事项的性质，以及讨论的时间、地点和参加人员。

有关重大事项的记录可能分散在审计工作底稿的不同部分。将这些分散在审计工作底稿中的有关重大事项的记录汇总在重大事项概要中，不仅可以帮助审计人员集中考虑重大事项对审计工作的影响，还便于审计工作的复核人员全面、快速地了解重大事项，从而提高复核工作的效率。对于大型、复杂的审计项目，重大事项概要的作用尤为重要。因此，审计人员应当考虑编制重大事项概要，将重大事项概要作为审计工作底稿的组成部分，以有效地复核和检查审计工作底稿，并评价重大事项的影响。重大事项概要包括审计过程中识别的重大事项及重大事项如何得到解决。

在审计工作底稿中对重大职业判断进行记录，能够解释审计人员得出的结论并提高审计人员职业判断的质量。这些记录对审计工作底稿的复核人员非常有帮助，同样也有助于执行以后期间审计的人员查阅具有持续重要性的事项（如根据实际结果对以前做出的会计估计进行复核）。

当涉及重大事项和重大职业判断时，审计人员需要编制与运用职业判断相关的审计工作底稿。

（三）审计结论

审计工作的每一部分都应包含与已实施审计程序的结果及其是否实现既定审计目标相关的结论，还应包括审计程序识别出的例外情况和重大事项如何得到解决的结论。审计人员恰当地记录审计结论非常重要。审计人员需要根据所实施的审计程序及获取的审计证据得出结论，并以此作为对财务报表发表审计意见的基础。在记录审计结论时需注意，在审计工作底稿中记录的审计程序和审计证据是否足以支持所得出的审计结论。

（四）审计标识及说明

审计标识被用于与已实施审计程序相关的审计工作底稿。审计工作底稿中可使用各种审计标识，但应说明这些审计标识的含义，并保持前后一致。审计人员在审计工作底稿中常用的审计标识及含义如表2-1所示。在实务中，审计人员也可以依据实际情况运用更多的审计标识。

表2-1　审计人员在审计工作底稿中常用的审计标识及含义

审计标识	含义	审计标识	含义	审计标识	含义
∧	纵加核对	<	横加核对	B	与上年结转数核对一致
T	与原始凭证核对一致	G	与总分类账核对一致	S	与明细账核对一致
T/B	与试算平衡表核对一致	C	已发询证函	C\	已收回询证函

（五）索引号及编号

通常来说，审计工作底稿需要注明索引号及顺序编号，相关审计工作底稿之间需要保持清晰的钩稽关系。审计工作底稿中每张表或记录都应有一个索引号，如A1、D6等，以说明每张表或记录在审计工作底稿中的放置位置。审计工作底稿中每张表所包含的信息都应当与另一张表中的相关信息进行交叉索引，例如，现金盘点表应当与列示所有现金余额的导引表进行交叉索引。利用计算机编制审计工作底稿时，可以采用电子索引和链接。随着审计工作的推进，链接表还可予以自动更新。例如，审计调整表可以链接到试算平衡表，当新的审计调整分录编制完后，计算机会自动更新试算平衡表，为相关审计调整分录插入索引号。同样，评估的固有风险或控制风险可以与针对特定风险领域设计的相关审计程序进行交叉索引。

在实务中，审计人员可以按照所记录的审计工作的内容层次进行编号。例如，固定资产汇总表的编号为C1，固定资产明细表的编号为C1-1，按类别列示的房屋建筑物的编号为C1-1-1，机器设备的编号为C1-1-2，运输工具的编号为C1-1-3，其他设备的编号为C1-1-4。相互引用时，需要在审计工作底稿中交叉注明索引号。

例如，固定资产的原值、累计折旧及净值的总额应分别与固定资产明细表的数字互相钩稽。从固定资产汇总表工作底稿及固定资产明细表工作底稿中节选的部分如表2-2和表2-3所示，作为相互索引的示范。

表 2-2 固定资产汇总表(工作底稿索引号：C1)(节选)

工作底稿索引号	固定资产	2017年12月31日	2017年1月1日
C1-1	原值	×××G	×××
C1-1	累计折旧	×××G	×××
	净值	×××T/B∧	×××B∧

表 2-3 固定资产明细表(工作底稿索引号：C1-1)(节选)

工作底稿索引号	固定资产	期初余额	本期增加	本期减少	期末余额
	原值				
C1-1-1	1. 房屋建筑物	×××		×××	×××S
C1-1-2	2. 机器设备	×××	×××		×××S
C1-1-3	3. 运输工具	×××			×××S
C1-1-4	4. 其他设备	×××			×××S
	小计	×××B∧	×××∧	×××∧	×××<∧C1
	累计折旧				
C1-1-1	1. 房屋建筑物	×××			×××S
C1-1-2	2. 机器设备	×××	×××		×××S
C1-1-3	3. 运输工具	×××			×××S
C1-1-4	4. 其他设备	×××			×××S
	小计	×××B∧	×××∧	×××∧	×××<∧C1
	净值	×××B∧			×××∧C1

注："∧"为纵加核对相符；"<"为横加核对相符。

(六) 编制人员及编制日期、复核人员及复核日期

为了明确责任，在各自完成审计工作底稿相关的任务之后，编制人员和复核人员都应在工作底稿上签名并注明编制日期和复核日期。在需要项目质量控制复核的情况下，还需要注明项目质量控制复核人员及复核的日期。

通常来讲，需要在每一张审计工作底稿上注明执行审计工作的人员和复核人员、完成该项审计工作的日期及完成复核的日期。

在实务中，如果若干页的审计工作底稿记录同一性质的具体审计程序或事项，并且编制在同一个索引号中，此时可以仅在审计工作底稿的第一页上记录审计工作的执行人员和复核人员并注明日期。

例如，应收账款函证核对表的索引号为 L3-1-1/21，相对应的询证函回函共有 20 份，每一份应收账款询证函回函索引号以 L3-1-2/21、L3-1-3/21、…、L3-1-21/21 表示，对于这种情况，就可以仅在应收账款函证核对表上记录审计工作的执行人员和复核人员，并注

明日期。

三、审计工作底稿的归档

在审计报告日后将审计工作底稿归整为最终审计档案是一项事务性的工作,不涉及实施新的审计程序或得出新的结论。

(一)审计档案的结构

对每项具体审计业务,审计人员应当将审计工作底稿归整为审计档案。典型的审计档案结构如下。

▶ 1. 沟通和报告相关工作底稿

(1)审计报告和经审计的财务报表;

(2)与主审审计人员的沟通和报告;

(3)与治理层的沟通和报告;

(4)与管理层的沟通和报告;

(5)管理建议书。

▶ 2. 审计完成阶段工作底稿

(1)审计工作完成情况核对表;

(2)管理层声明书原件;

(3)重大事项概要;

(4)错报汇总表;

(5)被审计单位财务报表和试算平衡表;

(6)有关列报的工作底稿;

(7)财务报表所属期间的董事会会议纪要;

(8)总结会会议纪要。

▶ 3. 审计计划阶段工作底稿

(1)总体审计策略和具体审计计划;

(2)对内部审计职能的评价;

(3)对外部专家的评价;

(4)对服务机构的评价;

(5)被审计单位提交资料清单;

(6)主审审计人员的指示;

(7)前期审计报告和经审计的财务报表;

(8)预备会会议纪要。

▶ 4. 特定项目审计程序表

(1)舞弊;

(2)持续经营;

(3)对法律法规的考虑;

(4)关联方。

▶ 5. 进一步审计程序工作底稿

（1）有关控制测试工作底稿；

（2）有关实质性程序工作底稿。

(二) 审计工作底稿归档后的变动

在完成最终审计档案的归整工作后，审计人员不应在规定的保存期限届满前删除或废弃任何性质的审计工作底稿。

▶ 1. 需要变动审计工作底稿的情形

审计人员发现有必要修改现有审计工作底稿或增加新的审计工作底稿的情形主要有以下两种。

（1）审计人员已实施了必要的审计程序，取得了充分、适当的审计证据并得出了恰当的审计结论，但审计工作底稿的记录不够充分。

（2）审计报告日后，发现例外情况要求审计人员实施新的或追加审计程序，或导致审计人员得出新的结论。例外情况主要是指审计报告日后发现与已审计财务信息相关，且在审计报告日已经存在的事实，该事实如果被审计人员在审计报告日前获知，可能影响审计报告。例如，审计人员在审计报告日后才获知法院在审计报告日前已对被审计单位的诉讼、索赔事项做出最终判决结果。

▶ 2. 变动审计工作底稿时的记录要求

在完成最终审计档案的归整工作后，如果发现有必要修改现有审计工作底稿或增加新的审计工作底稿，无论修改或增加的性质如何，审计人员均应当记录下列事项：

（1）修改或增加审计工作底稿的理由；

（2）修改或增加审计工作底稿的时间和人员，以及复核的时间和人员。

(三) 审计工作底稿的保存期限

审计机构应当自审计报告日起，对审计工作底稿至少保存12年。如果审计人员未能完成审计业务，审计机构应当自审计业务中止日起，对审计工作底稿至少保存12年。

在完成最终审计档案的归整工作后，审计人员不应在归档的保存期届满前删除或废弃任何性质的审计工作底稿。

第三节　审计常用方法

审计人员在实施审计的过程中可以根据需要单独或综合运用以下技术方法，以获取充分、适当的审计证据。

一、检查

检查是指审计人员对被审计单位内部或外部生成的，以纸质、电子或其他介质形式存在的记录和文件进行审查，或对资产进行实物审查。检查记录或文件可以提供可靠程度不同的审计证据，审计证据的可靠性取决于记录或文件的性质和来源。

例如，检查已执行的合同可以提供与被审计单位运用会计政策（如收入确认）相关的审计证据；检查有形资产可为有形资产的存在提供可靠的审计证据，但不一定能够为权利和义务或计价等认定提供可靠的审计证据。对个别存货项目进行的检查，可与存货监盘一同实施。

二、观察

观察是指审计人员查看相关人员正在从事的活动或实施的程序。例如，审计人员对被审计单位人员执行的存货盘点或控制活动进行观察。观察可以提供执行有关过程或程序的审计证据，但观察所提供的审计证据仅限于观察发生的时点，而且被观察人员的行为可能因被观察而受到影响，这也会使观察提供的审计证据受到限制。因此，审计人员有必要获取其他类型的佐证证据。

三、询问

询问是指审计人员以书面或口头方式，向被审计单位内部或外部的知情人员获取财务信息和非财务信息，并对答复进行评价的过程。询问广泛应用于整个审计过程中。

知情人员对询问的答复可能为审计人员提供尚未获悉的信息或佐证证据，也可能提供与审计人员已获取的其他信息存在重大差异的信息。例如，关于被审计单位管理层凌驾于控制之上的可能性的信息。在某些情况下，对询问的答复为审计人员修改审计程序或实施追加的审计程序提供了基础。

询问本身不足以发现认定层次存在的重大错报，也不足以测试内部控制运行的有效性，审计人员还应当实施其他审计程序以获取充分、适当的审计证据。

四、函证

函证是指审计人员直接从第三方（被询证者）获取书面答复以作为审计证据的过程，书面答复可以采用纸质、电子或其他介质等形式。当针对的是与特定账户余额及项目相关的认定时，函证常常是重要的程序。但是，函证不必局限于账户余额，如审计人员可能要求对被审计单位与第三方之间的协议和交易条款进行函证。审计人员可能在询证函中询问协议是否做过修改，如果做过修改，要求被询证者提供相关的详细信息。此外，函证还可以用于获取不存在某些情况的审计证据，如不存在可能影响被审计单位收入确认的"背后协议"。

（一）函证的内容

▶ 1. 银行存款、借款及与金融机构往来的其他重要信息

审计人员应当对银行存款（包括零余额账户和在本期内注销的账户）、借款及与金融机构往来的其他重要信息实施函证程序，除非有充分证据表明某一银行存款、借款及与金融机构往来的其他重要信息对财务报表不重要且与之相关的重大错报风险很低。如果不对这些项目实施函证程序，审计人员应当在审计工作底稿中说明理由。

2. 应收账款

审计人员应当对应收账款实施函证程序，除非有充分证据表明应收账款对财务报表不重要，或函证很可能无效。如果认为函证很可能无效，审计人员应当实施替代审计程序，获取相关、可靠的审计证据。如果不对应收账款函证，审计人员应当在审计工作底稿中说明理由。

3. 函证的其他内容

审计人员可以根据具体情况和实际需要对下列内容（包括但并不限于）实施函证：交易性金融资产，应收票据，其他应收款，预付账款，由其他单位代为保管、加工或销售的存货，长期股权投资，应付账款，预收账款，保证、抵押或质押，或有事项，重大或异常的交易。

（二）函证的时间

审计人员通常在资产负债表日后适当时间内实施函证。如果重大错报风险评估为低水平，审计人员可选择资产负债表日前适当日期为截止日实施函证，并对所函证项目自该截止日起至资产负债表日止发生的变动实施实质性程序。

根据评估的重大错报风险，审计人员可能会决定函证非期末的某一日的账户余额，例如，当审计工作将在资产负债表日之后很短的时间内完成时，可能会这么做。对于各类在年末之前完成的工作，审计人员应当考虑是否有必要针对剩余期间获取进一步的审计证据。

以应收账款为例，审计人员通常在资产负债日后某一天函证资产负债表日的应收账款余款。如果在资产负债表日前对应收账户余额实施函证程序，审计人员应当针对询证函指明的截止日期与资产负债表日之间实施进一步的实质性程序。实质性程序包括测试该期间发生的影响应收账款余额的交易或实施分析程序等。

（三）管理层要求不实施函证时的处理

当被审计单位管理层要求对拟函证的某些账户余额或其他信息不实施函证时，审计人员应当考虑该项要求是否合理，并获取审计证据予以支持。如果认为管理层的要求合理，审计人员应当实施替代审计程序，以获取与这些账户余额或其他信息相关的充分、适当的审计证据。如果认为管理层的要求不合理，且被管理层阻挠而无法实施函证，审计人员应当视为审计范围受到限制，并考虑对审计报告可能产生的影响。

（四）询证函的设计

1. 设计询证函的总体要求

审计人员应当根据特定审计目标设计询证函。通常，在针对账户余额的存在性认定获取审计证据时，审计人员应当在询证函中列明相关信息，要求对方核对确认。

但在针对账户余额的完整性认定获取审计证据时，审计人员则需要改变询证函的内容设计或者采用其他审计程序。例如，在函证应收账款时，询证函中不列出账户余额，而是要求被询证者提供余额信息，这样才能发现应收账款低估错报。再如，在对应付账款的完整性获取审计证据时，根据被审计单位的供货商明细表向被审计单位的主要供货商发出询证函，就比从应付账款明细表中选择询证对象更容易发现未入账的负债。

▶ 2. 函证方式

在设计询证函时，审计人员应当考虑采取的函证方式。

(1) 积极的函证方式。如果采用积极的函证方式，审计人员应当要求被询证者在所有情况下必须回函，确认询证函所列示信息是否正确，或填列询证函要求的信息。积极的函证方式又分为两种：一种是在询证函中列明拟函证的账户余额或其他信息，要求被询证者确认所函证的款项是否正确。通常认为，对这种询证函的回复能够提供可靠的审计证据。但是，这种方式的缺点是被询证者可能对所列示信息根本不加以验证就予以回函确认，而审计人员通常难以发觉是否发生了这种情形。为了避免这种风险，审计人员可以采用另一种询证函，即在询证函中不列明账户余额或其他信息，而要求被询证者填写有关信息或提供进一步信息。由于这种询证函要求被询证者做出更多的努力，可能会导致回函率降低，进而导致审计人员执行更多的替代程序。在采用积极的函证方式时，只有审计人员收到回函，才能为财务报表认定提供审计证据。审计人员没有收到回函，可能是由于被询证者根本不存在，或是由于被询证者没有收到询证函，也可能是由于询证者没有理会询证函，因此，审计人员无法证明所函证信息是否正确。

(2) 消极的函证方式。如果采用消极的函证方式，审计人员只要求被询证者仅在不同意询证函列示信息的情况下才予以回函。对消极式询证函而言，未收到回函并不能明确表明预期的被询证者已经收到询证函或已经核实了询证函中包含的信息的准确性。因此，未收到消极式询证函的回函提供的审计证据，远不如积极式询证函的回函提供的审计证据有说服力。如果询证函中的信息对被询证者不利，则被询证者更有可能回函表示不同意；相反，如果询证函中的信息对被询证者有利，回函的可能性就会相对较小。例如，被审计单位的供应商如果认为询证函低估了被审计单位的应付账款余额，则更有可能回函；如果高估了该余额，则回函的可能性很小。因此，审计人员在考虑这些余额是否可能低估时，向供应商发出消极式询证函可能是有用的程序。

当同时存在下列情况时，审计人员可考虑采用消极的函证方式：①重大错报风险评估为低水平；②涉及大量余额较小的账户；③预期不存在大量的错误；④没有理由相信被询证者不认真对待函证。

(五) 函证的实施

如果审计人员对函证程序控制不严密，就可能给被审计单位造成可乘之机，导致函证结果发生偏差和函证程序失效。审计人员应当采取下列措施对函证实施过程进行控制：

(1) 将被询证者的名称、单位名称和地址与被审计单位有关记录核对；
(2) 将询证函中列示的账户余额或其他信息与被审计单位有关资料核对；
(3) 在询证函中指明直接向接受审计业务委托的会计师事务所回函；
(4) 询证函经被审计单位盖章后，由审计人员直接发出；
(5) 将发出询证函的情况形成审计工作记录；
(6) 将收到的回函形成审计工作记录，并汇总统计函证结果。

对以电子形式收到的回函(如传真或电子邮件)，由于回函者的身份及回函者的授权情况很难确定，对回函的更改也难以发觉，因此可靠性存在风险。审计人员和回函者采用一定的程序为电子形式的回函创造安全环境，可以降低该风险。如果审计人员确信这种程序

(六) 积极式函证未收到回函实施替代程序

如果未收到被询证方的回函,审计人员应当实施替代审计程序:

(1) 检查资产负债表日后收回的货款。值得注意的是,审计人员不能仅查看应收账款的贷方发生额,而是要查看相关的收款单据,以证实付款方确为该客户且确与资产负债表日的应收账款相关。

(2) 检查相关的销售合同、销售单、发运凭证等文件。审计人员需要根据被审计单位的收入确认条件和时点,确定能够证明收入发生的凭证。

(3) 检查被审计单位与客户之间的往来邮件,如有关发货、对账、催款等事宜邮件。

(七) 对不符事项的处理

对回函中出现的不符事项,审计人员需要调查核实原因,确定不符事项是否构成错报。审计人员不能仅通过询问被审计单位相关人员对不符事项的性质和原因得出结论,而是要在询问原因的基础上,检查相关的原始凭证和文件资料予以证实,并在必要时与被询证方联系,获取相关信息和解释。对应收账款而言,登记入账的时间不同而产生的不符事项主要表现为:

(1) 客户已经付款,被审计单位尚未收到货款;

(2) 被审计单位的货物已经发出并已进行销售记录,但货物仍在途中,客户尚未收到货物;

(3) 客户由于某种原因将货物退回,而被审计单位尚未收到;

(4) 客户对收到的货物数量和质量及价格等方面有异议而全部或部分拒付货款等。

五、重新计算

重新计算是指审计人员对记录或文件中的数据计算的准确性进行核对。重新计算可通过手工方式或电子方式进行。重新计算通常包括计算销售发票和存货的总金额,加总日记账和明细账,检查折旧费用和预付费用的计算,检查应纳税额的计算等。

六、重新执行

重新执行是指审计人员独立执行原本属于被审计单位内部控制组成部分的政策和程序。例如,审计人员利用被审计单位的银行存款日记账和银行对账单,重新编制银行存款余额调节表,并与被审计单位编制的银行存款余额调节表进行比较。

七、分析程序

分析程序是指审计人员通过分析不同财务数据之间,以及财务数据与非财务数据之间的内在关系,对财务信息做出评价。分析程序还包括在必要时对识别出的、与其他相关信息不一致或与预期值差异重大的波动或关系进行调查。

审计人员实施分析程序的主要目的:用作风险评估程序,了解被审计单位及环境,并评估财务报表层次和认定层次的重大错报风险;当使用分析程序比细节测试能更有效地将认定层次的检查风险降至可接受的水平时,分析程序可以用作实质性程序;在审计结束或临近结束时，对财务报表的合理性进行最终把关，以便为发表审计意见提供合理基础。

第四节 审计抽样

一、审计抽样的基本概念

企业规模的扩大和经营复杂程度的不断上升，使得审计人员对每一笔交易进行检查变得既不可行，又十分没有必要。为了在合理的时间内能以合理的成本完成审计工作，审计抽样应运而生。审计抽样旨在帮助审计人员确定实施审计程序的范围，以获取充分、适当的审计证据，得出合理的结论，作为形成审计意见的基础。

（一）审计抽样的定义

审计抽样是指审计人员对具有审计相关性的总体中低于百分之百的项目（样本）实施审计程序，使总体中的个体都有被选取的机会，为审计人员针对总体得出结论提供合理基础。审计抽样能够使审计人员获取和评价有关所选项目某一特征的审计证据，以形成或有助于形成有关总体的结论。总体是指审计人员从中选取样本并期望据此得出结论的整个数据集合。

审计抽样应当具备三个基本特征：
（1）对某类交易或账户余额中低于百分之百的项目实施审计程序；
（2）所有个体都有被选取的机会；
（3）审计测试的目的是评价该账户余额或交易类型的某一特征。

审计抽样并非在所有审计程序中都可使用。在风险评估程序、控制测试和实质性程序中，有些审计程序可以使用审计抽样，有些审计程序则不宜使用审计抽样。

风险评估程序通常不涉及审计抽样。如果审计人员在了解控制的设计和确定控制是否得到执行的同时计划和实施控制测试，则可能涉及审计抽样，但此时审计抽样仅适用于控制测试。

当控制的运行留下轨迹时，审计人员可以考虑使用审计抽样实施控制测试。对于未留下运行轨迹的控制，审计人员不宜使用审计抽样。

实质性程序包括对各类交易、账户余额和披露的细节测试，以及实质性分析程序。在实施细节测试时，审计人员可以使用审计抽样获取审计证据，以验证有关财务报表金额的一项或多项认定（如应收账款的存在性），或对某些金额做出独立估计（如陈旧存货的价值）。在实施实质性分析程序时，审计人员不宜使用审计抽样。

（二）抽样风险和非抽样风险

在获取审计证据时，审计人员应当运用职业判断，评估重大错报风险，并设计进一步审计程序，以确保将审计风险降至可接受的低水平。在使用审计抽样时，审计风险既可能受到抽样风险的影响，又可能受到非抽样风险的影响。

1. 抽样风险

抽样风险是指审计人员根据样本得出的结论，可能不同于如果对总体实施与样本相同的审计程序得出的结论的风险。

控制测试中的抽样风险包括信赖过度风险和信赖不足风险。信赖过度风险是指推断（评估）的控制有效性高于实际的控制有效性的风险。信赖过度风险与审计的效果有关。如果审计人员评估的控制有效性高于实际的控制有效性，从而导致评估的重大错报风险水平偏低，审计人员可能不适当地减少实质性程序，因此审计的有效性下降。对于审计人员而言，信赖过度风险更容易导致审计人员发表不恰当的审计意见，因而更应予以关注。相反，信赖不足风险是指推断的控制有效性低于实际的控制有效性的风险。信赖不足风险与审计的效率有关。当审计人员评估的控制有效性低于实际的控制有效性时，评估的重大错报风险水平高于实际水平，审计人员可能会增加不必要的实质性程序，因此审计效率可能降低。

在实施细节测试时，抽样风险包括误受风险和误拒风险。误受风险是指审计人员推断某一重大错报不存在而实际上存在的风险。如果账面金额实际上存在重大错报而审计人员认为不存在重大错报，审计人员通常会停止对该账面金额继续进行测试，并根据样本结果得出账面金额无重大错报的结论。与信赖过度风险类似，误受风险降低审计效果，容易导致审计人员发表不恰当的审计意见，因此审计人员更应予以关注。相反，误拒风险是指审计人员推断某一重大错报存在而实际上不存在的风险。与信赖不足风险类似，误拒风险降低审计效率。如果账面金额不存在重大错报而审计人员认为存在重大错报，审计人员会扩大细节测试的范围并考虑获取其他审计证据，最终审计人员会得出恰当的结论。

只要使用了审计抽样，抽样风险总会存在。在使用统计抽样时，审计人员可以比较准确地计量和控制抽样风险，在使用非统计抽样时，审计人员无法量化抽样风险，只能根据职业判断对抽样风险进行定性的评价和控制。抽样风险与样本规模反方向变动：样本规模越小，抽样风险越大；样本规模越大，抽样风险越小。无论是控制测试还是细节测试，审计人员都可以通过扩大样本规模降低抽样风险。如果对总体中的所有项目都实施检查，就不存在抽样风险，此时审计风险完全由非抽样风险产生。

2. 非抽样风险

非抽样风险是指审计人员由于任何与抽样无关的原因而得出错误结论的风险。审计人员即使对某类交易或账户余额的所有项目实施审计程序，也可能仍未能发现重大错报或控制失效。在审计过程中，可能导致非抽样风险的原因包括下列情况。

（1）审计人员选择的总体不适合于测试目标。例如，审计人员在测试销售收入完整性认定时将主营业务收入日记账界定为总体。

（2）审计人员未能适当地定义误差（包括控制偏差或错报），导致审计人员未能发现样本中存在的偏差或错报。例如，审计人员在测试现金支付授权控制的有效性时，未将签字人未得到适当授权的情况界定为控制偏差。

（3）其他原因。

非抽样风险是由人为错误造成的，因而可以降低、消除或防范。虽然在任何一种抽样方法中审计人员都不能量化非抽样风险，但通过采取适当的质量控制政策和程序，对审计工作进行适当的指导、监督和复核，以及对审计人员实务的适当改进，可以将非抽样风险降至可以接受的水平。审计人员也可以通过仔细设计审计程序尽量降低非抽样风险。

(三) 统计抽样和非统计抽样

审计人员在运用审计抽样时，既可以使用统计抽样方法，也可以使用非统计抽样方法，这取决于审计人员的职业判断。统计抽样是指同时具备下列特征的抽样方法：随机选取样本项目；运用概率论评价样本结果，包括计量抽样风险。不同时具备上述提及的两个特征的抽样方法为非统计抽样。

审计人员应当根据具体情况并运用职业判断，确定使用统计抽样或非统计抽样方法，以最有效率地获取审计证据。审计人员在统计抽样与非统计抽样方法之间进行选择时主要考虑成本效益。统计抽样的优点在于能够客观地计量抽样风险，并通过调整样本规模精确地控制风险，这是与非统计抽样最重要的区别。另外，统计抽样还有助于审计人员高效地设计样本，计量所获取证据的充分性，以及定量评价样本结果。但统计抽样又可能发生额外的成本。首先，统计抽样需要特殊的专业技能，因此使用统计抽样需要增加额外的支出对审计人员进行培训。其次，统计抽样要求单个样本项目符合统计要求，这些也可能需要支出额外的费用。非统计抽样如果设计适当，也能提供与统计抽样方法同样有效的结果。审计人员使用非统计抽样时，也必须考虑抽样风险并将抽样风险降至可接受水平，但无法精确地测定出抽样风险。

不管是统计抽样还是非统计抽样，两种方法都要求审计人员在设计、实施和评价样本时运用职业判断。

二、审计抽样的步骤

审计人员在控制测试和细节测试中使用审计抽样方法，主要分为三个阶段进行：第一阶段是样本设计阶段，旨在根据测试的目标和抽样总体，制订选取样本的计划；第二阶段是选取样本阶段，旨在按照适当的方法从相应的抽样总体中选取所需的样本，并对样本实施审计程序，以确定是否存在误差；第三阶段是评价样本结果阶段，旨在根据对误差的性质和原因的分析，将样本结果推断至总体，形成对总体的结论。

(一) 样本设计阶段

在设计审计样本时，审计人员应当考虑审计目标和抽样总体的特征。

▶ 1. 确定测试目标

审计抽样必须紧紧围绕审计测试的目标展开，因此确定测试目标是样本设计阶段的第一项工作。一般而言，控制测试是为了获取关于某项控制运行是否有效的证据，而细节测试的目的是确定某类交易或账户余额的金额是否正确，获取与存在的错报有关的证据。

▶ 2. 定义总体与抽样单元

(1) 总体。在实施抽样之前，审计人员必须仔细定义总体，确定抽样总体的范围。总体可以包括构成某类交易或账户余额的所有项目，也可以只包括某类交易或账户余额中的部分项目。例如，如果应收账款中没有单个重大项目，审计人员直接对应收账款账面余额进行抽样，则总体包括构成应收账款期末余额的所有项目，如果审计人员已使用选取特定项目的方法将应收账款中的单个重大项目挑选出来单独测试，只对剩余的应收账款余额进行抽样，则总体只包括构成应收账款期末余额的部分项目。

审计人员应当确保总体的适当性和完整性。也就是说，审计人员所定义的总体应具备下列两个特征。

① 适当性。审计人员应确定总体适合于特定的审计目标，包括适合于测试的方向。例如，在控制测试中，如果要测试用以保证所有发运商品都已开单的控制是否有效运行，则将所有已发运的项目作为总体通常比较适当。又如，在细节测试中，如果审计人员的目标是测试应付账款的高估，总体可以定义为应付账款清单。但在测试应付账款的低估时，总体就不是应付账款清单，而是后来支付的证明、未付款的发票、供货商的对账单、没有销售发票对应的收货报告，或能提供低估应付账款的审计证据的其他总体。

② 完整性。在实施审计抽样时，审计人员需要实施审计程序，以获取有关总体的完整性的审计证据。审计人员应当从总体项目内容和涉及时间等方面确定总体的完整性。例如，如果审计人员从档案中选取付款证明，除非确信所有的付款证明都已归档，否则审计人员不能对该期间的所有付款证明得出结论。又如，如果审计人员对某一控制活动在财务报告期间是否有效运行得出结论，总体应包括来自整个报告期间的所有相关项目。

(2) 定义抽样个体。抽样个体是指构成总体的个体项目。抽样个体可能是实物项目（如支票簿上列示的支票信息，银行对账单上的贷方记录，销售发票或应收账款余额），也可能是货币。在定义抽样个体时，审计人员应使抽样个体与审计测试目标保持一致。审计人员在定义总体时通常都指明了适当的抽样个体。

(3) 分层。如果总体项目存在重大的变异性，审计人员可以考虑将总体分层。分层，是指将总体划分为多个子总体的过程，每个子总体由一组具有相同特征（通常为货币金额）的抽样个体组成。分层可以降低每一层中项目的变异性，从而在抽样风险没有成比例增加的前提下减小样本规模，提高审计效率。

在实施细节测试时，审计人员通常根据金额对总体进行分层。这使审计人员能够将更多审计资源投向金额较大的项目，而这些项目最有可能包含高估错报。例如，为了函证应收账款，审计人员可以将应收账款账户按金额大小分为三层，即账户金额在 10 000 元以上的；账户金额为 5 000～10 000 元的；账户金额在 5 000 元以下的。然后，根据各层的重要性分别采取不同的选样方法。对于金额在 10 000 元以上的应收账款账户，应进行全部函证；对于金额在 5 000～10 000 元，以及 5 000 元以下的应收账款账户，则可采用适当的选样方法选取进行函证的样本。

分层后的每层构成一个子总体且可以单独检查。对某一层中的样本项目实施审计程序的结果，只能用于推断构成该层的项目。如果对整个总体得出结论，审计人员应当考虑与构成整个总体的其他层有关的重大错报风险。例如，在对某一账户余额进行测试时，占总体数量 20% 的项目，项目金额可能占该账户余额的 90%。审计人员只能根据该样本的结果推断至上述 90% 的金额。对于剩余 10% 的金额，审计人员可以抽取另一个样本或使用其他收集审计证据的方法，单独得出结论，或者认为剩余 10% 的金额不重要而不实施审计程序。

如果审计人员将某类交易或账户余额分成不同的层，需要对每层分别推断错报。在考虑错报对该类别的所有交易或账户余额的可能影响时，审计人员需要综合考虑每层的推断错报。

▶ 3. 定义误差

审计人员必须事先准确定义构成误差的条件，否则执行审计程序时就没有识别误差的标准。在控制测试中，误差是指控制偏差，审计人员要仔细定义所要测试的控制及可能出现偏差的情况；在细节测试中，误差是指错报，审计人员要确定哪些情况构成错报。

▶ 4. 确定审计程序

审计人员必须确定能够最好地实现测试目标的审计程序组合。例如，如果审计人员的审计目标是通过测试某一阶段的适当授权证实交易的有效性，审计程序就是检查特定人员已在某文件上签字以示授权的书面证据。

（二）选取样本阶段

▶ 1. 确定样本规模

样本规模是指从总体中选取样本项目的数量。在审计抽样中，如果样本规模过小，不能反映出审计对象总体的特征，审计人员就无法获取充分的审计证据，审计结论的可靠性就会大打折扣，甚至可能得出错误的审计结论。因此，审计人员应当确定足够的样本规模，以将抽样风险降至可接受的低水平。相反，如果样本规模过大，则会增加审计工作量，造成不必要的时间和人力上的浪费，加大审计成本，降低审计效率，因而失去审计抽样的意义。

影响样本规模的主要因素包括：

（1）可接受的抽样风险。可接受的抽样风险与样本规模成反比。审计人员愿意接受的抽样风险越低，样本规模通常越大。反之，注册会计师愿意接受的抽样风险越高，样本规模越小。

（2）可容忍误差。可容忍误差是指审计人员在认为测试目标已实现的情况下准备接受的总体最大误差。在控制测试中，可容忍误差指可容忍偏差率。可容忍偏差率是指审计人员设定的偏离规定的内部控制程序的比率，审计人员试图对总体中的实际偏差率不超过该比率获取适当水平的保证。换言之，可容忍偏差率是审计人员能够接受的最大偏差数量；如果偏差超过这一数量，则减少或取消对内部控制程序的信赖。在细节测试中，它指可容忍错报。可容忍错报是指审计人员设定的货币金额，审计人员试图对总体中的实际错报不可超过该货币金额获取适当水平的保证。实际上，可容忍错报是实际执行的重要性这个概念在特定抽样程序中的运用。可容忍错报可能等于或低于实际执行的重要性。当保证程度一定时，审计人员运用职业判断确定可容忍错报。可容忍错报越小，为实现保证程度所需的样本规模越大。

（3）预计总体误差。预计总体误差是指审计人员根据以前对被审计单位的经验或实施风险评估程序的结果而估计总体中可能存在的误差。在既定的可容忍误差下，当预计总体误差增加时，所需的样本规模越大。

（4）总体变异性。总体变异性是指总体的某一特征（如金额）在各项目之间的差异程度。在控制测试中，审计人员在确定样本规模时一般不考虑总体变异性。在细节测试中，审计人员确定适当的样本规模时要考虑特征的变异性。总体项目的变异性越低，通常样本规模越小。审计人员可以通过分层，将总体分为相对同质的组，以尽可能降低每一组中变异性的影响,从而减小样本规模。

▶ 2. 选取样本

不管使用统计抽样或非统计抽样,在选取样本项目时,审计人员都应当使总体中的每个抽样单元都有被选取的机会。在统计抽样中,审计人员选取样本项目时每个抽样单元被选取的概率是已知的。在非统计抽样中,审计人员根据判断选取样本项目。由于抽样的目的是为审计人员得出有关总体的结论提供合理的基础,因此,审计人员通过选择具有总体典型特征的样本项目,从而选出有代表性的样本以避免偏向是很重要的。选取样本的基本方法,包括使用随机数表或计算机辅助审计技术选样、系统选样和随意选样。

(1) 使用随机数表或计算机辅助审计技术选样。使用随机数表或计算机辅助审计技术选样又称随机数选样。使用随机数选样需以总体中的每一项目都有不同的编号为前提。审计人员可以使用计算机生成的随机数,如电子表格程序、随机数码生成程序、通用审计软件程序等计算机程序产生的随机数,也可以使用随机数表获得所需的随机数。

随机数是一组从长期来看出现概率相同的数码,且不会产生可识别的模式。随机数表也称乱数表,它是由随机生成的从 0~9 共 10 个数字所组成的数表,每个数字在表中出现的次数是大致相同的,它们出现在表上的顺序是随机的。表 2-4 所示就是 5 位随机数表的一部分。

表 2-4 随 机 数 表

	1	2	3	4	5	6	7	8	9	10
1	32044	69037	29655	92114	81034	40582	01584	77184	85762	46505
2	23821	96070	82592	81642	08971	07411	09037	81530	56195	98425
3	82383	94987	66441	28677	95961	78346	37916	09416	42438	48432
4	68310	21792	71635	86089	38157	95620	96718	79554	50209	17705
5	94856	76940	22165	01414	01413	37231	05509	37489	56459	52983
6	95000	61958	83430	98250	70030	05436	74814	45978	09277	13827
7	20764	64638	11359	32556	89822	02713	81293	52970	25080	33555
8	71401	17964	50940	95753	34905	93566	36318	79530	51105	26952
9	38464	75707	16750	61371	01523	69205	32122	03436	14489	02086
10	59442	59247	74955	82835	98378	83513	47870	20795	01352	89906

应用随机数表选样的步骤如下。

① 对总体进行编号,建立总体中的个体与表中数字的一一对应关系。一般情况下,编号可利用总体中原有的某些编号,如凭证号、支票号、发票号等。在没有事先编号的情况下,审计人员需按一定的方法进行编号。可采用 4 位随机数表,也可以使用 5 位随机数表的前 4 位数字或后 4 位数字。

② 从随机数表中选择一个随机起点和一个选号路线。随机起点和选号路线可以任意选择,但一经选定就不得改变。从随机数表中任选一行或任何一栏开始,按照一定的方向

(上下左右均可)依次查找,符合总体编号要求的数字,即为选中的号码,与此号码相对应的个体即为选取的样本个体,一直到选足所需的样本量为止。

【例题 2.1】 从应收账款明细表的 2 000 个记录中选择 10 个样本。

【答案及解析】

总体编号规则:从 0001～2000 按顺序编号,从表 2-4 第一行第一列开始,使用前 4 位随机数,逐行向右查找,则选中的样本个体编号为 0158、0897、0741、0903、0941、1770、0141、0550、0543、0927 的 10 个记录。

(2) 系统选样。系统选样也称等距选样,是指按照相同的间隔从审计对象总体中等距离地选取样本的一种选样方法。采用系统选样法,首先要计算选样间距,确定选样起点,然后再根据间距顺序地选取样本。选样间距的计算公式如下:

$$选样间距 = 总体规模 \div 样本规模$$

【例题 2.2】 销售发票的总体范围是 652～3152,审计人员必须从其中选取一个随机数作为抽样起点,请选择 125 个样本。

【答案及解析】

依据公式,选样间距为 20[(3 152－652)÷125]。如果第一个样本是发票号码为 661 的那一张,其余的 124 个项目是 681(661＋20),701(681＋20),……依此类推,直至第 3141 号[样本首号＋(样本量－1)×间距＝样本尾号]。

系统选样方法的主要优点是使用方便,比其他选样方法节省时间,并可用于无限总体。此外,使用这种方法时,对总体中的项目不需要编号,审计人员只要简单数出每一个间距即可。但是,使用系统选样方法要求总体必须是随机排列的,否则容易发生较大的偏差,造成非随机的、不具代表性的样本。

(3) 随意选样。随意选样也称任意选样,是指审计人员不带任何偏见地选取样本,即审计人员不考虑样本项目的性质、大小、外观、位置或其他特征而选取总体项目。随意选样的主要缺点在于很难完全无偏见地选取样本项目,即这种方法难以彻底排除审计人员的个人偏好对选取样本的影响,因而很可能使样本失去代表性。由于文化背景和所受训练等的不同,每个审计人员都可能无意识地带有某种偏好。例如,从发票柜中取发票时,某些审计人员可能倾向于抽取柜子中间位置的发票,这样就会使柜子上面部分和下面部分的发票缺乏相等的选取机会。因此,在运用随意选样方法时,审计人员要避免由于项目性质、大小、外观和位置等的不同所引起的偏见,尽量使所选取的样本具有代表性。

上述三种基本方法均可选出代表性样本。但随机数表选样和系统选样属于随机基础选样方法,即对总体的所有项目按随机规则选取样本,因而可以在统计抽样中使用,当然也可以在非统计抽样中使用。而随意选样虽然也可以选出代表性样本,但它属于非随机基础选样方法,因而不能在统计抽样中使用,只能在非统计抽样中使用。

▶ **3. 对样本实施审计程序**

审计人员应当针对选取的样本,实施适合具体目的的审计程序。对选取的样本实施审计程序旨在发现并记录样本中存在的误差。

审计人员通常对每一样本实施适合于特定审计目标的审计程序。有时,审计人员可能无法对选取的抽样个体实施计划的审计程序(如由于原始单据丢失等原因)。审计人员对未检查项目的处理取决于未检查项目对评价样本结果的影响。如果审计人员对样本结果的评价不会因为未检查项目可能存在错报而改变,就不需对这些项目进行检查。如果未检查项目可能存在的错报会导致该类交易或账户余额存在重大错报,审计人员就要考虑实施替代程序,为形成结论提供充分的证据。例如,对应收账款的积极式函证没有收到回函时,审计人员可以审查期后收款的情况,以证实应收账款的余额。审计人员也要考虑无法对这些项目实施检查的原因是否会影响计划的重大错报风险评估水平或对舞弊风险的评估。如果未能对某个选取的项目实施设计的审计程序或适当的替代程序,审计人员应当将该项目视为控制测试中规定的控制的一项偏差,或细节测试中的一项错报。

(三)评价样本结果

▶ 1. 分析样本误差(偏差或错报)

审计人员应当调查识别出的所有偏差或错报的性质和原因,并评价这些偏差和错报对审计目标和审计的其他方面可能产生的影响。无论是统计抽样还是非统计抽样,对样本结果的定性评估和定量评估一样重要。即使样本的统计评价结果在可以接受的范围内,审计人员也应对样本中的所有误差(包括控制测试中的控制偏差和细节测试中的金额错报)进行定性分析。

如果审计人员发现许多误差具有相同的特征,如交易类型、地点、生产线或时期等,则应考虑该特征是不是引起误差的原因,是否存在其他尚未发现的具有相同特征的误差。此时,审计人员应将具有该共同特征的全部项目划分为一层,并对层中的所有项目实施审计程序,以发现潜在的系统误差。同时,审计人员仍需分析误差的性质和原因,考虑存在舞弊的可能性。如果将某一误差视为异常误差,审计人员应当实施追加的审计程序,以高度确信该误差对总体误差不具有代表性。

在极其特殊的情况下,如果认为样本中发现的某项偏差或错报是异常误差,审计人员应当对该项偏差或错报对总体不具有代表性获取高度保证。异常误差是指对总体中的错报或偏差明显不具有代表性的错报或偏差。在获取这种高度保证时,审计人员应当实施追加的审计程序,获取充分、适当的审计证据,以确定该项偏差或错报不影响总体的其余部分。

▶ 2. 推断总体偏差或错报

当实施控制测试时,审计人员应当根据样本中发现的偏差率推断总体偏差率,并考虑这一结果对特定审计目标及审计的其他方面的影响。

当实施细节测试时,审计人员应当根据样本中发现的金额错报推断总体金额错报,并考虑这一结果对特定审计目标及审计的其他方面的影响。常见的方法有均值法、差额法和比率法。

(1)均值法是指通过抽样审查确定样本的平均值,再根据样本平均值推断总体的平均值和总值的一种变量抽样方法。

$$样本审定金额的平均值 = 样本审定金额 \div 样本规模$$
$$估计总体金额 = 样本审定金额的平均值 \times 总体规模$$
$$推断的总体错报 = 总体账面金额 - 估计总体金额$$

(2)差额法是指以样本审定金额与账面金额的平均差额作为总体实际金额与账面金额的平均差额,然后再以这个平均差额乘以总体规模,从而求出总体实际金额与账面金额的差额(即总体错报)的一种方法。

$$样本平均错报 = (样本账面金额 - 样本审定金额) \div 样本规模$$
$$推断的总体错报 = 样本平均错报 \times 总体规模$$
$$(估计的总体实际金额 = 总体账面金额 - 推断的总体错报)$$

(3) 比率法，指以样本审定金额与账面金额之间的比率关系作为总体实际金额与账面金额之间的比率关系，然后再以这个比率去乘总体的账面金额，从而求出估计的总体实际金额的一种抽样方法。

$$比率 = \frac{样本审定金额}{样本账面金额}$$
$$估计的总体实际金额 = 总体账面金额 \times 比率$$
$$推断的总体错报 = 总体账面金额 - 估计的总体实际金额$$

▶ **3. 形成审计结论**

审计人员应当评价样本结果，以确定对总体的评估是否得到证实或需要修正，即总体是否可以接受。

(1) 控制测试中的样本结果评价。在控制测试中，审计人员应当将总体偏差率与可容忍偏差率比较，但必须考虑抽样风险。

在统计抽样中，审计人员通常使用表格或计算机程序计算抽样风险，并在确定的信赖过度风险条件下计算可能发生的偏差率上限的估计值。该偏差率上限的估计值即总体偏差率与抽样风险允许限度之和。如果估计的总体偏差率上限低于可容忍偏差率，则总体可以接受；如果估计的总体偏差率上限大于或等于可容忍偏差率，则总体不能接受。此时审计人员应当修正重大错报风险评估水平，并增加实质性程序的数量。审计人员也可以对影响重大错报风险评估水平的其他控制进行测试，以支持计划的重大错报风险评估水平。

在非统计抽样中，抽样风险无法直接计量。审计人员通常将样本偏差率（即估计的总体偏差率）与可容忍偏差率相比较，以判断总体是否可以接受。如果样本偏差率大于可容忍偏差率，则总体不能接受；如果样本偏差率大大低于可容忍偏差率，审计人员通常认为总体可以接受；如果样本偏差率虽然低于可容忍偏差率，但两者很接近，审计人员通常认为总体实际偏差率高于可容忍偏差率的抽样风险很高，因而总体不可接受。

(2) 细节测试中的样本结果评价。在细节测试中，审计人员应当根据样本中发现的错报推断总体错报。审计人员首先必须根据样本中发现的实际错报建议被审计单位调整账面记录金额，将被审计单位已更正的错报从推断的总体错报金额中减掉，然后将调整后的推断总体错报与该类交易或账户余额的可容忍错报相比较，但必须考虑抽样风险。

在统计抽样中，审计人员利用计算机程序或数学公式计算出总体错报上限，并将计算的总体错报上限与可容忍错报比较。计算的总体错报上限等于推断的总体错报（调整后）与抽样风险允许限度之和。如果计算的总体错报上限低于可容忍错报，则总体可以接受。这时审计人员对总体得出结论，所测试的交易或账户余额不存在重大错报；如果计算的总体错报上限大于或等于可容忍错报，则总体不能接受。这时审计人员对总体得出结论，所测试的交易或账户余额存在重大错报。

在非统计抽样中,审计人员运用经验和职业判断评价抽样结果。如果调整后的总体错报大于可容忍错报,或虽小于可容忍错报但两者很接近,审计人员通常得出总体实际错报大于可容忍错报的结论。也就是说,该类交易或账户余额存在重大错报,因而总体不能接受;如果调整后的总体错报远远小于可容忍错报,审计人员可以得出总体实际错报小于可容忍错报的结论,即该类交易或账户余额不存在重大错报,因而总体可以接受;如果调整后的总体错报虽然小于可容忍错报但两者之间的差距很接近(既不很小又不很大),审计人员必须特别仔细地考虑,总体实际错报超过可容忍错报的风险是否能够接受,并考虑是否需要扩大细节测试的范围,以获取进一步的证据。

第五节 计算机辅助审计技术

一、计算机辅助审计技术的定义

计算机辅助审计技术(Computer Assisted Audit Techniques,CAATs)是指利用计算机和相关软件,使审计测试工作实现自动化的技术。计算机辅助审计技术可以在以下方面使审计工作更有效率和效果。

(1) 将现有手工执行的审计测试自动化,如对报告数据的准确性进行测试。

(2) 在手工方式不可行的情况下执行测试或分析,例如,审阅大量的和非正常的销售交易,尽管这项工作有可能通过手工执行来实现,但对于多数大型公司而言,从时间角度出发,需要审阅的交易数量是无法通过手工方式进行的。

计算机辅助审计技术不仅能够提高审阅大量交易的效率,而且计算机不会受到过度工作的影响(而审计人员在审阅了大量的一页接一页的交易后很容易产生疲劳),从这个意义上讲,计算机辅助审计技术还可以使审阅工作更具效果。相比较用手工的方式进行同样的测试,即便是第一年使用计算机辅助审计技术进行审计,也会节省大量的审计工作量,而后续年度节约的审计时间和成本则会更多。

二、计算机辅助审计技术的应用

最广泛地应用计算机辅助审计技术的领域是实质性程序,特别是在与分析程序相关的方面。除此之外,计算机辅助审计技术还能被用于细节测试(包括目标测试)及对审计抽样的辅助。计算机辅助审计技术使得对系统中的每一笔交易进行测试成为可能,用于在交易样本量很大的情况下替代手工测试。

与其他控制测试相同,计算机辅助审计技术也可用于测试控制的有效性,选择少量的交易,并在系统中进行穿行测试,或是开发一套集成的测试工具,用于测试系统中的某些交易。在控制测试中使用计算机辅助审计技术的优势是,可以对每一笔交易进行测试(包括主文件和交易文件),从而确定是否存在控制失效的情况。

由于计算机辅助审计技术有助于详审海量数据,它也可用于辅助对舞弊的检查工作

（如审阅非正常的日记账）。

三、电子表格

即使在信息化程度极高的环境下，由于系统限制等原因，财务信息和报告的生成往往还需要借助电子表格来完成。所谓电子表格，是指利用计算机作为表格处理工具，以实现制表工具、计算工具及表格结果保存的综合电子化的软件。目前普遍使用的电子表格通常包括 Excel 等软件，通过电子表格可以进行数据记录、计算与分析，并能对输入的数据进行各种复杂统计运算后显示为可视性极佳的表格。因此，审计人员在进行系统审计时，需要谨慎地考虑电子表格中的控制，以及如信息系统一般、控制一样的控制的设计与执行（在相关时）的有效性，从而确保这些内嵌控制持续的完整性。

（一）电子表格的特性

电子表格的特性（开放的访问、手工输入数据和容易出错）及编制并使用电子表格的环境的特性（例如，用户开发不正式、保存在局域网或本地磁盘而不是其他受控的信息系统环境中），增加了电子表格所生成的数据存在错误的风险，从而影响审计工作的进行。

（二）确定重要的财务电子表格和其他最终用户计算工具的范围

重要的财务电子表格和其他最终用户计算工具（如按需报告工具或在数据仓库中运行查询）用来在重要的流程中（自动控制或步骤）生成财务数据，或用来生成用于关键手工控制的财务或其他数据。作为起始点，审计人员应该了解评估范围内重要的流程和账户，并识别用来支持这些流程或账户的相关的电子表格或工具。

（三）电子表格控制的考虑

因为电子表格非常容易进行修改，并可能缺少控制活动，因此，电子表格往往面临重大固有风险和错误。例如：

（1）输入错误，由错误数据录入、错误引用或其他简单的剪贴功能造成的错误。

（2）逻辑错误，创建错误的公式从而生成了错误的结果。

（3）接口错误，与其他系统传输数据时产生的错误。

（4）其他错误，单元格范围定义不当、单元格参考错误或电子表格链接不当。

审计人员应该了解相关的电子表格/数据库如何支持关键控制达到相关业务流程的信息处理目标。电子表格控制可能包括以下一项或多项内容：对电子表格的、如信息系统一般控制一样的控制；内嵌在电子表格中的控制（类似于一个自动应用控制）；针对电子表格数据输入和输出的手工控制。

信息技术的广泛应用对于审计所包含的内容产生了重大影响。随着信息技术的发展，未来的审计一定会越来越依赖先进技术，服务的内容也将从传统审计扩展为包括财务信息、内部控制等在内的综合信息。而这一切都将给审计人员行业从业人员带来挑战，会计人员需要具备专业知识，但审计工作所涉及的信息技术领域有可能超越传统的财务审计范围，那么就需要信息技术专业人员的参与。

本章小结

审计证据是指审计人员为了得出审计结论、形成审计意见而使用的所有信息，包括构成财务报表基础的会计记录所含有的信息和其他信息。按审计证据的表现形态分类，可以分为书面证据和口头证据。按审计证据的来源分类，可以分为外部证据和内部证据。按审计证据的相关程度分类，可以分为直接证据和间接证据。

审计证据具有充分性和适当性两个基本特性。审计证据的充分性是对审计证据数量的衡量，与审计人员确定的样本量有关。审计证据的适当性是对审计证据质量的衡量，即审计证据在支持审计意见所依据结论方面具有的相关性和可靠性。充分性和适当性是审计证据的两个重要特性，两者缺一不可。

审计人员在审计过程中可以采用检查、观察、询问、函证、重新计算、重新执行及分析程序等审计方法获取审计证据。这些审计方法可以单独或综合运用于风险评估程序、控制测试和实质性程序。

控制测试中的抽样风险包括信赖过度风险和信赖不足风险。细节测试中的抽样风险包括误受风险和误拒风险。抽样风险与样本规模反方向变动：样本规模越小，抽样风险越大；样本规模越大，抽样风险越小。无论是控制测试还是细节测试，审计人员都可以通过扩大样本规模降低抽样风险。如果对总体中的所有项目都实施检查，就不存在抽样风险，此时审计风险完全由非抽样风险产生。

选取样本的基本方法包括使用随机数表或计算机辅助审计技术选样法、系统选样法和随意选样法。

当实施控制测试时，审计人员应当根据样本中发现的偏差率推断总体偏差率，并考虑这一结果对特定审计目标及审计的其他方面的影响。当实施细节测试时，审计人员应当根据样本中发现的错报金额推断总体错报金额，并考虑这一结果对特定审计目标及审计的其他方面的影响。常见的方法有：均值法、差额法和比率法。

练习题

一、单项选择题

1. 下列有关审计证据充分性的说法中，错误的是（　　）。
   A. 初步评估的控制风险越低，需要通过控制测试获取的审计证据的可能越少
   B. 计划从实质性程序中获取的保证程度越高，需要的审计证据可能越多
   C. 审计证据质量越高，需要的审计证据可能越少
   D. 评估的重大错报风险越高，需要的审计证据可能越多

2. 在确定审计证据的数量时，下列表述中错误的是（　　）。
   A. 错报风险越大，需要的审计证据可能越多
   B. 审计证据质量越高，需要的审计证据可能越少
   C. 通过调高重要性水平，可以降低所需获取的审计证据的数量

D. 审计证据的质量存在缺陷，可能无法通过获取更多的审计证据予以弥补

3. 在确定审计证据的相关性时，下列表述中错误的是（　　）。

A. 特定的审计程序可能只为某些认定提供相关的审计证据，而与其他认定无关

B. 只与特定认定相关的审计证据并不能替代与其他认定相关的审计证据

C. 针对某项认定从不同来源获取的审计证据存在矛盾，表明审计证据不存在说服力

D. 针对同一项认定可以从不同来源获取审计证据或获取不同性质的审计证据

4. 下列关于审计证据充分性的说法中，错误的是（　　）。

A. 审计证据的充分性是对审计证据数量的衡量，主要与确定的样本量有关

B. 获取更多的审计证据可以弥补这些审计证据质量上的缺陷

C. 审计人员需获取审计证据的数量受审计人员对重大错报风险评估的影响

D. 需要获取的审计证据的数量受审计证据质量的影响

5. 下列有关审计证据的说法中，正确的是（　　）。

A. 外部证据与内部证据矛盾时，审计人员应当采用外部证据

B. 审计证据不包括实施质量控制程序获取的信息

C. 审计人员可以考虑获取审计证据的成本与获取的信息的有用性之间的关系

D. 审计人员无须鉴定作为审计证据的文件记录的真伪

6. 审计人员考虑是否实施函证程序时，下列说法中错误的是（　　）。

A. 向被审计单位的律师函证固定资产的投保情况，函证可能无效

B. 实施函证程序应考虑被询证者回复询证函的能力

C. 函证被审计单位的子公司，回函的可靠性会降低

D. 无须考虑被询证者的客观性

7. 下列有关审计人员是否实施应收账款函证程序的说法中，正确的是（　　）。

A. 对上市公司财务报表执行审计时，审计人员应当实施应收账款函证程序

B. 对小型企业财务报表执行审计时，审计人员可以不实施应收账款函证程序

C. 如果有充分证据表明函证很可能无效，审计人员可以不实施应收账款函证程序

D. 如果在收入确认方面不存在由于舞弊导致的重大错报风险，审计人员可以不实施应收账款函证程序

8. 下列有关函证的说法中，正确的是（　　）。

A. 如果审计人员认为取得积极式函证回函是获取充分、适当的审计证据的必要程序，则替代程序不能提供审计人员所需要的审计证据

B. 如果被审计单位与银行存款存在认定有关的内部控制设计良好并有效运行，审计人员可适当减少函证的样本量

C. 审计人员应当对应收账款实施函证程序，除非应收账款对财务报表不重要且评估的重大错报风险低

D. 如果审计人员将重大错报风险评估为低水平，且预期不符事项的发生率很低，可以将消极式函证作为唯一的实质性程序

9. 下列有关选取测试项目的方法的说法中，正确的是（　　）。

A. 从某类交易中选取特定项目进行检查构成审计抽样

B. 从总体中选取特定项目进行测试时，应当使总体中每个项目都有被选取的机会

C. 对全部项目进行检查，通常更适用于细节测试

D. 审计抽样更适用于控制测试

10. 下列各项中，不会导致非抽样风险的是(　　)。

A. 审计人员选择的总体不适合于测试目标

B. 审计人员未能适当地定义误差

C. 审计人员未对总体中的所有项目进行测试

D. 审计人员未能适当地评价审计发现的情况

二、多项选择题

1. 下列有关非抽样风险的说法中，正确的有(　　)。

A. 审计人员实施控制测试和实质性程序时均可能产生非抽样风险

B. 审计人员保持职业怀疑有助于降低非抽样风险

C. 审计人员可以通过扩大样本规模降低非抽样风险

D. 审计人员可以通过加强对审计项目组成员的监督和指导降低非抽样风险

2. 下列选取样本的方法中，可以在统计抽样中使用的有(　　)。

A. 使用随机数表选样

B. 随意选样

C. 使用计算机辅助审计技术选样

D. 系统选样

3. 在归整或保存审计工作底稿时，下列表述中正确的有(　　)。

A. 在审计报告日后将审计工作底稿归整为最终审计工作档案是审计工作的组成部分

B. 如果未能完成审计业务，审计工作底稿也要归档

C. 如果审计人员未能完成审计业务，会计师事务所应当自审计业务中止日起，对审计工作底稿至少保存10年

D. 在完成最终审计档案的归整工作后，不得修改现有审计工作底稿或增加新的审计工作底稿

三、计算题

A审计人员负责审计甲公司2017年度财务报表。在针对存货实施细节测试时，A审计人员决定采用传统变量抽样方法实施统计抽样。甲公司2017年12月31日存货账面余额合计为150 000 000元。A审计人员确定的总体规模为3 000，样本规模为200，样本账面余额合计为12 000 000元，样本审定金额合计为8 000 000元。

要求：分别采用均值法、差额法和比率法三种方法计算推断的总体错报金额。

第三章 注册会计师管理

本章重点
1. 中国会计师事务所的组织形式和质量控制制度的要素。
2. 注册会计师鉴证业务的范围、要素和类型。
3. 注册会计师法律责任的认定与种类。

第一节 注册会计师概述

注册会计师是指通过国家认定或统一考试取得注册会计师资格证书的专业人员。注册会计师审计是市场经济监督体系重要的制度安排，注册会计师行业是高端服务业中重要的专业服务。目前，世界上许多国家为了保证审计工作质量，保护投资者合法权益，维护注册会计师职业在公众心目中的权威性，都相继制定了较为完善的注册会计师考试制度和其他相关制度。在美国，注册会计师申请者必须通过由美国注册会计师协会考试委员会组织的全国注册会计师统一考试。在英国，注册会计师申请者在完成大学水平的学业后，将与某会计师事务所签订一份为期三年的培训合同，并必须通过规定课程的考试和考查。在日本，注册会计师申请者也必须通过类似英美考试制度的国家考试。在中国，1991年开始组织全国注册会计师统一考试，已有一大批优秀人才通过考试加入了注册会计师队伍。

一、注册会计师考试制度

（一）报名条件

根据《中华人民共和国注册会计师法》和《注册会计师全国统一考试办法》的规定，符合下列条件的中国公民，可以报名参加中国注册会计师全国统一考试：①具有完全民事行为能力；②具有高等专科以上学校毕业学历，或者具有会计或者相关专业中级以上技术职称。另外,港澳台地区居民及按互惠原则确认的外国籍公民在符合学历条件和已取得境外法律认可的相应资格条件下,也可申请参加中国注册会计师考试。

有下列情形之一的人员,不得报名参加中国注册会计师全国统一考试:①因被吊销注册会计师证书,自处罚决定之日起至申请报名之日止不满5年者;②以前年度参加注册会计师全国统一考试因违规而受到停考处理期限未满者。

(二)考试组织

我国自改革开放以来,非常重视注册会计师制度建设。国家于1991年开始实行注册会计师全国统一考试制度,注册会计师全国统一考试办法由国务院财政部制定,由中国注册会计师协会组织实施。财政部成立注册会计师考试委员会(以下简称财政部考委会),由注册会计师考试委员会负责组织领导注册会计师全国统一考试工作。财政部考办设在中国注册会计师协会。

各省、自治区、直辖市财政厅(局)成立地方注册会计师考试委员会(以下简称地方考委会),由地方注册会计师考试委员会负责组织领导本地区注册会计师全国统一考试工作。地方考委会设立地方注册会计师考试委员会办公室(以下简称地方考办),由地方考办负责组织实施本地区注册会计师全国统一考试工作,贯彻实施财政部考委会的决定,处理本地区考试组织工作的重大问题。地方考办设在各省、自治区、直辖市注册会计师协会。

(三)考试科目

中国注册会计师(简称CPA)考试分为专业阶段和综合阶段。考生在通过专业阶段考试的全部科目后才能参加综合阶段考试。专业阶段主要测试考生是否具备注册会计师执业所需的专业知识,是否掌握基本技能和职业道德规范,考试设会计、审计、财务成本管理、经济法、税法和公司战略与风险管理6个科目,具有会计或者相关专业高级技术职称的人员,可以申请免予该阶段考试1个专长科目的考试。考试每科实行百分制,60分为成绩合格分数线,单科考试合格成绩在以后的连续四次考试中有效。对在连续5个年度考试中取得专业阶段全部科目考试合格成绩的考生,财政部考委会颁发注册会计师全国统一考试专业阶段考试合格证书。综合阶段主要测试考生是否具备在职业环境中运用专业知识,保持职业价值观、职业道德,有效解决实务问题的能力。综合阶段考试设职业能力综合测试科目,分成试卷一和试卷二。该科目应在取得专业阶段考试合格证书后规定的时间内完成。对取得综合阶段考试科目成绩合格的考生,财政部考委会颁发注册会计师全国统一考试全科考试合格证书。

二、注册会计师注册制度

根据《中华人民共和国注册会计师法》的规定,通过注册会计师考试全科成绩合格的,均可申请加入注册会计师协会取得非执业会员资格,但不能执业。注册会计师依法执行业务,必须取得财政部统一印制的中华人民共和国注册会计师证书。根据规定,参加注册会计师考试全科成绩合格,并在中国境内从事审计业务2年以上的,可以向省级注册会计师协会申请注册,取得注册会计师证书,成为执业会员。

申请注册者,如果有下列情形之一的,受理申请的注册会计师协会不予注册:①不具有完全民事行为能力的;②因受刑事处罚,自刑罚执行完毕之日起至申请注册之日止不满

5年的；③因在财务、会计、审计、企业管理或者经济管理工作中犯有严重错误受行政处罚、撤职以上处分，自处罚、处分决定生效之日起至申请注册之日止不满2年的；④受吊销注册会计师证书的处罚，自处罚决定生效之日起至申请注册之日止不满5年的；⑤因以欺骗、贿赂等不正当手段取得注册会计师证书而被撤销注册，自撤销注册决定生效之日起至申请注册之日止不满3年的；⑥不在会计师事务所专职执业的；⑦年龄超过70周岁的。

已取得注册会计师证书的人员，如果注册后出现下列情形之一的，准予注册的注册会计师协会将撤销注册，收回注册会计师证书：①完全丧失民事行为能力的；②受刑事处罚的；③自行停止执行注册会计师业务满1年的；④以欺骗、贿赂等不正当手段取得注册会计师证书的；⑤受吊销注册会计师证书处罚的；⑥不在会计师事务所专职执业的。

三、注册会计师后续教育制度

为保持和提升注册会计师的专业素质、执业能力和职业道德水平，加强注册会计师行业人才培养，根据《中华人民共和国注册会计师法》及有关规定，中国注册会计师协会制定中国注册会计师后续教育制度。制度要求中国注册会计师应当在执业期间接受后续教育。

注册会计师后续教育可以采用组织形式及其他形式的教育活动来完成。例如，参加各级注册会计师协会举办的专业培训、专业课程进修、专题研讨会；公开出版专业著作或发表专业论文；承担专业课题研究并取得研究成果等。

目前，中国注册会计师协会确定：执业会员接受后续教育的时间三年累计不得少于180个学时，且任何一年不得少于40个学时；接受脱产培训的时间三年累计不得少于120个学时，且任何一年不得少于20个学时。上一考核周期超过的学时数不得滚动到下一考核周期。由于特殊原因，未按照规定完成后续教育的注册会计师，如在规定的情形范围内，可以向所在的地方注协提出书面申请，经批准可以不参加当年的后续教育培训，但不得影响下一年度后续教育学时的完成。对未完成后续教育学时，且不符合规定情形的注册会计师，由地方注协进行公告，并限期接受强制培训，否则不予通过年检。

第二节 会计师事务所及质量控制

注册会计师审计是由依法批准成立的民间审计组织所实施的审计。不同国家和地区的民间审计组织各不相同，有会计公司、会计师行、会计师事务所等，中国的民间审计组织为会计师事务所。会计师事务所是注册会计师依法承办业务、独立核算、依法纳税的社会中介服务机构。

一、国外会计师事务所的组织形式

从世界各国来看，会计师事务所的组织形式主要有独资制、普通合伙制、有限责任制、有限责任合伙制四种形式。

（一）独资制会计师事务所

独资制会计师事务所是由具有注册会计师执业资格的个人独立开办的事务所。特点是：个人出资并承担无限责任，执业灵活，能在代理记账、代理纳税等方面很好地满足小型企业的需求。但难以承担大型审计业务，缺乏发展后劲。

（二）普通合伙制会计师事务所

普通合伙制会计师事务所是由两位或两位以上执业注册会计师作为合伙人设立的会计师事务所。特点是：多人共同出资，所有合伙人以各自的财产对事务所债务承担无限连带责任。它的优点是能够在风险制约和共同利益驱动下，促使事务所提高执业质量，有效扩展业务。缺点是任何一个合伙人执业中的过失或欺诈行为都可能给整个事务所带来灭顶之灾。

（三）有限责任制会计师事务所

有限责任制会计师事务所是由多个合伙人通过设立股份有限公司方式组建的事务所。特点是：多人共同出资，执业注册会计师以所认购事务所股份承担有限责任，事务所以全部资产对事务所债务承担有限责任。它的优点是可以通过公司制形式迅速聚集一批注册会计师，组成大型会计师事务所承办大型业务。缺点是降低了风险责任对职业行为的约束，弱化了注册会计师的个人责任，对注册会计师的不谨慎执业行为缺乏威慑力。

（四）有限责任合伙制会计师事务所

有限责任合伙制会计师事务所是由多个合伙人通过设立有限责任公司方式组建的事务所。特点是：多人共同出资，事务所以全部资产对债务承担有限责任，各合伙人对个人执业行为承担无限责任，无过失的合伙人对于其他合伙人的过失或不当执业行为承担有限责任。它的优点是，既吸收了合伙制和有限责任制事务所的优点，又摒弃了它们的不足。这种组织形式已成为世界各国会计师事务所组织形式发展的一大趋势。

二、中国会计师事务所的组织形式

根据《中华人民共和国注册会计师法》规定，目前中国只批准设立合伙制会计师事务所、有限责任制会计师事务所和特殊普通合伙制会计师事务所三种组织形式的会计师事务所。

（一）合伙会计师事务所

合伙会计师事务所由执业注册会计师合伙设立。合伙人按照出资比例或者协议的约定，以各自的财产承担责任，合伙人对会计师事务所的债务承担连带责任。

设立合伙会计师事务所必须符合以下条件：①有2名以上的合伙人；②有书面合作协议；③有固定的办公场所；④审批机关规定的其他条件。

根据财政部《会计师事务所审批和监督暂行办法》的规定，担任会计师事务所的合伙人或者股东应当具备下列条件：①持有中华人民共和国注册会计师证书；②在会计师事务所专职执业；③成为合伙人或者股东前3年内没有因为执业行为受到行政处罚；④取得注册会计师证书后最近连续5年在会计师事务所从事审计业务；⑤年龄为65周岁以下。

申请担任会计师事务所的合伙人或者股东时应向省级注协递交以下材料：①拟担任会计师事务所合伙人或股东变动申请表；②注册会计师执业证书原件和复印件；③新设会计

师事务所合伙人或者股东从事审计业务及转所情况的证明；④最近连续5年的执业报告清单，每个年度必须填写申请人直接参与审计、验资报告各10份；⑤省级注协在执业报告清单中抽取的最近连续5年申请人直接参与审计、验资的报告及工作底稿原件（每年度2份，其中至少1份为审计报告）。

(二) 有限责任会计师事务所

有限责任会计师事务所是指由执业注册会计师出资发起设立、承办注册会计师业务并负有限责任的社会中介机构。事务所以全部资产对事务所债务承担责任，出资人承担责任以出资人的出资额为限。

根据财政部《有限责任会计师事务所审批办法》的规定，设立有限责任会计师事务所必须符合以下条件：①有5名以上符合该办法第六条规定条件的发起人；②有10名以上国家规定的职龄以内的专职从业人员，其中包括5名以上中国注册会计师；③有不少于人民币30万元的注册资本；④有固定的办公场所；⑤审批机关规定的其他条件。

《有限责任会计师事务所审批办法》第六条规定，申请设立有限责任会计师事务所的发起人应当具备以下条件：①取得中国注册会计师证书，并且具有3年以上在事务所从事独立审计业务的经验和良好的职业道德记录；②为事务所的出资人；③不在其他单位从事获取工资等劳动报酬的工作；④年龄在国家规定的职龄以内；⑤审批机关规定的其他条件。

(三) 特殊普通合伙会计师事务所

为了贯彻落实《国务院办公厅转发财政部关于加快发展我国注册会计师行业若干意见的通知》（国办发〔2009〕56号），推动大中型会计师事务所采用特殊普通合伙组织形式，促进我国会计师事务所做大做强，根据《中华人民共和国合伙企业法》《会计师事务所审批和监督暂行办法》，财政部、国家工商行政管理总局于2010年7月21日印发了《关于推动大中型会计师事务所采用特殊普通合伙组织形式的暂行规定》（财会〔2010〕12号）。该暂行规定明确了大中型会计师事务所是指在人才、品牌、规模、技术标准、执业质量和管理水平等方面居于行业领先地位或具有较高水准，能够为我国企业"走出去"提供国际化综合服务，能够为大中型企事业单位、上市公司提供专业服务，行业排名前200位的会计师事务所（其中行业排名前10位为大型会计师事务所）。

特殊普通合伙会计师事务所的一个合伙人或者数个合伙人在执业活动中因故意或者重大过失造成事务所债务的，应当承担无限责任或者无限连带责任，其他合伙人以各自在事务所中的财产份额为限承担责任。如果合伙人在执业活动中非因故意或者重大过失造成事务所债务及事务所的其他债务，由全体合伙人承担无限连带责任。

会计师事务所转制为特殊普通合伙会计师事务所必须符合以下条件：①有25名以上合伙人；②有50名以上注册会计师；③有人民币1 000万元以上资本。

特殊普通合伙会计师事务所的合伙人应当具备以下条件：①在会计师事务所专职执业；②成为合伙人前3年内没有因为执业行为受到行政处罚；③有取得注册会计师证书后最近连续5年在会计师事务所从事审计业务的经历，其中在境内会计师事务所的经历不少于3年；④成为合伙人前1年内没有因采取隐瞒或提供虚假材料、欺骗、贿赂等不正当手段申请设立会计师事务所而被省级财政部门做出不予受理、不予批准或者撤销会计师事务所的决定；⑤年龄不超过65周岁。

三、会计师事务所质量控制

执业质量是会计师事务所的生命线,是注册会计师行业维护公众利益的专业基础和诚信义务。加强业务质量控制制度建设,制定并实施科学、严谨的质量控制政策和程序,是保障会计师事务所执业质量、实现行业科学健康发展的重要制度保障和长效机制。会计师事务所应当按照《会计师事务所质量控制准则第 5101 号——业务质量控制》的要求,建立健全本事务所的业务质量控制制度。

(一)质量控制制度的目标

会计师事务所应当根据《会计师事务所质量控制准则第 5101 号——业务质量控制》制定质量控制制度,以合理保证业务质量。质量控制制度的目标是:①会计师事务所及会计师事务所的人员遵守职业准则和适用的法律法规的规定;②会计师事务所和项目合伙人出具适合具体情况的报告。

项目合伙人是指会计师事务所中负责某项业务及该项业务的执行,并代表会计师事务所在出具的报告上签字的合伙人。在有限责任制的会计师事务所,项目合伙人是指主任会计师、副主任会计师或同等职位的高级管理人员。

(二)质量控制制度的要素

会计师事务所质量控制制度的要素包括:对业务质量承担的领导责任;相关职业道德要求;客户关系和具体业务的接受与保持;人力资源;业务执行;监控。会计师事务所应当围绕这些要素制定质量控制政策和程序,并应当将质量控制政策和程序形成书面文件,传达到全体人员。在记录和传达时,应清楚地描述质量控制政策和程序及这些质量控制政策和程序拟实现的目标。

▶ 1. 对业务质量承担的领导责任

明确质量控制制度的最终责任人,对会计师事务所的业务质量控制起着决定作用。为此,会计师事务所应当制定政策和程序,培育以质量为导向的内部文化。这些政策和程序应当要求会计师事务所主任会计师对质量控制制度承担最终责任。主任会计师对质量控制制度承担最终责任,在制度上保证了质量控制制度的地位和执行力。同时,会计师事务所的领导层应当树立质量至上的意识。在审计实务中,会计师事务所需要建立与业务规模相匹配的质量控制部门,以具体落实各项质量控制措施。质量控制措施的实施,一部分可能由专职的质量控制人员执行;另一部分可能是由业务人员或职能部门的人员执行。

会计师事务所各级管理层应当通过清晰、一致及经常的行动示范和信息传达,强调质量控制政策和程序的重要性。采取的途径通常有培训、研讨会、谈话、发表文章等,通过行动示范和信息传达,可以起到强化质量文化的效果。

会计师事务所应当通过下列措施实现质量控制的目标:合理确定管理责任,以避免重商业利益轻业务质量;建立以质量为导向的业绩评价、工薪及晋升的政策和程序;投入足够的资源制定和执行质量控制政策和程序,并形成相关文件记录。

会计师事务所主任会计师对质量控制制度承担最终责任,为保证质量控制制度的具体运作效果,主任会计师必须委派适当的人员并授予该人员必要的权限,以帮助主任会计师正确履行自身的职责。

▶ **2. 相关职业道德要求**

会计师事务所应当制定政策和程序,以合理保证会计师事务所及会计师事务所的人员遵守相关职业道德要求。这里所说的遵守相关职业道德要求,不仅包括遵守职业道德的基本原则,如诚信、独立性、客观和公正、专业胜任能力和应有的关注、保密、良好职业行为等,还包括遵守有关职业道德的具体规定。

会计师事务所可通过必要的途径予以强化遵守相关职业道德要求的重要性。这些途径有:会计师事务所领导层的示范;教育和培训;监控(会计师事务所定期检查);对违反相关职业道德要求行为的处理。

▶ **3. 客户关系和具体业务的接受与保持**

会计师事务所应当制定有关客户关系和具体业务接受与保持的政策和程序,以合理保证只有在①能够胜任该项业务,并具有执行该项业务必要的素质、时间和资源;②能够遵守相关职业道德要求;③已考虑客户的诚信,没有信息表明客户缺乏诚信等情况下,才能接受与保持客户关系和具体业务。

针对有关客户的诚信,会计师事务所应当考虑下列主要事项:

(1) 客户主要股东、关键管理人员及治理层的身份和商业信誉;

(2) 客户的经营性质,包括客户的经营业务;

(3) 有关客户主要股东、关键管理人员及治理层对内部控制环境和会计准则等的态度的信息;

(4) 客户是否过分考虑将会计师事务所的收费维持在尽可能低的水平;

(5) 工作范围受到不适当限制的迹象;

(6) 客户可能涉嫌洗钱或其他刑事犯罪行为的迹象;

(7) 变更会计师事务所的理由;

(8) 关联方的名称、特征和商业信誉。

会计师事务所在评价客户诚信情况时,可以通过曾为客户提供专业会计服务的人员进行沟通;询问会计师事务所其他人员或金融机构、法律顾问和客户的同行等第三方;从相关数据库中搜索客户的背景信息(如客户的年度财务报表、向监管机构提交的报告)等途径,获取与客户诚信相关的信息。

会计师事务所在接受新业务前,必须评价自身的执业能力,不得承接不能胜任和无法完成的业务。会计师事务所应当考虑下列事项:①会计师事务所人员是否熟悉相关行业或业务对象;②会计师事务所人员是否了解相关监管要求或报告要求,或具备有效获取必要技能和知识的能力;③会计师事务所是否拥有足够的具有必要胜任能力和素质的人员;④需要时是否能够得到专家的帮助;⑤如果需要项目质量控制复核,是否具备符合标准和资格要求的项目质量控制复核人员;⑥会计师事务所是否能够在提交报告的最后期限内完成业务。

▶ **4. 人力资源**

会计师事务所应当制定政策和程序,合理保证拥有足够的具有胜任能力和必要素质并承诺遵守相关职业道德要求的人员。会计师事务所制定的人力资源政策和程序应当解决下列人事问题：招聘；业绩评价、薪酬、晋升；人员素质和胜任能力；项目组委派。

业绩评价、工薪和晋升是事关每个人员切身利益的重大问题。因此，会计师事务所应当制定业绩评价、工薪及晋升程序，对发展和保持胜任能力并遵守相关职业道德要求的人员给予应有的肯定和奖励。会计师事务所制定的业绩评价、工薪及晋升程序应当强调：使人员知晓会计师事务所对业绩的期望和对遵守职业道德基本原则的要求；向人员提供业绩、晋升和职业发展方面的评价和辅导；帮助人员了解提高业务质量及遵守职业道德基本原则是晋升更高职位的主要途径，而不遵守会计师事务所的政策和程序可能招致惩戒。

会计师事务所可以通过下列途径提高人员素质和胜任能力：职业教育和培训；增加工作经验；由经验更丰富的员工提供辅导。

在实务中，会计师事务所承接的每项业务都是委派给项目组具体办理的。因此，委派项目组是否得当，直接关系到业务完成的质量。在委派项目组时，会计师事务所应当考虑员工是否具有以下素质：

（1）通过适当的培训和参与业务，获取的执行类似性质和复杂程度业务的知识和实践经验；

（2）对职业准则和适用的法律法规的规定的掌握程度；

（3）具有的技术知识和专长，包括相关的信息技术知识；

（4）对客户所处的行业的了解；

（5）具有的职业判断能力；

（6）对会计师事务所质量控制政策和程序的了解。

另外，会计师事务所应当对每项业务委派至少一名项目合伙人（负责人）。

▶ 5. 业务执行

业务执行是指会计师事务所委派项目组按照执业准则和适用的法律法规的规定执行业务，使会计师事务所能够出具适合具体情况的报告。由于业务执行对业务质量有直接的重大影响，是业务质量控制的关键环节。因此，会计师事务所应当要求项目负责人负责组织对业务执行实施指导、监督与复核。

1）指导的具体要求

（1）使项目组了解工作目标。让项目组的所有成员都了解拟执行工作的目标，这对有效执行所分派的工作很重要，因此，项目组的所有成员应当了解拟执行工作的目标。

（2）提供适当的团队工作和培训。适当的团队工作和培训，对于帮助经验较少的项目组成员清楚了解所分派工作的目标十分必要。因此，项目合伙人应当通过适当的团队工作和培训，使经验较少的项目组成员清楚了解所分派工作的目标。

2）监督的具体要求

监督也是质量控制的一个重要因素。合理有效的监督工作，是提高会计师事务所工作质量，向客户提供符合质量要求的服务的必要保证。

（1）跟进审计业务的进程。要求项目合伙人在业务进行中适时实施必要的监督，以检查各成员是否能够顺利完成业务工作。

(2) 关注项目组各成员的胜任能力和素质。根据成员是否有足够的时间执行审计工作，是否理解工作指令，是否按照计划的方案执行工作，项目合伙人可能决定对成员提供进一步的指导，或在各成员之间做适当的工作调整，或要求成员采取补救措施使成员执行的工作达到要求。

(3) 解决在执行业务过程中出现的重大问题，并适当修改原计划的方案。各成员在执行业务过程中可能会遇到各种难以解决的重大问题。项目合伙人在了解到这些情况后，应按照会计师事务所质量控制制度的要求，根据具体情况，运用职业判断，确定是否需要调整工作程序。这种调整是根据变动事项对业务工作的影响来确定的。

(4) 识别在执行业务过程中需要咨询和解决分歧的事项。项目组在业务执行中时常会遇到各种各样的疑难问题或者意见分歧。当这些问题和分歧在项目组内不能得到解决时，有必要向项目组之外的适当人员咨询解决。为此，会计师事务所应当建立咨询、解决分歧的政策和程序，以合理保证业务执行效果。

3) 复核的具体要求

项目组成员复核是项目内部复核，复核人员应当拥有适当的经验、专业胜任能力和责任感。只有这样，复核才能达到目的。复核人员应当考虑：①是否已按照职业准则和适用的法律法规的规定执行工作；②重大事项是否已提请进一步考虑；③相关事项是否已进行适当咨询，由此形成的结论是否已得到记录和执行；④是否需要修改已执行工作的性质、时间安排和范围；⑤已执行的工作是否支持形成的结论，并得以适当记录；⑥已获取的证据是否充分、适当以支持报告；⑦业务程序的目标是否已实现。

项目质量控制复核是指会计师事务所挑选不参与该业务的人员，在出具审计报告前，对项目组做出的重大判断和在准备报告时形成的结论做出客观评价的过程。项目质量控制复核过程仅适用于上市实体财务报表审计，以及会计师事务所确定需要实施项目质量控制复核的其他审计业务。为了保证特定业务执行的质量，除了需要项目组实施组内复核外，会计师事务所还应当制定政策和程序，要求对特定业务实施项目质量控制复核，以客观评价项目组做出的重大判断及在编制报告时得出的结论。复核人员应当考虑：①项目组就具体业务对会计师事务所独立性做出的评价；②在审计过程中识别的特别风险及采取的应对措施；③做出的判断，尤其是关于重要性和特别风险的判断；④是否已就存在的意见分歧、其他疑难问题或争议事项进行适当咨询，以及咨询得出的结论；⑤在审计中识别的已更正和未更正的错报的重要程度及处理情况；⑥拟与管理层、治理层及其他方面沟通的事项；⑦所复核的审计工作底稿是否反映了针对重大判断执行的工作，是否支持得出的结论；⑧拟出具的审计报告的适当性。

值得注意的是，项目质量控制复核并不减轻项目合伙人的责任，更不能替代项目合伙人的责任。

另外，会计师事务所通常使用书面或电子手册、软件工具、标准化底稿，以及行业和特定业务对象的指南性材料等作为业务工作底稿。因此，会计师事务所应当制定政策和程序，以安全保管业务工作底稿并对业务工作底稿保密；保证业务工作底稿的完整性；便于使用和检索业务工作底稿；按照规定的期限保存业务工作底稿。

6. 监控

会计师事务所应当制定监控政策和程序，以合理保证质量控制制度中的政策和程序是相关、适当的，并正在有效运行。

对会计师事务所质量控制制度实施监控的内容包括质量控制制度设计的适当性和质量控制制度运行的有效性。

对会计师事务所质量控制制度的监控应当由具有专业胜任能力的人员实施。会计师事务所可以委派主任会计师、副主任会计师或具有足够、适当经验和权限的其他人员履行监控责任。监控人员应当适当记录下列监控事项：制定的监控程序；对监控程序实施情况的评价；识别出的缺陷，对缺陷影响的评价；是否采取行动及采取何种行动的依据。

【例题3.1】 ABC会计师事务所的质量控制制度部分内容摘录如下：

(1) 合伙人考核的主要指标依次为业务收入指标的完成情况、参与事务所管理的程度、职业道德遵守情况及业务质量评价结果。

(2) 事务所所有员工须每年签署其遵守相关职业道德要求的书面确认函。对参与业务的事务所外部专家或其他会计师事务所的注册会计师，由项目组自行决定是否向其获取有关独立性的书面确认函。

(3) 在执行业务过程中遇到难以解决的重大问题时，由项目合伙人和项目质量控制复核人共同决定是否需要调整工作程序以及如何调整，由项目合伙人执行调整后的业务计划。

(4) 事务所质量控制部门每三年进行一次业务检查，每次检查选取每位合伙人已完成的一个项目。

(5) 所有项目组应当在每年4月30日之前将上一年度的业务约定书交给事务所行政管理部门集中保存。

(6) 事务所应当自业务报告日起，对鉴证业务工作底稿至少保存12年。

要求：针对上述第(1)～(6)项，逐项指出ABC会计师事务所的质量控制制度的内容是否恰当。如不恰当，简要说明理由。（2016年注册会计师考题）

【答案及解析】

(1) 不恰当。会计师事务所应建立以质量为导向的业绩评价政策，应将业务质量放在第一位。

(2) 不恰当。事务所所有员工须每年签署其遵守相关职业道德要求保持独立性的人员书面确认函。当有其他会计师事务所参与执行部分业务时，会计师事务所也可以考虑向其获取有关独立性的书面确认函。

(3) 不恰当。项目质量控制复核人不能参与具体审计业务，审计项目应由项目合伙人独立负责。

(4) 恰当。

(5) 不恰当。审计业务约定书应当与审计工作底稿一起归档。

(6) 恰当。

第三节 注册会计师业务

根据《中华人民共和国注册会计师法》及其他法律、行政法规的规定，我国注册会计师可以承办鉴证业务(亦称"审计业务")和会计咨询、会计服务业务及其他业务。其中，鉴证业务属于注册会计师的法定业务，非注册会计师不得承办。

一、鉴证业务

鉴证业务是指注册会计师对鉴证对象信息提出结论，以增强除责任方之外的预期使用者对鉴证对象信息信任程度的业务。鉴证对象信息是按照标准对鉴证对象进行评价和计量的结果。例如，责任方按照会计准则和相关会计制度(标准)对责任方的财务状况、经营成果和现金流量(鉴证对象)进行确认、计量和列报而形成的财务报表信息。

注册会计师鉴证业务范围大致是：①财务报表审计或审阅；②内部控制审计；③验证资本；④企业合并、分立、清算过程中的审计业务；⑤提供农村财务公开鉴证服务；⑥提供企业节能减排、投资绩效等方面的鉴证服务；⑦基建预决算鉴证服务；⑧司法会计鉴定；⑨法律法规规定的其他鉴证业务。

(一) 鉴证业务的要素

鉴证业务的要素包括鉴证业务的三方关系、鉴证对象、标准、证据和鉴证报告。

▶ 1. 三方关系

三方关系人分别是注册会计师、责任方(被审计单位管理层)和预期使用者。责任方与预期使用者可能是同一方，也可能不是同一方。三方关系是注册会计师对由责任方负责的鉴证对象或鉴证对象信息提出结论，以增强除责任方之外的预期使用者对鉴证对象信息的信任程度。

注册会计师的鉴证结论主要是向除责任方之外的预期使用者提供的。在某些情况下，责任方和预期使用者可能来自同一企业，但并不意味着两者就是同一方。例如，某公司同时设有董事会和监事会，监事会需要对董事会和管理层提供的信息进行监督。

由于注册会计师的鉴证结论有利于提高鉴证对象信息的可信性，有可能对责任方有用。在这种情况下，责任方也会成为预期使用者之一，但不是唯一的预期使用者。例如，在财务报表审计中，责任方是被审计单位的管理层，此时被审计单位的管理层便是审计报告的预期使用者之一，但同时预期使用者还包括企业的股东、债权人、监管机构等。

因此，是否存在三方关系人是判断某项业务是否属于鉴证业务的重要标准之一。如果某项业务不存在除责任方之外的其他预期使用者，那么该业务不构成一项鉴证业务。

▶ 2. 鉴证对象

鉴证对象具有多种不同的表现形式，如财务或非财务的业绩或状况、物理特征、系统与过程、行为等。

(1) 当鉴证对象为财务业绩或状况时(如历史或预测的财务状况、经营成果和现金流量)，鉴证对象信息是财务报表；

(2) 当鉴证对象为非财务业绩或状况时(如企业的运营情况),鉴证对象信息可能是反映效率或效果的关键指标;

(3) 当鉴证对象为物理特征时(如设备的生产能力),鉴证对象信息可能是有关鉴证对象物理特征的说明文件;

(4) 当鉴证对象为某种系统和过程时(如企业的内部控制或信息技术系统),鉴证对象信息可能是关于某种系统和过程有效性的认定;

(5) 当鉴证对象为一种行为时(如遵守法律法规的情况),鉴证对象信息可能是对法律法规遵守情况或执行效果的声明。

▶ 3. 标准

标准即用来对鉴证对象进行评价或计量的基准,当涉及列报时,还包括列报的基准。标准是对所要发表意见的鉴证对象进行"度量"的一把"尺子",责任方和注册会计师可以根据这把"尺子"对鉴证对象进行"度量"。

标准可以是正式的规定,如编制财务报表所使用的会计准则和相关会计制度;也可以是某些非正式的规定,如单位内部制定的行为准则或确定的绩效水平。

▶ 4. 证据

获取充分、适当的证据是注册会计师提出鉴证结论的基础。证据的充分性是对证据数量的衡量,证据的适当性是对证据质量的衡量(证据的相关性和可靠性)。

注册会计师在计划和执行鉴证业务时,应当以职业怀疑态度获取有关鉴证对象信息的充分、适当证据。职业怀疑态度是指注册会计师以质疑的思维方式评价所获取证据的有效性,并对相互矛盾的证据,以及引起对文件记录或责任方提供的信息的可靠性产生怀疑的证据保持警觉。

注册会计师可以考虑获取证据的成本与所获取信息有用性之间的关系,但不应仅以获取证据的困难和成本为由减少不可替代的证据。在评价证据的充分性和适当性以支持鉴证报告时,注册会计师应当运用职业判断,并保持职业怀疑态度。

▶ 5. 鉴证报告

注册会计师应当针对鉴证对象信息在所有重大方面是否符合适当的标准,以书面报告的形式发表能够提供一定保证程度的结论。提出鉴证结论的方式有积极方式和消极方式两种,它们分别适用于合理保证的鉴证业务和有限保证的鉴证业务。

在合理保证的鉴证业务中,鉴证报告应当以积极方式提出鉴证结论,如"我们认为,根据××标准,内部控制在所有重大方面是有效的"。在有限保证的鉴证业务中,鉴证报告应当以消极方式提出鉴证结论,如"基于本报告所述的工作,我们没有注意到任何事项使我们相信,根据××标准,××系统在任何重大方面是无效的"。

(二) 鉴证业务的类型

▶ 1. 鉴证业务按责任方认定可分为基于责任方认定的业务和直接报告业务

基于责任方认定的业务是指责任方对鉴证对象进行评价或计量而形成鉴证对象信息,为预期使用者获取,注册会计师对预期使用者出具审计报告。例如,在财务报表审计中,被审计单位管理层对财务状况、经营成果和现金流量(鉴证对象)进行确认、计量和列报而形成的财务报表(鉴证对象信息,即责任方的认定),该财务报表可为预期使用者获取,注册会计师针对财务报表出具审计报告。

直接报告业务是指注册会计师直接对鉴证对象进行评价或计量，或者从责任方获取鉴证对象信息（认定），而该认定无法为预期使用者获取，预期使用者只能通过阅读鉴证报告获取鉴证对象信息。如在内部控制鉴证业务中，注册会计师可能无法从责任方获取责任方对内部控制有效性的评价报告（责任方认定），或虽然注册会计师能够获取该报告，但预期使用者无法获取该报告，注册会计师直接对内部控制的有效性进行评价并出具鉴证报告，预期使用者只能通过阅读该鉴证报告获得内部控制的有效性信息（鉴证对象信息）。

在基于责任方认定的业务中，由于责任方已经将既定标准应用于鉴证对象，形成了鉴证对象信息。责任方应当对鉴证对象信息负责，同时也要对鉴证对象负责。例如，在财务报表审计中，被审计单位管理层既要对财务报表（鉴证对象信息）负责，也要对财务状况、经营成果和现金流量（鉴证对象）负责。而在直接报告业务中，无论注册会计师是否获取了责任方认定，鉴证报告中都不体现责任方的认定，责任方仅需要对鉴证对象负责。

▶ 2. 鉴证业务按保证程度可分为合理保证业务和有限保证业务

合理保证的鉴证业务是注册会计师将鉴证业务风险降至该业务环境下可接受的低水平。例如，在历史财务信息审计中，要求注册会计师将审计风险降至该业务环境下可接受的低水平，对审计后的历史财务信息提供高水平保证（合理保证），在审计报告中对历史财务信息采用积极方式提出结论。这种业务属于合理保证的鉴证业务。

有限保证的鉴证业务是注册会计师将鉴证业务风险降至该业务环境下可接受的水平。例如，在历史财务信息审阅中，要求注册会计师将审阅风险降至该业务环境下可接受的水平（高于历史财务信息审计中可接受的低水平），对审阅后的历史财务信息提供低水平保证（有限保证），在审阅报告中对历史财务信息采用消极方式提出结论。这种业务属于有限保证的鉴证业务。

合理保证的保证水平要高于有限保证的保证水平。

二、会计咨询、会计服务业务

注册会计师会计咨询、会计服务业务主要包括：①设计财务会计制度；②担任会计顾问；③代理记账、纳税申报和报关；④代办申请注册登记，协助拟定合同协议、章程及其他经济文件；⑤培训会计人员；⑥为企事业单位提供内部控制、战略管理、并购重组、资信调查、业绩评价、投资决策等会计管理咨询服务；⑦代理企业进行市场调查；⑧项目可行性研究和项目评价；⑨审核企业前景财务资料；⑩其他会计咨询和会计服务业务。

三、其他业务

提供与会计师事务所业务相关的资产评估、工程造价等专业服务；担任企业破产清算的管理人，提供破产管理相关事项的服务；法律法规规定和委托人委托的其他业务。

第四节 注册会计师法律责任

注册会计师在执行审计业务时，应当按照审计准则的要求审慎执业，保证执业质量，控制审计风险。否则，一旦出现审计失败，就有可能承担相应的法律责任。法律责任的出现，通常是因为注册会计师在执业时没有保持应有的职业谨慎，并因此导致了对他人权利的损害。应有的职业谨慎是指注册会计师应当具备足够的专业知识和业务能力，按照执业准则的要求执业。

一、注册会计师法律责任的认定

（一）违约

违约是指合同的一方或多方未能履行合同（审计业务约定书）条款规定的义务。当违约给他人造成损失时，注册会计师应负违约责任。例如，会计师事务所在商定的期间内未能提交纳税申报表，或违反了与被审计单位订立的保密协议等。

（二）过失

过失是指在一定条件下没有保持应有的职业谨慎。评价注册会计师的过失，是以其他合格注册会计师在相同条件下可做到的谨慎为标准的。当过失给他人造成损失时，注册会计师应负过失责任。过失按程度不同区分为普通过失和重大过失。

普通过失，有的也称一般过失，通常是指没有保持职业上应有的职业谨慎，对注册会计师而言则是指没有完全遵循专业准则的要求。例如，未按待定审计项目获取充分、适当的审计证据就出具审计报告的情况，可视为一般过失。

重大过失是指连起码的职业谨慎都没有保持。对注册会计师而言，则是指根本没有遵循专业准则或没有按专业准则的基本要求执行审计。

（三）欺诈

欺诈（又称舞弊）是以欺骗或坑害他人为目的的一种故意的错误行为。作案具有不良动机是欺诈的重要特征，也是欺诈与普通过失和重大过失的主要区别之一。对于注册会计师而言，欺诈就是为了达到欺骗他人的目的，明知委托单位的财务报表有重大错报，却加以虚伪的陈述，出具无保留意见的审计报告。

与欺诈相关的另一个概念是"推定欺诈"（又称"涉嫌欺诈"），是指虽无故意欺诈或坑害他人的动机，但却存在极端或异常的过失。推定欺诈和重大过失这两个概念的界限往往很难界定，在美国，许多法院曾经将注册会计师的重大过失解释为推定欺诈，特别是近年来有些法院放宽了"欺诈"一词的范围，使得推定欺诈和欺诈在法律上成为等效的概念。这样，具有重大过失的注册会计师的法律责任就进一步加大了。

二、注册会计师承担法律责任的种类

注册会计师因违约、过失或欺诈给被审计单位或其他利害关系人造成损失的，按照有关法律规定，可能被判承担行政责任、民事责任或刑事责任。这三种责任可单处，也可并处。行政责任，对注册会计师而言，包括警告、暂停执业、吊销注册会计师证书；对会计

师事务所而言，包括警告、没收违法所得、罚款、暂停执业、撤销等。民事责任主要是指赔偿受害人损失。刑事责任是指触犯刑法所必须承担的法律后果，刑事责任的种类包括罚金、有期徒刑及其他限制人身自由的刑罚等。

（一）民事责任

▶ 1.《民法通则》的规定

1987年1月1日施行的《民法通则》第一百零六条规定："公民、法人违反合同或者不履行其他义务的，应当承担民事责任。公民、法人由于过错侵害国家的、集体的财产，侵害他人财产、人身的，应当承担民事责任。没有过错，但法律规定应当承担民事责任的，应当承担民事责任。"

▶ 2.《注册会计师法》的规定

1994年1月1日实施的《注册会计师法》在第六章"法律责任"中规定了注册会计师的行政、刑事和民事责任。其中，关于民事责任的条款是第四十二条："会计师事务所违反本法规定，给委托人、其他利害关系人造成损失的，应当依法承担赔偿责任。"

▶ 3.《证券法》的规定

2005年10月27日新修订的《证券法》第一百七十三条规定："证券服务机构为证券的发行、上市、交易等证券业务活动制作、出具审计报告、资产评估报告、财务顾问报告、资信评级报告或者法律意见书等文件，应当勤勉尽责，对所依据的文件资料内容的真实性、准确性、完整性进行核查和验证。证券服务机构制作、出具的文件有虚假记载、误导性陈述或者重大遗漏，给他人造成损失的，应当与发行人、上市公司承担连带赔偿责任，但是能够证明自己没有过错的除外。"

▶ 4.《公司法》的规定

2005年10月27日新修订的《公司法》第二百零八条第三款规定："承担资产评估、验资或者验证的机构因出具的评估结果、验资或者验证证明不实，给公司债权人造成损失的，除能够证明自己没有过错的外，在其评估或者证明不实的金额范围内承担赔偿责任。"

（二）行政责任

▶ 1.《注册会计师法》的规定

《注册会计师法》第三十九条第一款规定："会计师事务所违反本法第二十条、第二十一条规定的，由省级以上人民政府财政部门给予警告，没收违法所得，可以并处违法所得一倍以上五倍以下的罚款；情节严重的，并可以由省级以上人民政府财政部门暂停其经营业务或者予以撤销。"

《注册会计师法》第三十九条第二款规定："注册会计师违反本法第二十条、第二十一条规定的，由省级以上人民政府财政部门给予警告，情节严重的，可以由省级以上人民政府财政部门暂停其执行业务或者吊销注册会计师证书。"

▶ 2.《证券法》的规定

《证券法》第二百零一条规定："为股票的发行、上市、交易出具审计报告、资产评估报告或者法律意见书等文件的证券服务机构和人员，违反本法第四十五条的规定买卖股票的，责令依法处理非法持有的股票，没收违法所得，并处以买卖股票等值以下的罚款。"

第二百零七条规定:"违反本法第七十八条第二款的规定,在证券交易活动中做出虚假陈述或者信息误导的,责令改正,处以三万元以上二十万元以下的罚款;属于国家工作人员的,还应当依法给予行政处分。"

第二百二十三条规定:"证券服务机构未勤勉尽责,所制作、出具的文件有虚假记载、误导性陈述或者重大遗漏的,责令改正,没收业务收入,暂停或者撤销证券服务业务许可,并处以业务收入一倍以上五倍以下的罚款。对直接负责的主管人员和其他直接责任人员给予警告,撤销证券从业资格,并处以三万元以上十万元以下的罚款。"

第二百二十五条规定:"上市公司、证券公司、证券交易所、证券登记结算机构、证券服务机构,未按照有关规定保存有关文件和资料的,责令改正,给予警告,并处以三万元以上三十万元以下的罚款;隐匿、伪造、篡改或者毁损有关文件和资料的,给予警告,并处以三十万元以上六十万元以下的罚款。"

▶ 3.《公司法》的规定

《公司法》第二百零八条第一款规定:"承担资产评估、验资或者验证的机构提供虚假材料的,由公司登记机关没收违法所得,处以违法所得一倍以上五倍以下的罚款,并可以由有关主管部门依法责令该机构停业、吊销直接责任人员的资格证书,吊销营业执照。"

第二百零八条第一款规定:"承担资产评估、验资或者验证的机构因过失提供有重大遗漏的报告的,由公司登记机关责令改正,情节较严重的,处以所得收入一倍以上五倍以下的罚款,并可以由有关主管部门依法责令该机构停业、吊销直接责任人员的资格证书,吊销营业执照。"

▶ 4.《违反注册会计师法处罚暂行办法》的规定

为加强注册会计师行业的监督管理,促进注册会计师事业的健康发展,维护社会公共利益和当事人的合法权益,1998年财政部根据《注册会计师法》和《行政处罚法》,制定发布《违反注册会计师法处罚暂行办法》(以下简称《办法》)。《办法》第四条规定:"对注册会计师的处罚种类包括:(一)警告;(二)没收违法所得;(三)罚款;(四)暂停执业部分或全部业务,暂停执业的最长期限为12个月;(五)吊销有关执业许可证;(六)吊销注册会计师证书。"

第五条规定:"对事务所的处罚种类包括:(一)警告;(二)没收违法所得;(三)罚款;(四)暂停执行部分或全部业务,暂停执行的最长期限为12个月;(五)吊销有关执行许可证;(六)撤销事务所。"

《办法》除细化规定了注册会计师和事务所违反《注册会计师法》应当承担的行政责任的种类外,还具体规定了对违反《注册会计师法》的注册会计师和事务所实施行政处罚的主体、条件、程序,以及注册会计师和事务所减轻、免除行政责任的情形和救济途径等。

(三)刑事责任

▶ 1.《注册会计师法》的规定

《注册会计师法》第三十九条第三款规定:"会计师事务所、注册会计师违反本法第二十条、第二十一条的规定,故意出具虚假的审计报告、验资报告,构成犯罪的,依法追究刑事责任。"

▶ 2.《证券法》的规定

《证券法》第二百三十一条规定:"违反本法规定,构成犯罪的,依法追究刑事责任。"

▶ 3.《公司法》的规定

《公司法》第二百一十六条规定:"违反本法规定,构成犯罪的,依法追究刑事责任。"

▶ 4.《刑法》的规定

《刑法》第二百二十九条第一款规定:"承担资产评估、验资、验证、会计、审计、法律服务等职责的中介组织的人员故意提供虚假证明文件,情况严重的,处五年以下有期徒刑或者拘役,并处罚金。"

第二百二十九条第二款规定:"前款规定的人员,索取他人财物或者非法收受他人财物,犯前款罪的,处五年以上十年以下有期徒刑,并处罚金。"

第二百二十九条第三款规定:"第一款规定的人员,严重不负责任,出具的证明文件有重大失实,造成严重后果的,处三年以下有期徒刑或者拘役,并处或者单处罚金。"

第二百三十一条规定:"单位犯有本节第二百二十一条至第二百三十条规定之罪的,对单位判处罚金,并对其直接负责的主管人员和其他直接责任人员,依照本节各该条的规定处罚。"

▶ 5.《违反注册会计师法处罚暂行办法》的规定

《违反注册会计师法处罚暂行办法》第三十一条规定:"注册会计师和事务所的违法行为构成犯罪的,应当移交司法机关,依法追究刑事责任。"

第五节 注册会计师协会

一、国外注册会计师协会

(一) 美国注册会计师协会

美国注册会计师协会(AICPA)的前身是美国公共会计师联盟,成立于1887年。AICPA设有管理理事会,决定协会的各项活动和政策,由约260名来自各州的成员组成。董事会是理事会的执行委员会,负责协会理事会闭会期间的工作,董事会由23名成员组成。

AICPA设有以下委员会:会计及检查服务委员会、会计准则执行委员会、同业互查委员会、审计准则委员会、考试委员会、管理后续教育委员会、信息技术执行委员会、咨询服务执行委员会、个人财务计划执行委员会、私营公司业务执行委员会、职业道德执行委员会、税务执行委员会等。

AICPA的主要职责是:制定准则和规则;组织注册会计师考试和阅卷;进行后续教育;促进准则和规则的实施等。

(二) 英国特许公认会计师协会

英国特许公认会计师协会(ACCA)的前身是伦敦会计师公会,成立于1904年。ACCA

总部设在伦敦，目前拥有约40万名会员和学员，分布在全球170多个国家和地区。

ACCA的宗旨是：为全世界有能力的人提供机会和通道，并为会员从事的会计、商业和财务的职业生涯提供支持；实现并推广高标准的专业、职业行为和管理准则；促进公众利益。ACCA的组织架构和职责类似美国注册会计师协会。

（三）日本公认会计士协会

日本公认会计士协会（JICPA）成立于1949年，由公认会计士、境外公认会计士、审计公司和初级公认会计士4部分组成。JICPA总部位于东京。该会日常事务由秘书处处理，秘书长负责。设有8个专门委员会：审计委员会、会计委员会、管理咨询委员会、国际事务委员会、会计职业委员会、质量控制委员会、交流委员会和注册委员会。

JICPA的主要职责是：对会员执业质量情况进行监督；继续教育；积极参与企业会计委员会；增加会员服务机会；积极参加国际组织；出版JICPA月刊等。

（四）亚太会计师联合会

亚太会计师联合会（CAPA）是亚太地区会计行业组织的代表，正式成立于1976年。CAPA常设办事机构设于马来西亚的吉隆坡。目前，亚太会计师联合会拥有来自22个国家和地区的32个会计组织会员。中国注册会计师协会于1996年10月加入亚太会计师联合会。

理事会是亚太会计师联合会决策机构，由会员选举理事组成。理事会下设战略委员会、财务委员会和审计委员会。

亚太会计师联合会的宗旨是：在亚太地区会计行业的发展、提高和协调方面发挥领导作用，使会计行业能够不断为社会公众提供高质量的服务。

（五）国际会计师联合会

国际会计师联合会（IFAC）于1977年10月14日成立，是目前世界上规模最大的国际会计师组织，总部位于美国纽约。会员来自118个国家和地区的155个行业组织。中国注册会计师协会于1997年5月正式加入国际会计师联合会。

国际会计师联合会最高领导机构是代表大会和理事会。代表大会由联合会成员所在国会计师职业团体各出一人组成，理事会由来自15个不同国家的职业会计师团体的代表组成。

国际会计师联合会的宗旨是：以统一的标准发展和提高世界范围的会计专业，促进国际范围内的会计协调。

二、中国注册会计师协会

中国注册会计师协会（以下简称中注协）是中国注册会计师行业的自律组织，依据《中国注册会计师法》和《社会团体登记条例》的有关规定设立，依法接受财政部、民政部的监督和指导。

（一）中国注册会计师协会的宗旨和职责

依据《中国注册会计师协会章程》，中注协的宗旨是：服务、监督、管理、协调，即以诚信建设为主线，服务本会会员，监督会员执业质量、职业道德，依法实施注册会计师行业管理，协调行业内、外部关系，维护社会公众利益和会员合法权益，促进行业科学发展。

中注协的主要职责是：审批和管理本会会员；拟定注册会计师执业准则、规则，监督、检查实施情况；组织对注册会计师的任职资格、注册会计师和会计师事务所的执业情况进行年度检查；制定行业自律管理规范，对会员违反相关法律法规和行业管理规范的行为予以惩戒；组织实施注册会计师全国统一考试；组织、推动会员培训和行业人才建设工作；组织业务交流，开展理论研究，提供技术支持；开展注册会计师行业宣传；协调行业内、外部关系，支持会员依法执业，维护会员合法权益；代表中国注册会计师行业开展国际交往活动；指导地方注册会计师协会工作；承担法律、行政法规规定和国家机关委托或授权的其他有关工作。

(二) 中国注册会计师协会会员

中国注册会计师协会会员分为团体会员和个人会员。依法批准设立的会计师事务所为协会团体会员。凡参加注册会计师全国统一考试全科合格并经申请批准者和依照规定原考核取得协会会员资格者为协会个人会员。个人会员分为执业会员和非执业会员。其中，依法取得中国注册会计师执业证书的为执业会员。

中国注册会计师协会个人会员享有下列权利：协会的选举权和被选举权；对协会给予的惩戒提出申诉；参加协会举办的学习和培训活动；参加协会举办的有关专业研究和经验交流活动；获得协会提供的有关资料；通过协会向有关方面提出意见和要求；监督协会工作，提出批评和建议；监督协会的会费收支；依照规定申请退出协会。

中国注册会计师协会个人会员应当履行下列义务：遵守协会章程；执行协会决议；遵守会员职业道德守则；遵守协会纪律；接受协会的监督、管理；按规定缴纳会费；完成规定的继续教育；自觉维护注册会计师职业声誉，维护会员间的团结；承担协会委托的任务。中国注册会计师协会执业会员除应当履行前款规定的义务外，还应当履行遵守执业准则、规则的义务。

中国注册会计师协会团体会员享有个人会员权利中除"协会的选举权和被选举权"以外的其他权利，承担个人会员义务中除"完成规定的继续教育"以外的其他义务。

(三) 中国注册会计师协会机构

中国注册会计师协会最高权力机构为全国会员代表大会，全国会员代表大会选举产生理事会。理事会选举产生会长一人、副会长若干人、常务理事若干人，理事会设若干专门委员会和专业委员会。常务理事会在理事会闭会期间行使理事会职权。协会下设秘书处，是协会的常设执行机构。

本章小结

注册会计师是指通过国家认定或统一考试取得注册会计师资格证书的专业人员。注册会计师审计是市场经济监督体系重要的制度安排。我国于1991年开始实行注册会计师全国统一考试制度，由中国注册会计师协会组织实施。根据规定，参加全国注册会计师考试全科成绩合格，并在中国境内从事审计业务两年以上的，可以向省级注册会计师协会申请注册，取得注册会计师证书，成为执业会员。根据《中华人民共和国注册会计师法》及有关规定，中国注册会计师应当在执业期间接受后续教育。

注册会计师审计是由依法批准成立的民间审计组织所实施的审计。中国的民间审计组织为会计师事务所。会计师事务所是注册会计师依法承办业务、独立核算、依法纳税的社会中介服务机构。根据《中华人民共和国注册会计师法》规定，目前中国只批准设立合伙制会计师事务所、有限责任制会计师事务所和特殊普通合伙制会计师事务所三种组织形式的会计师事务所。

执业质量是会计师事务所的生命线，是注册会计师行业维护公众利益的专业基础和诚信义务。加强业务质量控制制度建设，制定并实施科学、严谨的质量控制政策和程序，是保障会计师事务所执业质量、实现行业科学健康发展的重要制度保障和长效机制。会计师事务所质量控制制度的要素包括：对业务质量承担的领导责任；相关职业道德要求；客户关系和具体业务的接受与保持；人力资源；业务执行；监控。会计师事务所应当围绕这些要素制定质量控制政策和程序，并应当将质量控制政策和程序形成书面文件，传达到全体人员。

根据《中华人民共和国注册会计师法》及其他法律、行政法规的规定，我国注册会计师可以承办鉴证业务和会计咨询、会计服务业务及其他业务。其中，鉴证业务属于注册会计师的法定业务，非注册会计师不得承办。鉴证业务的要素包括鉴证业务的三方关系、鉴证对象、标准、证据和鉴证报告。

注册会计师在执行审计业务时，应当按照审计准则的要求审慎执业，保证执业质量，控制审计风险。否则，一旦出现审计失败，就有可能承担相应的法律责任。法律责任的出现，通常是因为注册会计师在执业时没有保持应有的职业谨慎，并导致了对他人权利的损害。

中国注册会计师协会（以下简称中注协）是中国注册会计师行业的自律组织。中国注册会计师协会最高权力机构为全国会员代表大会。中国注册会计师协会会员分为团体会员和个人会员。依法批准设立的会计师事务所为协会团体会员。个人会员分为执业会员和非执业会员。其中，依法取得中国注册会计师执业证书的为执业会员。

练习题

一、单项选择题

1. 对会计师事务所和注册会计师进行自我教育和自我管理的单位是（　　）。
   A. 财政部会计司　　　　　　　　　　B. 审计署指导司
   C. 中国注册会计师协会　　　　　　　D. 中国会计学会

2. 由财政部统一制发注册会计师证书的注册会计师必须（　　）。
   A. 考试合格　　　　　　　　　　　　B. 政审合格
   C. 批准注册　　　　　　　　　　　　D. 批准考试

3. 注册会计师鉴证业务包括但不限于（　　）。
   A. 设计财务会计制度　　　　　　　　B. 代理记账

C. 验证企业资本 D. 税务咨询

4. 下列各项中，不可能属于鉴证业务责任方的是( )。
   A. 注册会计师聘请协助的专家 B. 预期使用者
   C. 鉴证业务的委托人 D. 被审计单位管理层

5. 鉴证业务涉及的三方关系人是指( )。
   A. 注册会计师、委托人、被鉴证单位
   B. 注册会计师、委托人、责任方
   C. 注册会计师、责任方、预期使用者
   D. 注册会计师、委托人、预期使用者

6. 在《注册会计师鉴证业务基本准则》中规定，注册会计师应当以( )计划和执行鉴证业务，获取有关鉴证对象信息是否存在重大错报的充分、适当的证据。
   A. 职业怀疑态度 B. 毫无怀疑
   C. 全部质疑 D. 平常心

7. 鉴证标准是用于评价或计量鉴证对象的基准。下列各项中，不能作为标准的是( )。
   A. 财政部颁布的《企业会计准则》
   B. 被审计单位集团制定的会计制度
   C. 被审计单位自行制定的绩效考核标准
   D. 注册会计师运用专业判断对鉴证对象做出的估计

8. 如果注册会计师指派了不具有专业胜任能力的助理人员进行审计而导致未能发现应当发现的财务报表中存在的重大错报，应该属于( )。
   A. 经营失败 B. 审计失败
   C. 欺诈 D. 审计风险

9. 会计师事务所应当培育以( )为导向的内部文化。
   A. 服务 B. 质量
   C. 业务量 D. 收费

10. 在审计中，注册会计师未能发现现金等资产短缺，被审计单位可以过失为由控告注册会计师，但注册会计师申辩现金等问题是由于被审计单位缺乏适当的内部控制造成的，这种情况可能使法院判定被审计单位负有( )责任。
    A. 违约 B. 共同过失
    C. 重大过失 D. 普通过失

二、多项选择题

1. 鉴证业务按照提供的保障程度不同分为( )。
   A. 合理保证 B. 有限保证
   C. 绝对保证 D. 中等保证

2. 关于鉴证业务三方关系，下列叙述正确的有( )。
   A. 鉴证业务涉及的三方关系人包括注册会计师、委托人和预期使用者
   B. 鉴证业务涉及的三方关系人包括注册会计师、责任方和预期使用者

C. 预期使用者通常会包括委托人，在鉴证业务中，委托人可能会是唯一的预期使用者

D. 预期使用者有时会包括责任方，在鉴证业务中，责任人可能会是唯一的预期使用者

3. 我国会计师事务所的组织形式有(　　)。
   A. 独资会计师事务所　　　　　　　　B. 公司制会计师事务所
   C. 特殊普通合伙会计师事务所　　　　D. 合伙会计师事务所

4. 基于责任方认定的业务和直接报告业务的主要区别表现在以下(　　)方面。
   A. 预期使用者获取信息的方式
   B. 注册会计师提出结论的对象
   C. 责任方的责任
   D. 鉴证报告的内容和格式

5. 注册会计师对鉴证业务提供的保证程度通常是合理保证而非绝对保证。这是因为，下列(　　)因素的存在，注册会计师将鉴证业务风险降至零几乎不可能，也不符合成本效益原则。
   A. 注册会计师在获取和评价证据，以及由此得出结论时，涉及大量判断
   B. 在某些情况下，鉴证对象具有特殊性
   C. 注册会计师所能获取的大多数证据是说服性、非结论性的
   D. 注册会计师选择性测试方法的运用和鉴证客户内控的固有局限性

6. 会计师事务所应当制定有关客户关系和具体业务接受与保持的政策和程序，以合理保证只有在下列(　　)情况下，才能接受或保持客户关系和具体业务。
   A. 具有执行业务必要的素质、专业胜任能力、时间和资源
   B. 能够遵守职业道德规范
   C. 已考虑客户的诚信，没有信息表明客户缺乏诚信
   D. 客户以前是否委托其他会计师事务所

7. 质量控制制度的目标是合理保证(　　)。
   A. 项目组成员按照质量控制制度的规定规范地执行审计业务
   B. 会计师事务所和项目合伙人出具适合具体情况的报告
   C. 降低审计成本，提高审计效率
   D. 会计师事务所及会计师事务所的从业人员遵守职业准则和适用的法律法规的规定

8. 注册会计师法律责任的种类有(　　)。
   A. 民事责任　　　　　　　　　　　　B. 刑事责任
   C. 过失　　　　　　　　　　　　　　D. 行政责任

9. 我国会计师事务所的业务范围具体包括(　　)。
   A. 司法业务　　　　　　　　　　　　B. 鉴证业务
   C. 审计培训业务　　　　　　　　　　D. 会计咨询业务

10. 我国会计师事务所的鉴证业务具体包括(　　)。
    A. 财务报表审计或审阅　　　　　　　B. 验证企业资本

C. 企业破产清算审计　　　　　　　　D. 参与调解经济纠纷

三、简答题

1. 简述鉴证业务的五个要素。
2. 简述鉴证业务的三方关系人及关系。
3. 什么是基于责任方认定的业务和直接报告业务？
4. 会计师事务所的质量控制应当包括针对哪些要素而制定的政策和程序？
5. 设立合伙会计师事务所的条件是什么？
6. 中国注册会计师协会的职责有哪些？

第四章 审计过程

> **本章重点**
> 1. 重要性的含义及重要性水平的确定。
> 2. 审计风险的含义和模型。
> 3. 风险评估的含义及程序。
> 4. 控制测试的内涵、性质、时间和范围。
> 5. 实质性程序的内涵、性质、时间和范围。
> 6. 审计差异、期后事项的概念和分类。

审计过程是指审计项目从开始到结束的过程中,审计人员所采取的系统性工作步骤。审计过程大致可分为审计初步业务活动、计划审计工作、审计测试、完成审计工作四个阶段。

第一节 审计初步业务活动

审计初步业务活动是指注册会计师在本期审计业务开始之前,开展的有利于计划和执行审计工作、实现审计目标的活动的总称。

一、承接或保持客户

注册会计师在接受审计业务之前,需要对目标客户的情况进行必要的调查和相关的评估,目的是避免因接受不当客户的委托而使会计师事务所遭受损失。为此,注册会计师需要做许多工作以决定是否接受该业务,这些工作主要包括:①获取目标客户的背景信息;②评价为目标客户提供业务可能存在的风险因素;③决定是否接受此项业务;④获取审计业务约定书。

在对目标客户的情况进行调查和评估时,注册会计师必须对以下因素进行评估:①目标客户管理层的诚信情况;②目标客户的声誉与形象;③目标客户是否遵循可适用的财务报告框架;④目标客户业绩和财务状况;⑤接受并完成这项审计业务是否能给会计师事务所带来合理的收益。具体内容如表 4-1 所示。

表 4-1　业务承接评价表

被审计单位		索引号	
项目		截止日/期间	
编制人		复核人	
日期		日期	

一、客户基本情况
1. 客户法定名称：_____
地址：_____
电话：_____　　传真：_____
电子信箱：_____　　网址：_____
联系人：_____
2. 主要业务
_____
_____

3. 所有制性质(国有/外商投资/民营/其他)_____
组织形式_____
4. 所有权结构、股东名称、注册资本、实收资本、公司成立日期
_____
_____

5. 子公司、合营企业、联营企业、分公司的基本情况
_____
_____

6. 所处行业是否属于高风险行业、发展趋势和竞争情况
_____
_____

7. 会计记录是否完整
_____
_____

8. 内部控制情况
_____
_____

二、审计业务基本情况

审计报告用途	□通用目的　　□特殊目的：_____
已审计财务报表的预期使用者	
提交审计报告的时间	

续表

三、评价客户的诚信		
客户的诚信		记录内容
考虑因素： 1. 主要股东、关键管理人员、关联方及治理层的身份和商业信誉； 2. 客户的经营性质； 3. 主要股东、关键管理人员及治理层对内部控制环境和会计准则等的态度； 4. 客户是否过分考虑将会计师事务所的收费维持在尽可能低的水平； 5. 注册会计师的工作范围受到不适当限制的迹象； 6. 客户可能涉嫌洗钱或其他刑事犯罪行为的迹象； 7. 变更会计师事务所的原因； …… 信息来源：(1)与为客户提供专业会计服务的现任或前任人员进行沟通，并与他们讨论；(2)向会计师事务所其他人员、监管机构、金融机构、法律顾问和客户的同行等第三方询问；(3)从互联网等相关数据库中搜索客户的背景信息等。		
评价结论：		
四、可审性评价结论		
五、评价独立性		
评价项目		是/否
1. 识别并记录会计师事务所是否存在自身利益威胁、自我评价威胁、过度推介威胁、密切关系威胁和外在压力威胁等损害独立性的情形。这些情形包括但不限于： (1)向该客户收取的全部费用是否在会计师事务所审计收入总额中占有很大比重？ (2)是否存在或有收费？ (3)是否存在逾期收费？ (4)会计师事务所的审计人员是否曾接受客户提供的贵重礼品或超规格招待？ (5)会计师事务所是否与客户发生诉讼或可能发生诉讼？ (6)会计师事务所高级管理人员是否与客户的董事或高级管理人员存在直系亲属或近缘亲属关系？ (7)会计师事务所高级管理人员是否与客户对财务报表产生重大影响的员工存在直系亲属或近缘亲属关系？ (8)客户的董事或高级管理人员，或所处职位能够对财务报表产生重大影响的员工近期是否曾是会计师事务所的合伙人？ (9)会计师事务所是否在客户中拥有经济利益？ (10)会计师事务所是否为客户提供可能威胁独立性的服务，包括行使管理层职责的服务、代理记账或代编报表等服务？ (11)会计师事务所是否在法律诉讼中以客户名义进行辩护或在共同的推广活动中以客户名义进行宣传？		

续表

评 价 项 目	是/否
(12)是否存在会计师事务所同一名高级职员多年执行该客户审计业务的情况？	
2.如果对上述问题回答"是"，说明采取的防范措施	
评价结论：	

六、评价专业胜任能力、时间和资源

时间和资源	是/否/不适用	详细情况
1.根据会计师事务所目前的人力资源情况，是否拥有足够的具有必要素质和专业胜任能力的人员组成项目组？		
2.是否能够在提交报告的最后期限内完成业务？		
专业胜任能力		
1.项目组关键人员是否熟悉客户所处行业及主要业务，是否能够获取对客户及客户所处环境的整体了解？		
2.项目组关键人员是否充分了解适用于客户所处行业的会计处理？如否，是否能够获取相关知识，说明途径。		
3.执行业务是否需要特定专业知识？如是，是否能够获取这些知识或利用专家的工作，说明途径。		
4.如果需要项目质量控制复核，是否具备符合标准和资格要求的项目质量控制复核人员？		

评价结论：

七、总体评价

对该项业务的总体评价：

基于我们目前对客户的了解，该客户的风险水平为：
□高风险 □中等风险 □低风险

八、审计收费可回收性评价

1.预计审计收费：
2.成本是否收回：

九、结论

项目负责人： 　　　　　　　　　风险管理负责人(必要时)：
　基于上述方面，我们_____（接受或不接受）　　基于上述方面，我们_____（接受或不接受）此
此项业务。　　　　　　　　　　　　　　　　　项业务。
签名_____　　　　　　　　　　　　　　　　签名_____
日期_____　　　　　　　　　　　　　　　　日期_____
最终结论：_____

业务承接评价表主要适用于首次接受业务委托。对于连续审计业务，注册会计师应侧重记录客户及客户所处环境的变化情况。

二、审计业务约定书

审计业务约定书是指会计师事务所与委托人共同签订的，据以确定审计业务的委托和受托关系，明确委托目的、审计范围及双方责任与义务等事项的书面合约。签订后的审计业务约定书具有法定约束力，具有其他根据《中华人民共和国经济合同法》签订的经济合同一样（同等）的法律效力，成为委托人和受托人双方之间在法律上的生效契约。如果出现法律诉讼，它是确定双方责任的首要依据之一。

(一) 审计业务约定书的内容

审计业务约定书的具体内容可能因被审计单位的不同而存在差异，但至少应当包括下列主要方面。

(1) 财务报表审计的目标；

(2) 管理层对财务报表的责任；

(3) 管理层编制财务报表采用的会计准则和相关会计制度；

(4) 审计范围，包括指明在执行财务报表审计业务时遵守的中国注册会计师审计准则（以下简称审计准则）；

(5) 执行审计工作的安排，包括出具审计报告的时间要求；

(6) 审计报告格式和对审计结果的其他沟通形式；

(7) 由于测试的性质和审计的其他固有限制，以及内部控制的固有局限性，不可避免地存在某些重大错报可能仍然未被发现的风险；

(8) 管理层为注册会计师提供必要的工作条件和协助；

(9) 注册会计师不受限制地接触任何与审计有关的记录、文件和所需要的其他信息；

(10) 管理层对自身做出的与审计有关的声明予以书面确认；

(11) 注册会计师对执业过程中获知的信息保密；

(12) 审计收费，包括收费的计算基础和收费安排；

(13) 违约责任；

(14) 解决争议的方法；

(15) 签约双方法定代表人或签约双方法定代理人授权代表的签字盖章，以及签约双方加盖的公章和签约日期。

(二) 审计业务约定书的作用

签订审计业务约定书的目的是明确委托人与受托人的责任与义务，敦促双方遵守约定事项并加强合作，以保护会计师事务所和被审计单位的各自利益。在独立审计实务中，签订审计业务约定书具有以下几方面的作用。

(1) 签订审计业务约定书可以增进会计师事务所与委托人和被审计单位之间的相互了解，体现在会计师事务所对委托目的、被审计单位基本概况等方面的了解，也体现在被审计单位对审计目的、审计范围、审计依据、审计责任等的了解，有利于加强双方的合作。

(2) 审计业务约定书可以明确双方的责任和义务，以求尽可能减少各方对另一方的误解，减少审计业务中涉及处理事项的互相推诿现象。如果出现法律诉讼，审计业务约定书是确定会计师事务所和委托人双方应负责任的重要依据。

(3) 审计业务约定书为检查业绩提供依据，可以鉴定审计业务的完成情况，也可以用于检查双方义务的履行情况。

审计业务约定书在审计计划过程中是非常重要的，因为它的某些内容直接影响到审计工作的时间预算和过程安排。

(三) 审计业务约定书范例

审计业务约定书

甲方：×××公司

乙方：×××会计师事务所

兹由甲方委托乙方对××年度财务报表进行审计，经双方协商，达成以下约定。

一、业务范围与审计目标

1. 乙方接受甲方委托，对甲方按照《企业会计准则》和《企业会计制度》编制的财务报表进行审计；

2. 乙方通过执行审计工作，对甲方财务报表是否按照《企业会计准则》和《企业会计制度》的规定编制，是否在所有重大方面公允反映被审计单位的财务状况、经营成果和现金流量发表审计意见。

二、甲方的责任及义务

甲方的责任

1. 提供真实、完整地反映甲方的财务状况、经营成果和现金流量的会计记录。

2. 按照《企业会计准则》和《企业会计制度》的规定编制财务报表是甲方管理层的责任，这种责任包括：

(1) 设计、实施和维护与财务报表编制相关的内部控制，以使财务报表不存在由于舞弊或错误而导致的重大错报；

(2) 选择和运用恰当的会计政策；

(3) 做出合理的会计估计。

甲方的义务

1. 在_____年_____月_____日之前为乙方的审计工作提供乙方所要求的全部会计资料和其他有关资料，并保证所提供资料的真实性和完整性。

2. 确保乙方不受限制地接触任何与审计有关的记录、文件和所需的其他信息。

3. 甲方管理层对自身做出的与审计有关的声明予以书面确认。

4. 为乙方派出的有关工作人员提供必要的工作条件和协助。

5. 按本约定书的约定及时足额支付审计费用。

三、乙方的责任和义务

乙方的责任

1. 乙方的责任是实施审计工作的基础上对甲方财务报表发表审计意见。

2. 审计工作涉及实施审计程序，以获取有关财务报表金额和披露审计证据。

3. 合理计划和实施审计工作，以使乙方能够获取充分、适当的审计证据，为甲方财务报表是否不存在重大错报获取合理保证。

4. 有责任指明甲方在重大方面未遵循会计准则和会计制度编制财务报表，且未按乙方的建议调整的事项。

5. 由于测试的性质以及审计和内部控制的固有局限性，不可避免地存在某些重大错报在审计时未被发现的情形，因此乙方的审计不能减轻甲方及甲方管理者当局的责任。

乙方的义务

1. 乙方应于_____年_____月_____日前出具审计报告。

2. 除下列情况外，乙方应对执行业务过程中知悉的甲方信息予以保密：

（1）取得甲方的授权；

（2）根据法律法规的规定，为法律诉讼准备文件或提供证据，以及向监管机构报告发现的违反法规行为；

（3）接受行业协会和监管机构依法进行质量检查；

（4）监管机构对乙方进行行政处罚，以及乙方对此提起行政复议。

四、审计收费

经双方协商确定，本次审计服务的费用总额为人民币_____元。甲方应于本约定书签署之日起_____日内支付_____%的审计费用，剩余款项于_____结清。

五、审计报告和审计报告的使用

1. 乙方向甲方出具审计报告一式叁份。

2. 乙方根据《中国注册会计师独立审计准则》规定可出具标准或非标准审计报告。

3. 甲方在提交或对外公布审计报告时，不得修改乙方出具的审计报告及乙方出具的审计报告后附的已审计财务报表。

六、本约定书的有效期

本约定书一式两份，双方各执一份，具有同等法律效力。

本约定书自签署之日起生效，并在双方履行完毕本约定书约定的所有义务后终止。

七、约定事项的变更

如果出现不可预见的情况，影响审计工作如期完成，或需提前出具审计报告时，甲、乙双方均可要求变更约定事项，但应及时通知对方，并由双方协商解决。

八、终止条款

根据法律、法规及职业道德要求，乙方认为已不适宜继续为甲方提供本约定书约定的审计服务时，乙方可以向甲方提出合理要求终止履行本约定书，并有权就乙方于本约定书终止前对约定的审计服务项目所做的工作收取合理的费用。

九、违约责任

甲、乙双方按照《中华人民共和国合同法》的规定承担违约责任。

甲方：×××公司（盖章）	乙方：×××会计师事务所（盖章）
法定代表人	法定代表人
（或其授权代表）：（签章）	（或其授权代表）：（签章）
开户银行：	
银行账号：	
签约日期： 年 月 日	签约日期： 年 月 日

第二节 计划审计工作

根据《中国注册会计师审计准则第1201号——计划审计工作》，注册会计师应当计划审计工作，使审计业务以有效的方式得到执行。计划审计工作包括针对审计业务制定总体审计策略和具体审计计划，以将审计风险降至可接受的低水平。

一、总体审计策略

注册会计师应当为审计工作制定总体审计策略，用以确定审计工作范围、时间和方向，并指导制订具体审计计划。在制订总体审计策略时，应当考虑以下主要事项。

(一) 审计范围

在确定审计范围时，一般需要考虑下列事项：
(1) 编制财务报表适用的财务报告编制基础；
(2) 特定行业的报告要求，如某些行业的监管机构要求提交的报告；
(3) 预期的审计工作所涵盖的范围，包括应该涵盖的组成部分的数量及所在地点；
(4) 母公司及集团组成部分之间存在的控制关系的性质，以确定如何编制合并财务报表；
(5) 由组成部分注册会计师审计组成部分的范围；
(6) 拟审计的业务分部性质，包括是否需要具备专门的知识；
(7) 外币业务的核算方法及外币报表折算和合并方法；
(8) 除对合并财务报表审计工作之外，是否需要对个别财务报表进行单独法定审计；
(9) 内部审计工作的可获得性及拟信赖程度；
(10) 被审计单位使用服务机构的情况，及注册会计师如何取得有关服务机构内部控制设计和运行有效性的证据；
(11) 对利用在以前审计工作中获取的审计证据的程度，如获取的与风险评估程序和控制测试相关的审计证据；
(12) 信息技术对审计程序的影响，包括数据的可获得性和使用计算机辅助审计技术的预期；
(13) 协调审计工作与中期财务信息审阅的预期涵盖范围和时间安排，以及中期审阅所获得的信息对审计工作的影响；
(14) 与被审计单位人员的时间协调和相关数据的可获得性。

(二) 明确审计业务的报告目标、时间安排和所需沟通的性质

在计划报告目标、时间安排和所需沟通时，一般需要考虑下列事项：
(1) 被审计单位对外报告的时间表，包括中间阶段和最终阶段；
(2) 与管理层和治理层举行会谈，讨论审计工作的性质、时间安排和范围；
(3) 与管理层和治理层讨论注册会计师拟出具的报告的类型和时间安排，以及沟通的其他事项(口头或书面沟通)，包括审计报告、管理建议书和向治理层通报的其他事项；

(4) 与管理层讨论预期就整个审计业务中对审计工作的进展进行的沟通；

(5) 与组成部分注册会计师沟通拟出具的报告的类型和时间安排，以及与组成部分审计相关的其他事项；

(6) 项目组成员之间沟通的预期性质和时间安排，包括项目组会议的性质和时间安排，以及复核已执行工作的时间安排；

(7) 预期是否需要和第三方进行其他沟通，包括与审计相关的法定或约定的报告责任。

（三）审计方向

审计方向也就是项目组的工作方向，包括确定适当的重要性水平，初步识别可能存在较高的重大错报风险的领域，初步识别重要的组成部分和账户余额，评价是否需要针对内部控制的有效性获取审计证据，识别被审计单位、所处行业、财务报告要求及其他相关方面最近发生的重大变化等。在确定审计方向时，一般需要考虑下列事项。

(1) 重要性方面，包括：在制订审计计划时确定重要性水平；为组成部分确定重要性且与组成部分的注册会计师沟通；在审计过程中重新考虑重要性；识别重要的组成部分和账户余额。

(2) 重大错报风险较高的审计领域。

(3) 评估的财务报表层次的重大错报风险对指导、监督及复核的影响。

(4) 项目组人员的选择（在必要时包括项目质量控制复核人员）和工作分工，包括向重大错报风险较高的审计领域分派具备适当经验的人员。

(5) 项目预算，包括考虑为重大错报可能较高的审计领域分配适当的工作时间。

(6) 向项目组成员强调在搜集和评价审计证据的过程中保持职业怀疑的必要性。

(7) 以往审计中对内部控制运行有效性进行评价的结果，包括所识别的控制缺陷的性质及应对措施。

(8) 管理层重视设计和实施健全的内部控制的相关证据，包括这些内部控制得以适当记录的证据。

(9) 业务交易量规模，以基于审计效率的考虑确定是否依赖内部控制。

(10) 对内部控制重要性的重视程度。

(11) 影响被审计单位经营的重大发展变化，包括信息技术和业务流程的变化，关键管理人员变化，以及收购、兼并和分立。

(12) 重大的行业发展情况，如行业法规变化和新的报告规定。

(13) 会计准则及会计制度的变化。

(14) 其他重大变化，如影响被审计单位的法律环境的变化。

（四）审计资源

注册会计师应当在总体审计策略中清楚地说明下述内容。

(1) 向具体审计领域调配的资源，包括向高风险领域分派有适当经验的项目组成员，就复杂的问题利用专家工作等；

(2) 向具体审计领域分配资源的多少，包括分派到重要地点进行存货监盘的项目组成员的人数，在集团审计中复核组成部分注册会计师工作的范围，向高风险领域分配的审计

时间预算等;

(3) 何时调配这些资源,包括是在期中审计阶段还是在关键截止日期调配资源等;

(4) 如何管理、指导、监督这些资源,包括预期何时召开项目组预备会和总结会,预期项目负责人和经理如何进行复核,是否需要实施项目质量控制复核等。

二、具体审计计划

注册会计师应当为审计工作制订具体审计计划。具体审计计划比总体审计策略更加详细,内容包括获取充分、适当的审计证据以将审计风险降至可接受的低水平,项目组成员拟实施的审计程序的性质、时间和范围。

具体审计计划应当包括下列内容:

(1) 按照《中国注册会计师审计准则第 1211 号——了解被审计单位及其环境并评估重大错报风险》的规定,为了足够识别和评估财务报表重大错报风险,注册会计师计划实施的风险评估程序的性质、时间和范围;

(2) 按照《中国注册会计师审计准则第 1231 号——针对评估的重大错报风险实施的程序》的规定,针对评估的认定层次的重大错报风险,注册会计师计划实施的进一步审计程序的性质、时间和范围;

(3) 根据中国注册会计师审计准则的规定,注册会计师针对审计业务需要实施的其他审计程序。

计划审计工作不是审计业务的一个孤立阶段,而是一个持续的、不断修正的过程,贯穿于整个审计业务的始终。审计过程可以分为不同阶段,通常前面阶段的工作结果会对后面阶段的工作计划产生一定的影响,而后面阶段的工作过程又可能发现需要对已制订的相关计划进行相应的更新和修改。一般来说,这些更新和修改可能涉及比较重要的事项。

三、审计的重要性

在计划和执行审计工作时,注册会计师正确理解审计重要性概念及对审计重要性的确定与合理运用,有助于降低审计风险和提高审计效率。

(一) 重要性的含义

根据《中国注册会计师审计准则第 1221 号——重要性》,重要性取决于在具体环境下对错报金额和性质的判断。如果一项错报单独或连同其他错报可能影响财务报表使用者依据财务报表做出的经济决策,则该项错报是重大的。

通常而言,重要性概念可以从下列方面进行理解:

(1) 如果合理预期错报(包括漏报)单独或汇总起来可能影响财务报表使用者依据财务报表做出的经济决策,则通常认为错报是重大的;

(2) 对重要性的判断是根据具体环境做出的,并受错报的金额或性质的影响,或受两者共同作用的影响;

(3) 判断某事项对财务报表使用者是否重大,是在考虑财务报表使用者整体共同的财务信息需求的基础上做出的。

（二）重要性水平的确定

对重要性的确定是注册会计师的一种职业判断。在审计过程中，注册会计师应当考虑财务报表层次和各类交易、账户余额、列报认定层次的重要性水平。

▶ 1. 财务报表层次的重要性水平

由于财务报表审计的目标是注册会计师通过审计工作对财务报表发表审计意见，因此注册会计师首先应当考虑财务报表层次的重要性。一般来说，注册会计师通常需要先选择一个恰当的基准，再选用适当的百分比乘以该基准，进而得出财务报表层次的重要性水平。在选择适当的基准时，注册会计师应当考虑下列因素：

（1）财务报表要素（如资产、负债、所有者权益、收入、费用）。

（2）对被审计单位来说，是否存在财务报表使用者特别关注的财务报表项目（如为了评价财务业绩，使用者可能更关注企业的利润、收入或净资产）。

（3）被审计单位的性质及所在的行业和经济环境。

（4）被审计单位的规模、所有权结构和融资方式。

（5）基准的相对波动性。

适当的基准取决于被审计单位的具体情况，包括各类报告收益（如税前利润、营业收入、毛利和费用总额），以及所有者权益或净资产。实务中较为常用的基准如表 4-2 所示。

表 4-2　常用的基准

被审计单位情况	可能选择的基准
企业的盈利水平保持稳定	经常性业务的税前利润
企业近年来经营状况大幅度波动，盈利和亏损交替发生，或者由正常盈利变为微利或微亏，或者本年度税前利润因情况变化而出现意外增加或减少	过去 3~5 年经常性业务的平均税前利润或亏损（绝对值），或其他基准，如营业收入
企业为新设企业，处于开办期，尚未开始经营，目前正在建造厂房及购买机器设备	总资产
企业处于新兴行业，目前侧重于抢占市场份额、扩大企业知名度和影响力	营业收入
开放式基金，致力于优化投资组合、提高基金净值、为基金持有人创造投资价值	净资产
国际企业集团设立的研发中心，主要为集团下属各企业提供研发服务，并以成本加成的方式向相关企业收取费用	成本与营业费用总额
公益性质的基金会	捐赠收入或捐赠支出总额

▶ 2. 认定层次的重要性水平

各类交易、账户余额、列报认定层次的重要性水平称为"可容忍错报"。可容忍错报的确定以注册会计师对报表层次重要性水平的初步评估为基础。它是在不导致财务报表存在重大错报的情况下，注册会计师对各类交易、账户余额、列报确定的可接受的最大错报。

在确定各类交易、账户余额、列报认定层次的重要性水平时，注册会计师应当考虑以下主要因素：一是各类交易、账户余额、列报的性质及错报的可能性；二是各类交易、账户余额、列报的重要性水平与财务报表层次重要性水平的关系。因为各类交易、账户余额、列报确定的重要性水平即可容忍错报，对所需的审计证据数量和质量有直接的影响，所以注册会计师应当合理确定可容忍错报。

四、审计风险

审计风险是指财务报表存在重大错报时，注册会计师发表不恰当审计意见的可能性。审计业务虽然不能对财务报表错报提供绝对的保证，但是一种保证程度高的鉴证业务，因此注册会计师应当通过计划和实施审计工作，获取充分、适当的审计证据，将审计风险降至可接受的低水平。

（一）重大错报风险

重大错报风险是指财务报表在审计前存在重大错报的可能性。根据《中国注册会计师审计准则第1211号——了解被审计单位及其环境并评估重大错报风险》的规定，注册会计师应当识别和评估财务报表层次，以及各类交易、账户余额、列报等认定层次的重大错报风险。

▶ 1. 财务报表层次的重大错报风险

财务报表层次重大错报风险与财务报表整体存在广泛联系，它可能影响多项认定。此类风险通常与控制环境有关，如管理层缺乏自信、治理层形同虚设而不能对管理层进行有效监督等；但也可能与其他因素有关，如经济萧条、企业所处行业处于衰退期。此类风险难以被界定于某类交易、账户余额、列报的具体认定；相反，此类风险增大了一个或多个不同认定发生重大错报的可能性，与由舞弊引起的风险特别相关。

▶ 2. 认定层次的重大错报风险

认定层次的重大错报风险可以细分为固有风险和控制风险。固有风险指在不考虑被审计单位相关的内部控制政策或程序的情况下，会计报表上某项认定产生重大错报的可能性。固有风险是独立于会计报表审计之外存在的，是注册会计师无法改变其实际水平的一种风险。控制风险是指被审计单位内部控制未能及时防止或发现会计报表上某项错报或漏报的可能性。同固有风险一样，审计人员只能评估控制风险的水平而不能影响或降低它的大小。

（二）检查风险

检查风险是指如果存在某一错报，该错报单独或连同其他错报可能是重大的，注册会计师为将审计风险降至可接受的低水平而实施程序后没有发现这种错报的风险。检查风险取决于审计程序设计的合理性和执行的有效性。由于注册会计师通常并不对所有的交易、账户余额和披露进行检查，以及其他原因，检查风险不可能降低为零。其他原因包括注册会计师可能选择了不恰当的审计程序、审计过程执行不当，或者错误解读了审计结论。这些其他因素可以通过适当计划、在项目组成员之间进行恰当的职责分配、保持职业怀疑，对审计项目组进行确定的指导、监督和复核，来尽可能降低检查风险。

(三) 重大错报风险与检查风险之间的关系

审计风险取决于重大错报风险和检查风险。在既定的审计风险水平下,可接受的检查风险水平与认定层次重大错报风险的评估结果成反向关系。评估的重大错报风险越高,可接受的检查风险越低;评估的重大错报风险越低,可接受的检查风险越高。审计风险、重大错报风险和检查风险之间的关系用模型表示为:

$$审计风险 = 重大错报风险 \times 检查风险$$

假设针对某一认定,注册会计师将可接受的审计风险水平设定为5%,注册会计师实施风险评估程序后将重大错报风险评估为25%,根据上述模型,可接受的检查风险为20%。当然,在实务中,注册会计师不一定会用绝对数量来表达,可能会选用"高""中""低"等文字来描述。

【例题4.1】 甲集团公司是ABC会计师事务所的常年审计客户,主要从事化妆品的生产、批发和零售。A注册会计师负责审计甲集团公司2014年度财务报表,确定集团财务报表整体的重要性为600万元。

资料一:A注册会计师在审计工作底稿中记录了审计计划,部分内容摘录如下。

(1) 子公司乙公司从事新产品研发。2014年度新增无形资产1 000万元,为自行研发的产品专利。A注册会计师拟仅针对乙公司的研发支出实施审计程序。

(2) 子公司丙公司负责生产,产品全部在集团内销售。A注册会计师认为丙公司的成本核算存在可能导致集团财务报表发生重大错报的特别风险,拟仅针对与成本核算相关的财务报表项目实施审计。

(3) 甲集团公司的零售收入来自40家子公司,每家子公司的主要财务报表项目金额占集团的比例均低于1%。A注册会计师认为这些子公司均不重要,拟实施集团层面分析程序。

(4) DEF会计师事务所作为组成部分注册会计师负责审计联营企业丁公司的财务信息,其审计项目组按丁公司利润总额的3%确定组成部分重要性为300万元,实际执行的重要性为150万元。

(5) 子公司戊公司负责甲集团公司主要原材料的进口业务,通过外汇掉期交易管理外汇风险。A注册会计师拟使用50万元的组成部分重要性对戊公司财务信息实施审阅。

资料二:A注册会计师在审计工作底稿中记录了甲集团公司的财务数据,部分内容摘录如表4-3所示。

表4-3 甲集团公司的财务数据部分内容摘录 单位:万元

集团/组成部分	2014年(未审数)		
	资产总额	营业收入	利润总额
甲集团公司(合并)	80 000	60 000(其中:批发收入38 000,零售收入20 000,其他2 000)	12 000
乙公司	1 900	200	(300)
丙公司	60 000	40 000	8 000
丁公司	20 000	50 000	10 000
戊公司	2 000	200	50

要求：针对资料一第(1)~(5)项，结合资料二，假定不考虑其他条件，逐项指出资料一所列审计计划是否恰当。如不恰当，简要说明理由。(2016年注册会计师考题)

【答案及解析】

（1）恰当。

（2）不恰当，丙公司是具有财务重大性的重要组成部分，应当对丙公司的财务信息实施审计。

（3）不恰当，零售收入占集团营业收入的三分之一，金额重大，对这40家子公司仅在集团层面实施分析程序不足够。

（4）不恰当，组成部分重要性应当由集团项目组确定。

（5）不恰当，戊公司的业务涉及外汇掉期交易，属于可能存在导致集团财务报表发生重大错报的特别风险的重要组成部分，应当实施审计。

第三节　审计测试

一、风险评估程序

根据《中国注册会计师审计准则第1211号——了解被审计单位及其环境并评估重大错报风险》规定，注册会计师应当了解被审计单位及其环境，以足够识别和评估财务报表重大错报风险，设计和实施进一步审计程序。

（一）风险评估的含义

风险评估是指通过了解被审计单位及其环境，识别和评估财务报表层次和认定层次的重大错报风险，从而为设计和实施针对评估的重大错报风险采取的应对措施提供基础。

风险评估过程是从了解被审计单位及其环境开始的，在此过程中，注册会计师要通过一定的程序，对被审计单位及其环境进行全面细致的了解，目的是识别和评估财务报表层次和认定层次的重大错报风险。了解的内容包括被审计单位所在行业的状况、法律环境和监管环境及其他外部因素，被审计单位的性质，被审计单位对会计政策的选择和运用，被审计单位的目标、战略及可能导致重大错报风险的相关经营风险，对被审计单位财务业绩的衡量和评价、被审计单位的内部控制等。

（二）风险评估的内容

为了了解被审计单位及其环境，注册会计师应当实施的风险评估程序主要包括询问程序、分析程序、观察和检查程序、其他审计程序。

▶ 1.询问被审计单位管理层和内部其他相关人员

询问被审计单位管理层和内部其他相关人员是注册会计师了解被审计单位及其环境的一个重要信息来源，一般情况下，可以考虑就以下几个事项进行询问。

（1）管理层所关注的主要问题，如新的竞争对手、主要客户和供应商的流失、新的税收法规的实施及经营目标或战略的变化等。

(2) 被审计单位最近的财务状况、经营成果和现金流量。

(3) 可能影响财务报告的交易和事项，或者目前发生的重大会计处理问题，如重大的并购事宜等。

(4) 被审计单位发生的其他重要变化，如所有权结构、组织结构的变化，以及内部控制的变化等。

除上述几项外，为了更好地识别和评估风险，注册会计师还应当考虑询问内部审计人员、采购人员、生产人员、销售人员等其他人员，并考虑询问不同层次的员工，以便从不同的视角获取对识别重大错报风险有用的信息。

▶ 2. 分析程序

分析程序是指注册会计师通过研究不同财务数据之间，以及财务数据与非财务数据之间的内在关系，对财务信息做出评价。分析程序还包括调查识别出的、与其他信息不一致或与预期数据严重偏离的波动和关系。分析程序既可用作风险评估程序和实质性程序，也可用来对财务报表进行总体复核。

实施分析程序有助于识别异常的交易或事项，以及对财务报表和审计产生影响的金额、比率和趋势。在实施分析程序时，注册会计师应当预期可能存在的合理关系，并与被审计单位记录的金额、依据记录金额计算的比率或趋势相比较，如果发现异常或未预期到的关系，注册会计师应当在识别重大错报风险时考虑这些比较结果。

▶ 3. 观察和检查

观察和检查程序可以印证对管理层和其他相关人员的询问结果，并提供有关被审计单位及其环境的信息。具体实施程序包括以下几个方面：

(1) 观察被审计单位的生产经营活动。例如，观察被审计单位人员正在从事的生产活动和内部控制活动，增加注册会计师对被审计单位人员如何进行生产经营活动及实施内部控制的了解。

(2) 检查文件、记录和内部控制手册。例如，检查被审计单位的章程，与其他单位签订的合同、协议、各项业务流程、操作指引和内部控制手册等，了解被审计单位组织结构和内部控制制度的建立、健全情况。

(3) 阅读由管理层和治理层编制的报告。例如，阅读被审计单位年度和中期财务报告、股东大会、董事会及高级管理层会议的会议记录或纪要，管理层的讨论和分析资料、经营计划和战略，对重要经营环节和外部因素的评价等，了解自上一期审计结束至本期审计期间被审计单位发生的重大事项。

(4) 实地察看被审计单位的生产经营场所和设备。通过现场访问和实地察看被审计单位的生产经营场所和设备，可以帮助注册会计师了解被审计单位的性质及经营活动。在实地察看被审计单位的厂房和办公场所的过程中，注册会计师有机会与被审计单位管理层和担任不同职责的员工进行交流，可以增强注册会计师对被审计单位的经营活动及重大影响因素的了解。

(5) 追踪交易在财务报告信息系统中的处理过程（执行穿行测试）。通过追踪某笔或几笔交易在业务流程中如何生成记录、处理和报告，以及相关控制如何执行，注册会计师可以确定被审计单位的交易流程和相关控制是否与之前通过其他程序所获得的了解一致，并确定相关控制是否得到执行。

▶ 4. 其他审计程序

除了采用询问、分析程序、观察和检查程序从被审计单位内部获取以外，如果根据职业判断认为从被审计单位外部获取的信息将有助于识别重大错报风险，注册会计师还应当实施其他审计程序以获取这些信息。例如，阅读外部信息，包括证券分析师、银行、评级机构出具的有关被审计单位及其所处行业的经济或市场环境等状况的报告，贸易与经济方面的杂志，法规或金融出版物，以及政府部门或民间组织发布的行业报告和统计数据等；注册会计师也可以通过询问被审计单位聘请的外部法律顾问、专业评估师、投资顾问和财务顾问等有关人士获取进一步的证据。

二、控制测试

（一）控制测试的含义

控制测试是指用于评价内部控制在防止或发现并纠正认定层次重大错报方面的运行有效性的审计程序。测试控制运行的有效性与确定控制是否得到执行所需获取的审计证据是不同的。

在测试控制运行的有效性时，注册会计师应当从下列方面获取关于控制是否有效运行的审计证据。

（1）控制在所审计期间的相关时点是如何运行的；

（2）控制是否得到一贯执行；

（3）控制由谁或以何种方式执行。

控制运行有效性强调的是控制能够在各个不同时点按照既定设计得以一贯执行。因此，在了解控制是否得到执行时，注册会计师只需抽取少量的交易进行检查或观察某几个时点。但在测试控制运行的有效性时，注册会计师需要抽取足够数量的交易进行检查或对多个不同时点进行观察。

（二）控制测试的要求

控制测试并非在任何情况下都需要实施。当存在下列情形之一时，注册会计师应当实施控制测试：

（1）在评估认定层次重大错报风险时，预期控制的运行是有效的；

（2）仅实施实质性程序不足以提供认定层次充分、适当的审计证据。

如果在评估认定层次重大错报风险时预期控制的运行是有效的，注册会计师应当实施控制测试，就控制在相关期间或时点的运行有效性获取充分、适当的审计证据。注册会计师通过实施风险评估程序，可能发现某项控制的设计是合理的，同时也得到了执行。在这种情况下，出于成本效益的考虑，注册会计师可能预期，如果相关控制在不同时点都得到了一贯执行，与该项控制有关的财务报表认定发生重大错报的可能性就不会很大，也就可以考虑通过实施控制测试而减少实施实质性测试。为此，注册会计师可能会认为值得对相关控制在不同时点是否得到了一贯执行进行测试，即实施控制测试。

如果认为仅实施实质性测试程序获取的审计证据无法将认定层次重大错报风险降至可接受的低水平，注册会计师应当实施相关的控制测试，以获取控制运行有效性的审计证据。

(三) 控制测试的性质

控制测试的性质是指控制测试所使用的审计程序的类型及其组合。计划从控制测试中获取的保证水平是决定控制测试性质的主要因素之一。注册会计师应当选择适当类型的审计程序以获取有关控制运行有效性的保证。计划的保证水平越高，对有关控制运行有效性的审计证据的可靠性要求越高。当拟实施的进一步审计程序主要以控制测试为主，尤其是仅实施实质性程序获取的审计证据无法将认定层次重大错报风险降至可接受的低水平时，注册会计师应当获取有关控制运行有效性的更高的保证水平。

虽然控制测试与了解内部控制的目的不同，但两者采用审计程序的类型通常相同，包括询问、观察、检查和穿行测试及重新执行。

(四) 控制测试的时间

控制测试的时间包含两层含义：一是何时实施控制测试；二是测试所针对的控制适用的时点或期间。一个基本的原理是，如果测试特定时点的控制，注册会计师仅得到该时点控制运行有效性的审计证据；如果测试某一期间的控制，注册会计师可获取控制在该期间有效运行的审计证据。因此，注册会计师应当根据控制测试的目的确定控制测试的时间，并确定拟信赖的相关控制的时点或期间。

(五) 控制测试的范围

控制测试的范围主要是指某项控制活动的测试次数。注册会计师应当设计控制测试，以获取控制在整个拟信赖的期间有效运行的充分、适当的审计证据。

注册会计师在确定某项控制的测试范围时，通常考虑下列因素。

▶ 1. 执行控制的频率

在整个拟信赖的期间，被审计单位执行控制的频率。控制执行的频率越高，控制测试的范围越大。

▶ 2. 在所审计期间，注册会计师拟信赖控制运行有效性的时间长度

拟信赖控制运行有效性的时间长度不同。在该时间长度内发生的控制活动次数也不同。注册会计师需要根据拟信赖控制的时间长度确定控制测试的范围。拟信赖期间越长，控制测试的范围越大。

▶ 3. 证据的相关性和可靠性

为证实控制能够防止或发现并纠正认定层次重大错报，对所需获取审计证据的相关性和可靠性要求越高，控制测试的范围越大。

▶ 4. 通过测试与认定相关的其他控制获取的审计证据的范围

针对同一认定，可能存在不同的控制。当针对其他控制获取审计证据的充分性和适当性较高时，测试该控制的范围可适当缩小。

▶ 5. 在风险评估时拟信赖控制运行有效性的程度

注册会计师在风险评估时对控制运行有效性的拟信赖程度越高，需要实施控制测试的范围越大。

▶ 6. 控制的预期偏差

预期偏差可以用控制未得到执行的预期次数占控制应当得到执行次数的比率加以衡量

（也可称为预期偏差率）。考虑该因素，是因为在考虑测试结果是否可以得出控制运行有效性的结论时，不可能只要出现任何控制执行偏差就认定控制运行无效，所以需要确定一个合理水平的预期偏差率。控制的预期偏差率越高，需要实施控制测试的范围越大。

【例题4.2】甲公司是ABC会计师事务所的常年审计客户，主要从事肉制品的加工和销售。甲公司部分原材料系向农户采购。财务人员办理结算时应当查验农户身份证，并将身份证复印件及农户签字的收据作为付款凭证附件。2 000元以上的付款应当通过银行转账。A注册会计师在审计工作底稿中记录了与采购与付款交易相关的审计工作，部分内容摘录如下：

（1）2015年10月，A注册会计师在观察原材料验收流程时发现某农户向验收员支付回扣，以提高核定的品质等级。A注册会计师认为该事项不重大，在审计完成阶段向管理层通报了该事项。

（2）A注册会计师在实施控制测试时，发现一笔8 000元的采购交易被拆分成八笔，以现金支付。财务经理解释该农户无银行卡。A注册会计师询问了该农户，对控制测试结果满意。

（3）A注册会计师在实施细节测试时，发现有一笔付款凭证后未附农户身份证复印件。财务经理解释付款时已查验原件，忘记索要复印件。A注册会计师询问了该农户，验证了签字的真实性，并扩大了样本规模，未发现其他例外事项，结果满意。

要求：针对第(1)~(3)项，假定不考虑其他条件，逐项指出A注册会计师的做法是否恰当。如不恰当，简要说明理由。

【答案及解析】

(1) 不恰当，涉及被审计单位员工舞弊，应当及时与管理层沟通。

(2) 不恰当，仅靠询问不足以提供充分、适当的审计证据，控制未能有效执行。

(3) 恰当。

三、实质性程序

根据《中国注册会计师审计准则第1231号——针对评估的重大错报风险实施的程序》的规定，注册会计师应当针对评估的重大错报风险设计和实施实质性程序，以发现认定层次的重大错报。

（一）实质性程序的含义

实质性程序是指注册会计师针对评估的重大错报风险实施的直接用以发现认定层次重大错报的审计程序。实质性程序包括对各类交易、账户余额、列报的细节测试及实质性分析程序。

注册会计师对重大错报风险的评估是一种判断，可能无法充分识别所有的重大错报风险，并且内部控制存在固有局限性，无论评估的重大错报风险结果如何，注册会计师都应当针对所有重大的各类交易、账户余额、列报实施实质性程序。

（二）实质性程序的要求

注册会计师实施的实质性程序应当包括下列与财务报表编制完成阶段相关的审计程序：

(1) 将财务报表与其所依据的会计记录进行核对或调节；

(2) 检查财务报表编制过程中做出的重大会计分录和其他会计调整。

如果认为评估的认定层次重大错报风险是特别风险，注册会计师应当专门针对该风险实施实质性程序。如果针对特别风险仅实施实质性程序，注册会计师应当使用细节测试，或将细节测试和实质性分析程序结合使用，以获取充分、适当的审计证据。

（三）实质性程序的性质

实质性程序的性质是指实质性程序的类型及其组合。实质性程序的两种基本类型包括细节测试和实质性分析程序。细节测试是对各类交易、账户余额、列报的具体细节进行测试，目的在于直接识别财务报表认定是否存在错报。实质性分析程序从技术特征上仍然是分析程序，主要是通过研究数据间关系评价信息，只是将该技术方法用作实质性程序。

注册会计师应当根据各类交易、账户余额、列报的性质选择实质性程序的类型。注册会计师应当针对评估的风险设计细节测试，获取充分、适当的审计证据，以达到认定层次所计划的保证水平。例如，在针对存在或发生认定设计细节测试时，注册会计师应当选择包含在财务报表金额中的项目，并获取相关审计证据。又如，在针对完整性认定设计细节测试时，注册会计师应当选择有证据表明应包含在财务报表金额中的项目，并调查这些项目是否确实包括在内。

在设计实质性分析程序时，注册会计师应当考虑下列因素：

(1) 对特定认定使用实质性分析程序的适当性；

(2) 对已记录的金额或比率做出预期时，所依据的内部或外部数据的可靠性；

(3) 做出预期的准确程度是否足以在计划的保证水平上识别重大错报；

(4) 已记录金额与预期值之间可接受的差异额。

当实施实质性分析程序时，如果使用被审计单位编制的信息，注册会计师应当考虑测试与信息编制相关的控制，以及这些信息是否在本期或前期经过审计。

（四）实质性程序的时间

实质性程序的时间选择与控制测试的时间选择有共同点，也有很大差异。两者的共同点在于两类程序都面临对期中审计证据和对以前审计获取的审计证据的考虑。两者的差异在于以下两方面。

(1) 在控制测试中，期中实施控制测试并获取期中关于控制运行有效性审计证据的做法更具有一种"常态"；而由于实质性程序的目的在于更直接地发现重大错报，在期中实施实质性程序时更需要考虑成本效益的权衡。

(2) 在本期控制测试中拟信赖以前审计获取的有关控制运行有效性的审计证据，已经受到了很大的限制；而对于以前审计中通过实质性程序获取的审计证据，则采取了更加慎重的态度和更严格的限制。

（五）实质性程序的范围

在确定实质性程序的范围时，注册会计师应当考虑评估的认定层次重大错报风险和实施控制测试的结果。注册会计师评估的认定层次的重大错报风险越高，需要实施实质性程序的范围越广。如果对控制测试结果不满意，注册会计师应当考虑扩大实质性程序的范围。

实质性分析程序的范围有两层含义：

（1）对什么层次上的数据进行分析。注册会计师可以选择在高度汇总的财务数据层次进行分析，也可以根据重大错报风险的性质和水平调整分析层次。

（2）需要对什么幅度或性质的偏差展开进一步调查。实施分析程序可能发现偏差，但并非所有的偏差都值得展开进一步调查。可容忍或可接受的偏差额越大，作为实质性分析程序一部分的进一步调查的范围就越小。因此，在设计实质性分析程序时，注册会计师应当确定已记录金额与预期值之间可接受的差异额。在确定该差异额时，注册会计师应当主要考虑各类交易、账户余额、列报及相关认定的重要性和计划的保证水平。

第四节 完成审计工作

完成审计工作是审计的最后一个阶段。注册会计师按业务循环完成各财务报表项目的审计测试和一些特殊项目的审计工作后，在审计完成阶段汇总审计差异，关注期后事项对财务报表的影响，复核审计工作底稿和财务报表等。在此基础上，评价审计结果，并与客户沟通以后，获取管理层声明，确定应出具的审计报告的意见类型和措辞，进而编制并致送审计报告，终结审计工作。

一、汇总审计差异

对审计项目组成员在审计中发现的被审计单位的会计处理方法与《企业会计准则》的不一致，即审计差异，注册会计师应根据审计重要性原则予以初步确定并汇总，并建议被审计单位进行调整，使经审计的财务报表所载信息能够公允地反映被审计单位的财务状况、经营成果和现金流量。

（一）审计差异的种类

造成审计差异的原因有很多，有些是交易过程中的错误，有些是会计核算上的错误，有些则可能是故意的错误。由于审计差异会直接影响财务报表的公允性，因此，注册会计师必须予以关注。

审计差异内容按是否需要调整账户记录可分为核算差异和重分类差异。前者是因为被审计单位对经济业务进行了不恰当的会计处理而引起的差异，用审计重要性原则来衡量每一项核算差异，又可分为建议调整的不符事项和不建议调整的不符事项。后者是因为被审计单位未按适用的会计准则规定编制财务报表而引起的差异。

审计差异按性质可以分为已知错报、估计错报和差错准备三类：第一类是已知错报，即通过对账户或交易实施详细的实质性测试所确认的未调整的错报或漏报，如计算错误、分类不当或记录错误等；第二类是估计错报，即通过审计抽样或执行分析性程序所估计的未调整的错报或漏报；第三类是差错准备，即那些可能存在，但在审计过程中不一定必须查出的错报或漏报，或者说是可容忍的差异。

(二)审计差异的汇总

注册会计师应当对已知错报和估计错报进行汇总,汇总的审计差异应是被审计单位未调整的错报或漏报。注册会计师在对各项错报或漏报进行汇总时,应注意三方面的因素:一是这些错报或漏报在性质上是否重要,即是否涉及舞弊或违法行为;二是这些错报或漏报在金额上是否重要,即是否已经超过重要性水平;三是审计差异产生的原因,即应查明审计差异是由于工作疏忽造成的,还是内部控制本身固有限制造成的。另外,如果前期未调整的错报或漏报尚未消除,且导致本期财务报表严重失实,注册会计师在汇总时也应把它包括起来。审计差异一般采用"审计账项调整分录汇总表"的形式予以汇总,参考格式如表4-4所示。

表4-4 审计账项调整分录汇总表

被审计单位:							索引号:	
项目:账项调整分录汇总表							截止日期:	
编制:							复核:	
日期:							日期:	
序号	内容及说明	索引号	调整内容				影响利润表+(-)	影响资产负债表+(-)
			借方项目	借方金额	贷方项目	贷方金额		

(三)审计差异的评价与处理

注册会计师在汇总审计差异并形成审计结果后,应当对审计差异的重要性和审计风险作最后的总体评价。对财务报表层次的重要性水平进行评价时,注册会计师应当注意重要性水平在审计过程中是否已做了修正,如果已做了修正,应以修正后的重要性水平作为评价的基础。注册会计师应当区分下列两种情况,对这两种情况分别进行处理。

▶ **1. 汇总数超过重要性水平**

尚未调整的错报或漏报的汇总数超过了重要性水平时,注册会计师可以有两种选择:第一种是提请被审计单位调整财务报表,使调整后的汇总数低于重要性水平。如果被审计单位同意采纳,应获取被审计单位同意调整的书面确认函。第二种是如果被审计单位管理层不愿对已验证的错报或漏报予以调整,或调整后的汇总数仍高于重要性水平,那么说明存在较大的审计风险,注册会计师应当扩大实质性测试范围,对错报或漏报进行重新评估。如果重新评估后的汇总数低于计划重要性水平,那么注册会计师可以发表无保留审计意见,否则注册会计师应当发表保留或否定的审计意见。

▶ **2. 汇总数接近重要性水平**

由于审计测试的局限性,注册会计师不能发现财务报表中存在的全部错报或漏报。因此,即使尚未调整的错报或漏报汇总数接近重要性水平,但由于该汇总数连同尚未发现的错报或漏报的汇总数可能超过重要性水平,注册会计师也应当实施追加实质性程序或提请被审计单位调整,以降低审计风险并有助于形成恰当的审计意见。

二、复核审计工作底稿

遵循准则要求执行复核是确保注册会计师执业质量的重要手段之一。会计师事务所需要按照《质量控制准则第5101号——会计师事务所对执行财务报表审计和审阅、其他鉴证和相关服务业务实施的质量控制》和《中国注册会计师审计准则第1121号——对财务报表审计实施的质量控制》的相关规定,结合事务所自身组织架构特点和质量控制体系建设需要,确定相关的质量控制政策和程序,对审计项目复核(包括项目组内部复核和项目质量控制复核)的级次及人员、时间、范围和工作底稿记录等做出规定。

(一) 项目组内部复核

1. 复核人员

《质量控制准则第5101号——会计师事务所对执行财务报表审计和审阅、其他鉴证和相关服务业务实施的质量控制》规定,会计师事务所在安排复核工作时,应当由项目组内经验丰富的人员复核经验较少的人员的工作。会计师事务所应当根据这一原则,确定有关复核责任的政策和程序。项目组需要在制订审计计划时确定复核人员的指派,以确保所有工作底稿均得到适当层级人员的复核。

2. 复核范围

所有的审计工作底稿至少要经过一级复核。执行复核时,复核人员需要考虑的事项如下:

(1) 审计工作是否已按照职业准则和适用的法律法规的规定执行;
(2) 重大事项是否已提请进一步考虑;
(3) 相关事项是否已进行适当咨询,由此形成的结论是否已得到记录和执行;
(4) 是否需要修改已执行审计工作的性质、时间安排和范围;
(5) 已执行的审计工作是否支持形成的结论,并已得到适当记录;
(6) 已获取的审计证据是否充分、适当;
(7) 审计程序的目标是否已实现。

3. 复核时间

审计项目复核贯穿审计全过程,随着审计工作的发展,复核人员在审计计划阶段、执行阶段和完成阶段及时复核相应的工作底稿。例如,在审计计划阶段复核记录审计策略和审计计划的工作底稿,在审计执行阶段复核记录控制测试和实质性程序的工作底稿,在审计完成阶段复核记录重大事项、审计调整及未更正错报的工作底稿等。

4. 项目合伙人复核

根据审计准则的规定:项目合伙人应当对会计师事务所分派的每项审计业务的总体质量负责;项目合伙人应当对项目组按照会计师事务所复核政策和程序实施的复核负责。

《中国注册会计师审计准则第1121号——对财务报表审计实施的质量控制》应用指南指出,项目合伙人在审计过程的适当阶段及时实施复核,有助于重大事项在审计报告日之前得到及时满意的解决。项目合伙人复核的内容包括:

(1) 对关键领域所做的判断,尤其是执行业务过程中识别出的疑难问题或争议事项;
(2) 特别风险;

(3) 项目合伙人认为重要的其他领域。

(二) 项目质量控制复核

会计师事务所应当制定政策和程序，以明确项目质量控制复核的性质、时间安排和范围。这些政策和程序应当要求，只有完成项目质量控制，才可以签署业务报告。

▶ 1. 质量控制复核人员

根据《质量控制准则第 5101 号——会计师事务所对执行财务报表审计和审阅、其他鉴证和相关服务业务实施的质量控制》的规定，会计师事务所应当制定政策和程序，解决项目质量控制复核人员的委派问题，明确项目质量控制复核人员的资格要求，包括：

(1) 履行职责需要的技术资格，包括必要的经验和权限；

(2) 在不损害客观性的前提下，项目质量控制复核人员能够提供业务咨询的程度。

会计师事务所在确定质量控制复核人员的资格要求时，需要充分考虑质量控制复核工作的重要性和复杂性，安排经验丰富的注册会计师担任项目质量控制复核人员。

▶ 2. 质量控制复核范围

项目质量控制复核人员应当客观地评价项目组做出的重大判断及在编制审计报告时得出的结论。评价工作应当涉及下列内容：

(1) 与项目合伙人讨论重大事项；

(2) 复核财务报表和拟出具的审计报告；

(3) 复核选取的与项目组做出的重大判断和得出的结论相关的审计工作底稿；

(4) 评价在编制审计报告时得出的结论，并考虑拟出具审计报告的恰当性。

▶ 3. 质量控制复核时间

《中国注册会计师审计准则第 1121 号——对财务报表审计实施的质量控制》规定，只有完成了项目质量控制复核，才能签署审计报告。按照《中国注册会计师审计准则第 1501 号——对财务报表形成审计意见和出具审计报告》的规定，审计报告的日期不得早于注册会计师获取充分、适当的审计证据，并在此基础上对财务报表形成审计意见的日期。项目质量控制复核人员在业务过程中的适当阶段及时实施项目质量控制复核，有助于重大事项在审计报告日之前得到迅速、满意的解决。

三、期后事项

企业的经营活动是连续不断、持续进行的，但财务报表的编制是建立在"会计分期"的假设基础之上。因此，注册会计师在审计被审计单位某一会计年度的财务报表时，除了对所审会计年度内发生的交易和事项实施必要的审计程序外，还必须考虑所审会计年度之后发生和发现的事项对财务报表和审计报告的影响，以保证一个会计期间的财务报表的真实性和完整性。

(一) 期后事项的含义

期后事项是指资产负债表日至审计报告日发生的及审计报告日至会计报表公布日发生的对会计报表产生影响的事项。它们可能对被审计单位财务报表和审计报告产生影响。因此，注册会计师必须对期后事项引起充分的关注。

图 4-1 中，资产负债表日（2018 年 12 月 31 日）是指财务报表的截止日期；财务报表批

准日(2018年3月5日)是指被审计单位董事会或类似机构批准财务报表报出的日期;财务报表公布日(2018年3月25日)是指被审计单位对外披露已审计财务报表的日期。按照审计报告准则的规定,审计报告的日期不应早于注册会计师获取充分、适当的审计证据,并在此基础上对财务报表形成审计意见的日期。因此,审计报告日通常与财务报表批准日(2018年3月5日)是同一个日期。

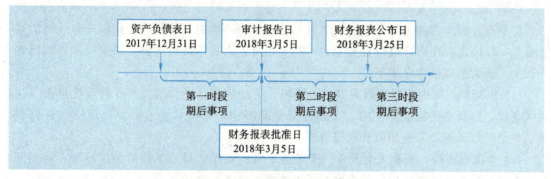

图 4-1 按时段分成的期后事项

(二) 期后事项的处理

并非所有的期后事项都会对财务报表和审计报告产生影响,因此注册会计师无须关注所有的期后事项。但是,下列两类期后事项注册会计师必须引起高度关注,因为它们有可能对财务报表和审计报告产生重大影响。

▶ 1. 资产负债表日后调整事项

资产负债表日后调整事项是指对资产负债表日已经存在的情况提供了新的或进一步证据的事项。针对此类事项,注册会计师应当提请和要求被审计单位调整财务报表和与之相关的信息披露。此类事项通常包括:

(1) 资产负债表日已经存在的大额应收款项,在资产负债表日后因债务人的破产而发生的可预计的坏账损失。

(2) 资产负债表日已经存在的法律诉讼,在资产负债表日后被判决承担的巨额赔偿和罚款。

(3) 资产负债表日已经存在的大量存货或已入账的销售收入,在资产负债表日后被发现与原入账价值存在重大差异。

(4) 资产负债表日已经存在,在资产负债表日后被发现存在的财务报表舞弊或差错等。

▶ 2. 资产负债表日后非调整事项

资产负债表日后非调整事项是指表明在资产负债表日后发生的情况或事项。此类事项虽然对已审计的财务报表没有影响,但可能对被审计单位的未来经营产生影响。因此,被审计单位不需要调整财务报表,但应当在财务报表附注中予以披露,以提醒财务报表使用者的关注。此类事项通常包括以下内容:

(1) 资产负债表日后才发生的重大诉讼、仲裁、承诺。

(2) 资产负债表日后才发生的巨额亏损。

(3) 资产负债表日后才发生的自然灾害重大损失。
(4) 资产负债表日后才发生的资产价格、税收政策、外汇变化。
(5) 资产负债表日后才发生的资本公积转增资本。
(6) 资产负债表日后才发行的股票、债券和其他巨额举债。
(7) 资产负债表日后才发生的企业合并或处置子公司，等等。

(三) 期后事项的审计程序

注册会计师应在接近审计报告日之时，通过实施必要的审计程序，获取充分适当的审计证据，以确定截止审计报告日发生的、需要在财务报表中调整或披露的事项是否均已得到识别。通常的审计程序如下：

(1) 审阅最近的中期财务报表等相关资料，关注被审计单位的生产经营环境是否发生重大变化，以及是否发生异常的、大额的交易或事项；如果认为有必要，还应当查阅预算、现金流量预测及其他相关管理报告。

(2) 审阅董事会、股东大会及专门委员会在资产负债表日后举行的会议纪要，或询问相关事宜，以检查被审计单位是否发生了可能影响财务报表的事项。

(3) 向被审计单位的律师或法律顾问询问有关诉讼和赔偿的情况，以确定被审计单位是否有必要调整财务报表或披露该信息。

(4) 询问和了解管理层用于识别期后事项的程序，以判定该程序是否足以识别期后事项的发生情况。

(5) 向管理层询问是否发生可能影响财务报表的期后事项。

(6) 取得管理层和律师声明书，以了解管理层和律师对期后事项的陈述和说明是否恰当等。

四、评价审计结果

评价审计结果是完成审计阶段的一项内容，它与完成外勤审计工作是平行的层次，互不包含。

(一) 评价审计结果的内涵

评价审计结果是对证据风险的最终控制，主要工作就是确定审计证据质量。控制方法有两种：一是检查审计实施方案或实施大纲，确定方案和大纲所规定的每种审计手续是否都高质量地实施完毕，有无遗漏的领域或事项；二是通过审计工作检查表来单独检查所有审计事项的完成情况。检查表应详细列明每个审计领域或事项的具体审计工作，然后对照实际完成的领域或事项进行逐一对照检查，上述两种控制方法取一即可。

在完成审计阶段，全部审计工作底稿要接受没有参加审计的高层管理人员的全面检查，再次确定审计程序的合理性、实施审计程序的质量、审计程序与实施方案或实施大纲的一致性、底稿反映审计证据的一致性，确定是否有必要追加取证，以避免疏忽所造成的风险。

(二) 评价审计结果对重要性的考虑

审计人员评价审计结果时所运用的重要性水平，可能与编制审计计划时所确定的重要性水平初步判断不同，如前者大大低于后者，审计人员应当重新评估所执行审计程序是否充分。可以从以下两个方面理解此内容。

▶ 1. 评价审计结果时所运用的重要性水平可能不同于编制审计计划时确定的重要性水平

这可能是因为环境的变化，或者是审计人员对被审计单位了解程度的加深。例如，审计人员在会计期间结束前编制审计计划，只能根据预测的财务状况和经营成果来确定重要性水平。如果实际的财务状况和经营成果大不相同，则审计人员所评估的重要性水平也必须加以改变。此外，审计人员在编制审计计划时，可能有意地规定重要性水平低于将用于评价审计结果的重要性水平。这样通常可以减少未被发现的错报或漏报的可能性，并且能给审计人员提供一个安全边际。

▶ 2. 如果评价审计结果时所运用的重要性水平大大低于编制审计计划时确定的重要性水平，审计人员应当重新评估所执行的审计程序是否充分

因为原来较高的重要性水平，意味着较低的审计风险，所需执行的审计程序和所需搜集的审计证据相对较少；而现在评价审计结果时所运用的重要性水平比原来有所降低，则审计风险相应增加，这就要求执行更多审计程序，搜集更多的审计证据。

五、审计报告

为了规范注册会计师形成审计意见和出具审计报告，制定了《中国注册会计师审计准则第 1501 号——审计报告》。

审计报告指注册会计师根据中国注册会计师审计准则的规定，在实施审计工作的基础上，对被审计单位财务报表发表审计意见的书面文件。审计报告是注册会计师在完成审计工作后向委托人提交的最终产品，具有以下特征：

(1) 注册会计师应当按照审计准则的规定执行审计工作。
(2) 注册会计师在实施审计工作的基础上才能出具审计报告。
(3) 注册会计师通过对财务报表发表意见履行业务约定书约定的责任。
(4) 注册会计师应当以书面形式出具审计报告。

注册会计师应当根据由审计证据得出的结论，清楚地表达对财务报表的意见，注册会计师一旦在审计报告上签名并盖章，就表明对自己出具的审计报告负责。

本章小结

审计业务约定书是指会计师事务所与委托人共同签订的，据以确定审计业务的委托和受托关系，明确委托目的、审计范围及双方责任与义务等事项的书面合约。签订审计业务约定书的目的是明确委托人与受托人的责任与义务，敦促双方遵守约定事项并加强合作，以保护会计师事务所和被审计单位的各自利益。

计划审计工作包括针对审计业务制订总体审计策略和具体审计计划，以将审计风险降至可接受的低水平。总体审计策略用以确定审计工作范围、时间和方向，并指导制订具体审计计划。在制订总体审计策略时，应当考虑的主要事项包括：①审计范围；②明确审计业务的报告目标、时间安排和所需沟通的性质；③审计方向；④审计

资源。具体审计计划比总体审计策略更加详细,内容包括为获取充分、适当的审计证据以将审计风险降至可接受的低水平,项目组成员拟实施的审计程序的性质、时间和范围。

审计重要性取决于在具体环境下对错报金额和性质的判断。如果一项错报单独或连同其他错报可能影响财务报表使用者依据财务报表做出的经济决策,则该项错报是重大的。在审计过程中,注册会计师应当考虑财务报表层次和各类交易、账户余额、列报认定层次的重要性水平。审计风险是指财务报表存在重大错报时,注册会计师发表不恰当审计意见的可能性。审计风险取决于重大错报风险和检查风险。

风险评估是指通过了解被审计单位及其环境,识别和评估财务报表层次和认定层次的重大错报风险,从而为设计和实施针对评估的重大错报风险采取的应对措施提供基础。风险评估程序主要包括询问程序、分析程序、观察和检查,以及其他审计程序。控制测试是指用于评价内部控制在防止或发现并纠正认定层次重大错报方面的运行有效性的审计程序。测试控制运行的有效性与确定控制是否得到执行所需获取的审计证据是不同的。实质性程序是指注册会计师针对评估的重大错报风险实施的直接用以发现认定层次重大错报的审计程序。实质性程序包括对各类交易、账户余额、列报的细节测试及实质性分析程序。

对审计项目组成员在审计中发现的被审计单位的会计处理方法与《企业会计准则》的不一致,即审计差异。注册会计师应当对已知错报和估计错报进行汇总,汇总的审计差异应是被审计单位未调整的错报或漏报。会计师事务所应该结合自身组织架构特点和质量控制体系建设需要,确定相关的质量控制政策和程序,对审计项目复核(包括项目组内部复核和项目质量控制复核)的级次,以及人员、时间、范围和工作底稿记录等做出规定。期后事项是指资产负债表日至审计报告日发生的以及审计报告日至会计报表公布日发生的对会计报表产生影响的事项。它们可能对被审计单位财务报表和审计报告产生影响。评价审计结果是对证据风险的最终控制,主要工作就是确定审计证据质量。主要有两种控制方法。

审计报告指注册会计师根据中国注册会计师审计准则的规定,在实施审计工作的基础上,对被审计单位财务报表发表审计意见的书面文件。注册会计师签发的审计报告,主要具有鉴证、保护和证明三方面的作用。审计报告主要有四种类型:无保留意见的审计报告、保留意见的审计报告、否定意见的审计报告和无法表示意见的审计报告。

练习题

一、简答题

1. 什么是初步业务活动?
2. 什么是审计业务约定书?它包括哪些主要内容?
3. 什么是总体审计策略和具体审计计划?它们主要包括哪些内容?

4. 什么是审计重要性？注册会计师在确定计划的重要性水平时需要考虑哪些因素？

5. 什么是审计风险？它包含哪些组成要素？这些组成要素之间具有什么关系？

6. 什么是风险评估？风险评估的目的是什么？风险评估程序主要包括哪些？

7. 控制测试的含义是什么？什么情况下需要实施控制测试？注册会计师应如何考虑控制测试的范围？

8. 实质性程序的含义是什么？在设计实质性分析程序时，注册会计师应当考虑哪些因素？

9. 审计差异有哪几种类型？注册会计师应对审计差异进行何种处理？

10. 资产负债表日后调整事项和资产负债表日后非调整事项通常各有哪些？

11. 什么是审计报告？有哪些特征？

二、案例分析题

（一）万福生科股份有限公司（以下简称万福生科）于2011年9月27日在创业板A股市场上市，注册资本5 000万元，股份总数5 000万股。万福生科主要产品的原料是稻谷，主要产品有淀粉糖系列产品、优质稻米油、饲料等，旗下品牌"畎福"被认定为"中国驰名商标"。2012年9月初，湖南省证监局对万福生科进行例行检查发现三本不同的账本，数天后证监会对万福生科进行立案调查。2012年10月26日，万福生科发布更正公告，承认在2012年半年报中虚增营业收入、营业成本及净利润。2013年3月2日，万福生科发布自查公告，承认在2008—2011年累计虚增收入约7.4亿元，虚增营业利润约1.8亿元，虚增净利润1.6亿元左右。2013年5月10日，证监会就此案做出了通报，并对万福生科董事长兼总经理龚永福与财务经理覃学军给予责令整改、警告、罚款和终身证券市场禁入等处罚决定，对中磊会计师事务所处以"没收业务收入138万元，并处以两倍的罚款，撤销证券服务业务许可"的处罚。中国证监会认定的违法事实主要内容如下：

1. 招股书财务数据存在虚假记载。万福生科《首次公开发行股票并在创业板上市招股说明书》披露的2008年至2010年财务数据存在虚假记载，公司不符合公开发行股票的条件。万福生科公告的《首次公开发行股票并在创业板上市招股说明书》披露2008年、2009年、2010年的营业收入分别为22 824万元、32 765万元、43 359万元，营业利润分别为3 265万元、4 200万元、5 343万元，净利润分别为2 566万元、3 956万元、5 555万元。经查，万福生科为达到公开发行股票并上市条件，由董事长兼总经理决策，并经财务总监覃学军安排人员执行，2008年至2010年分别虚增销售收入12 262万元、14 966万元、19 074万元，虚增营业利润2 851万元、3 857万元、4 590万元。扣除上述虚增营业利润后，万福生科2008年至2010年扣除非经常性损益的净利润分别为－332万元、－71万元、383万元。

2. 2011年年度报告存在虚假记载。万福生科2012年4月16日公告《2011年年度报告》披露公司2011年营业收入为55 324万元。经查，万福生科2011年虚增销售收入28 681万元。

3. 2012年半年度报告存在虚假记载和重大遗漏。万福生科2012年8月23日公告《2012年半年度报告》披露公司上半年营业收入为26 991万元。经查万福生科2012年上半年虚增销售收入16 549万元。同时对于前述公司部分生产线2012年上半年停产的事项，万福生科也未在《2012年半年度报告》中予以披露,存在重大遗漏。

分析思考:

1. 万福生科财务造假手段有哪些?
2. 万福生科财务舞弊审计失败的原因是什么?
3. 该案例给我们的启示是什么?

(二)吉林紫鑫药业成立于1998年5月,是一家集科研、开发、生产、销售、药用动植物种养殖为一体的医药类上市公司,在上市初期业绩平平。2007年IPO之时,紫鑫药业在市场上因竞争力匮乏,销售规模也一直不温不火,业绩更是表现平平,净利润多为五六千万元。

2010年,紫鑫药业因涉足人参业务创造了惊人的业绩,2010年该公司实现营业收入6.4亿元,同比增长151%,实现净利润1.73亿元,同比暴增184%,每股收益0.84元。2011年上半年紫鑫药业再掀狂潮,实现营业收入3.7亿元,净利润1.11亿元,分别同比增长226%和325%。2011年8月16日发表在中国证券网的《自导自演上下游客户,紫鑫药业炮制惊天骗局》文章,引爆了紫鑫药业事件。而对紫鑫药业进行审计的中准会计师事务所对紫鑫药业2010年度涉嫌虚假财务报告出具了无保留意见的审计报告。依据《中国注册会计师协会会员执业违规行为惩戒办法》,中注协惩戒委员会决定,给予中准所紫鑫药业审计项目签字注册会计师刘昆、张忠伟通报批评。同时,针对检查中发现的问题,中注协已向中准所发出《整改通知书》,责成中准所加强质量控制体系建设,强化总所对分所的管理,限期进行整改,中注协将对中准所整改情况进行跟踪检查。

分析思考:

1. 紫鑫药业审计为什么会失败?
2. 该案例给我们的启示是什么?

(三)A注册会计师是甲公司2017年度财务报表审计业务的项目合伙人。审计工作底稿记录了审计项目组在完成审计阶段复核工作底稿、汇总并评价错报等相关情况,部分内容摘录如下。

(1)A注册会计师指派具有丰富经验的项目组成员B复核重大会计估计、持续经营能力领域的工作底稿,并指派新入职的助理人员C复核与审核会议记录相关的工作底稿。

(2)审计工作底稿显示,甲公司管理层选择和运用了错误的会计政策。A注册会计师认为该项错误导致的错报金额低于实际执行的重要性,错报不重大。

(3)A注册会计师拟出具审计报告前提请会计师事务所对本项目实施项目质量控制复核。

(4)A注册会计师于2017年3月5日签发了审计报告,但拟在收到书面声明后再向管理层提交该报告。

针对上述四种情况,不考虑其他情况,逐项指出是否恰当。如认为不恰当,简要说明理由。

第五章 财务报表审计

> **本章重点**
> 1. 货币资金审计涉及的主要凭证、现金盘点表和银行询证函。
> 2. 应收账款审计涉及的主要凭证、函证程序。
> 3. 存货审计中的监盘程序和存货计价测试。
> 4. 应付账款审计涉及的主要凭证、查找未入账的应付账款。

《中华人民共和国注册会计师法》规定,"审查企业财务报表,出具审计报告"是注册会计师的法定业务之一。财务报表审计的目标是注册会计师通过执行审计程序,对财务报表是否按照规定的标准(通常是《企业会计准则》和相关会计制度)编制和公允反映发表审计意见。财务报表审计程序分为风险评估、控制测试和实质性程序。风险评估和控制测试的相关内容分别在第四章和第六章中介绍,本章重点针对资产负债表和利润表中的主要项目介绍财务报表审计的实质性程序。

第一节 资产负债表审计

一、货币资金审计

货币资金是企业流动性最强的资产,企业生产经营活动与货币资金有密切关系。货币资金项目包括库存现金、银行存款和其他货币资金。注册会计师应根据《现金管理暂行条例》和《支付结算办法》的有关规定,在完成资金活动(营运资金)控制测试后对货币资金实施实质性程序。

(一)涉及的主要凭证和会计记录

货币资金审计涉及的凭证和会计记录主要有现金盘点表、银行对账单、银行存款余额调节表、现金收付款凭证、银行存款收付款凭证、现金日记账和总账,以及银行存款日记账和总账。

需要说明的是,在实务中可能由于每个企业的货币资金管理方式或内部控制的不同而有所不同,以下说明业务活动要点。

▶ 1. 现金管理

企业出纳员每日对库存现金自行盘点,编制现金报表,计算当日现金收入、支出及结余额,并将结余额与实际库存额进行核对,如有差异及时查明原因。会计主管不定期检查现金日报表。

每月末,会计主管指定出纳员以外的人员对现金进行盘点,编制库存现金盘点表,将盘点金额与现金日记账余额进行核对。对冲抵库存现金的借条、未提现支票、未做报销的原始票证,在库存现金盘点报告表中予以注明。会计主管复核库存现金盘点表,如果盘点金额与现金日记账余额存在差异,需查明原因并报经财务经理批准后进行财务处理。

▶ 2. 银行存款管理

(1)银行账户管理:企业的银行账户的开立、变更或注销须经财务经理审核,报总经理审批。

(2)编制银行存款余额调节表:每月末,会计主管指定出纳员以外的人员核对银行存款日记账和银行对账单,编制银行存款余额调节表,使银行存款账面余额与银行对账单调节相符。如调节不符,查明原因。会计主管复核银行存款余额调节表,对需要进行调整的调节项目及时进行处理。

(3)票据管理:财务部门设置银行票据登记簿,防止票据遗失或盗用。出纳员登记银行票据的购买、领用、背书转让及注销等事项。空白票据存放在保险柜中。每月末,会计主管指定出纳员以外的人员对空白票据、未办理收款和承兑的票据进行盘点,编制银行票据盘点表,并与银行票据登记簿进行核对。会计主管复核库存银行票据盘点表,如果存在差异,需查明原因。

(4)印章管理:企业的财务专用章由财务经理保管,办理相关业务中使用的个人名章由出纳员保管。

(二)货币资金的审计目标

货币资金的审计目标一般包括:确定被审计单位资产负债表中的货币资金在报表日是否存在,是否为被审计单位所拥有;确定被审计单位在特定期间内发生的货币资金收支业务是否均已记录;确定货币资金余额是否正确;确定货币资金在资产负债表中的披露是否恰当。

(三)货币资金审计的实质性程序

▶ 1. 库存现金的实质性程序

库存现金审计是对库存现金余额及库存现金的收支业务和保管情况的真实性、合法性进行的审查和核实。由于现金流动性大,容易被不法分子所侵吞,所以必须把它列为审计重点之一。库存现金的实质性程序一般包括以下内容。

(1)核对库存现金日记账余额与总账余额。注册会计师测试现金的起点是核对库存现金日记账余额与总账余额是否相符。如果不相符,注册会计师应查明原因,并做出适当调整。

(2) 监盘库存现金。监盘库存现金是证实资产负债表中所列现金是否存在的一项重要程序。盘点的库存现金通常包括企业已收到但未存入银行的现金、备用金等。盘点库存现金的时间和人员应视被审计单位的情况而定,但必须有出纳员和被审计单位会计主管人员参加,并由注册会计师进行监盘。监盘库存现金的步骤和方法如下。

① 查看被审计单位制订的盘点计划,以确定监盘时间。对库存现金的监盘最好实施突击性的检查,时间最好选择在上午上班前或下午下班时,监盘范围一般包括被审计单位各部门经管的所有现金。

② 查阅库存现金日记账并同时与现金收付凭证相核对。一方面检查库存现金日记账的记录与凭证的内容和金额是否相符;另一方面了解凭证日期与库存现金日记账日期是否相符或接近。

③ 检查被审计单位现金实存数,并将该监盘金额与库存现金日记账余额进行核对。如有差异,应要求被审计单位查明原因,必要时应提请被审计单位做出调整;如无法查明原因,应要求被审计单位按管理权限批准后做出调整。若有冲抵库存现金的借条、未提现支票、未作报销的原始凭证,应在"库存现金监盘表"中注明,必要时应提请被审计单位做出调整。

④ 在非资产负债表日进行监盘时,应将监盘金额调整至资产负债表日的金额,并对变动情况实施程序,如表 5-1 所示。

(3) 抽查大额库存现金收支。抽查大额现金收支,并检查原始凭证是否齐全、原始凭证内容是否完整、有无授权批准、记账凭证与原始凭证是否相符、账务处理是否正确、是否记录于恰当的会计期间等项内容。如有与被审计单位生产经营业务无关的收支事项,应查明原因并做相应记录。

(4) 检查库存现金在资产负债表中的披露。根据有关规定,库存现金在资产负债表的"货币资金"项目中反映,注册会计师应在实施上述审计程序后,确定"库存现金"账户的期末余额是否恰当,进而确定库存现金是否在资产负债表中恰当披露。

表 5-1 库存现金监盘表

被审计单位:_____ 索引号:_____
项目:_____ 财务报表截止日/期间:_____
编制人:_____ 复核人:_____
日期:_____ 日期:_____

账面和盘点记录及审定数				实有库存现金盘点记录				
项目	项次	人民币	美元	面额	人民币		美元	
					张	金额	张	金额
上一日账面余额	①							
盘点日末记账传票收入金额	②			100				
盘点日末记账传票支出金额	③			50				
盘点日账面应有余额	④=①+②−③			10				

续表

账面和盘点记录及审定数				实有库存现金盘点记录			
项目	项次	人民币	美元	面额	人民币	美元	
盘点日实有库存现金数额	⑤			5			
盘点日账面应有余额与实有数额差异	⑥=④－⑤			2			
差异原因分析	白条抵库（张）			1			
				0.5			
				0.2			
				0.1			
盘点日审定数	⑦			合计			
追溯调整	报表日至监盘日库存现金付出总额	⑧					
	报表日至监盘日库存现金收入总额	⑨					
	报表日库存现金应有实际余额						
	报表日账面汇率						
	报表日余额折合本位币金额						
	报表日审定数						

出纳员：　　　　会计主管人员：　　　　监盘人：　　　　检查日期：

审计说明与结论：

▶ **2. 银行存款的实质性程序**

银行存款是指企业存放在银行或其他金融机构的货币资金。按照国家有关规定，凡是独立核算的企业都必须在当地银行开设账户。除按规定的范围内可以用现金直接支付的款项外，在经营过程中所发生的一切货币收支业务都必须通过银行存款账户进行结算。银行存款的实质性程序一般包括以下内容。

（1）获取银行存款余额明细表，并与银行存款日记账合计数和总账余额核对。注册会计师测试银行存款的起点是核对银行存款日记账合计数与总账余额是否相符。如果不相符，应查明原因，并考虑是否建议做出适当调整。

如果对被审计单位银行账户的完整性存有疑虑，例如，当被审计单位可能存在账外账或资金体外循环时，注册会计师可以考虑额外实施以下程序：

① 注册会计师亲自到中国人民银行或基本存款账户开户行查询并打印《已开立银行结算账户清单》，以确认被审计单位账面记录的银行人民币结算账户是否完整。

② 结合其他相关细节测试，关注原始单据中被审计单位的收（付）款银行账户是否包含在注册会计师已获取的开立银行账户清单内。

(2) 实施实质性分析程序。计算银行存款累计余额应收利息收入，分析比较被审计单位银行存款应收利息收入与实际利息收入的差异是否恰当，评估利息收入的合理性，检查是否存在高息资金拆借，确认银行存款余额是否存在、利息收入是否已经完整记录。

(3) 检查银行存款账户发生额。注册会计师还可以考虑对银行存款账户的发生额实施以下程序：

① 分析不同账户发生银行日记账漏记银行交易的可能性，获取相关账户相关期间的全部银行对账单。

② 如果对被审计单位银行对账单的真实性存有疑虑，注册会计师可以在被审计单位的协助下亲自到银行获取银行对账单。在获取银行对账单时，注册会计师要全程关注银行对账单的打印过程。

③ 从银行对账单中选取交易的样本与被审计单位银行日记账记录进行核对；从被审计单位银行存款日记账上选取样本，核对至银行对账单。

④ 浏览银行对账单，选取大额异常交易，如银行对账单上有一收一付相同金额，或分次转出相同金额等，检查被审计单位银行存款日记账上有无该项收付金额记录。

(4) 取得并检查银行对账单和银行存款余额调节表。取得并检查银行对账单和银行存款余额调节表是证实资产负债表中所列银行存款是否存在的重要程序。具体测试程序通常包括：

① 取得并检查银行对账单。取得被审计单位加盖银行印章的银行对账单，注册会计师应对银行对账单的真实性保持警觉，必要时，亲自到银行获取对账单，并对获取过程保持控制；将获取的银行对账单余额与银行日记账余额进行核对，如存在差异，获取银行存款余额调节表；将被审计单位资产负债表日的银行对账单与银行询证函回函核对，确认是否一致。

② 取得并检查银行存款余额调节表。检查调节表中加计数是否正确，调节后银行存款日记账余额与银行对账单余额是否一致；检查调节事项。对于企业已收付、银行尚未入账的事项，检查相关收付款凭证，并取得期后银行对账单，确认未达账项是否存在，银行是否已于期后入账。对于银行已收付、企业尚未入账的事项，检查期后企业入账的收付款凭证，确认未达账项是否存在，如果企业的银行存款余额调节表存在大额或较长时间的未达账项，注册会计师应查明原因并确定是否需要提请被审计单位进行调整；关注长期未达账项，查看是否存在挪用资金等事项；特别关注银付企未付、企付银

未付中支付异常的领款事项,包括没有载明收款人、签字不全等支付事项,确认是否存在舞弊。

(5)函证银行存款余额。函证银行存款余额是证实资产负债表所列银行存款余额是否存在的重要程序。通过向往来银行进行函证,注册会计师不仅可了解企业资产的存在情况,还可了解企业所欠银行债务的情况,并有助于发现企业未入账的银行负债和未披露的或有负债。

注册会计师应当对银行存款(包括零余额账户和在本期内注销的账户)、借款及与金融机构往来的其他重要信息实施函证程序,除非有充分证据表明某一银行存款、借款及与金融机构往来的其他重要信息对财务报表不重要且与之相关的重大错报风险很低。如果不对这些项目实施函证程序,注册会计师应当在审计工作底稿中说明理由。

当实施函证程序时,注册会计师应当对询证函保持控制,当函证信息与银行回函结果不符时,注册会计师应当调查不符事项,以确定是否表明存在错报。

在实施银行函证时,注册会计师需要以被审计单位名义向银行发函询证,以验证被审计单位的银行存款是否真实、合法、完整。根据《关于进一步规范银行函证及回函工作的通知》(财会〔2016〕13号),各银行应对询证函列示的全部项目做出回应,并在收到询证函之日起10个工作日内,将回函直接寄往会计师事务所。审计业务银行询证函通用格式如下。

审计业务银行询证函(通用格式)

编号:

××(银行):

本公司聘请的××会计师事务所正在对本公司年度(或期间)的财务报表进行审计,按照中国注册会计师审计准则的要求,应当询证本公司与贵行相关的信息。下列第1~14项信息出自本公司的记录:

(1)如与贵行记录相符,请在本函"结论"部分签字、签章;
(2)如有不符,请在本函"结论"部分列明不符项目及具体内容,并签字和签章。

本公司谨授权贵行将回函直接寄至××会计师事务所,地址及联系方式如下:

回函地址:
联系人:　　　　　　电话:　　　　　　传真:　　　　　　邮编:
电子邮箱:

本公司谨授权贵行可从本公司××账户支取办理本询证函回函服务的费用。

截至_____年_____月_____日,本公司与贵行相关的信息列示如下:

1. 银行存款

账户名称	银行账号	币种	利率	账户类型	余额	起止日期	是否用于担保或存在其他使用限制	备注

除上述列示的银行存款外,本公司并无在贵行的其他存款。

注："起止日期"一栏仅适用于定期存款,如为活期或保证金存款,可只填写"活期"或"保证金"字样。"账户类型"列明账户性质,如基本户、一般户等。

2. 银行借款

借款人名称	银行账号	币种	余额	借款日期	到期日期	利率	抵(质)押品/担保人	备注

除上述列示的银行借款外,本公司并无在贵行的其他借款。

注:如存在本金或利息逾期未付行为,在"备注"栏中予以说明。

3. 自　　年　月　日起至　　年　月　日期间内注销的账户

账户名称	银行账号	币种	注销账户日

除上述列示的注销账户外,本公司在此期间并未在贵行注销其他账户。

4. 本公司作为贷款方的委托贷款

账户名称	银行账号	资金借入方	币种	利率	余额	贷款起止日期	备注

除上述列示的委托存款外,本公司并无通过贵行办理的其他委托存款。

注:如资金借入方存在本金或利息逾期未付行为,在"备注"栏中予以说明。

5. 本公司作为借款方的委托贷款

账户名称	银行账号	资金借出方	币种	利率	本金	利息	贷款起止日期	备注

除上述列示的委托贷款外,本公司并无通过贵行办理的其他委托贷款。

注:如存在本金或利息逾期未付行为,在"备注"栏中予以说明。

6. 担保(包括保函)

(1) 本公司为其他单位提供的、以贵行为担保受益人的担保。

被担保人	担保方式	担保金额	担保到期日	担保事由	担保合同编号	备注

除上述列示的担保外，本公司并无其他以贵行为担保受益人的担保。

注：如采用抵押或质押方式提供担保的，应在备注中说明抵押物或质押物情况。如被担保方存在本金或利息逾期未付行为，在"备注"栏中予以说明。

(2) 贵行向本公司提供的担保。

被担保人	担保方式	担保金额	担保到期日	担保合同编号	备注

除上述列示的担保外，本公司并无贵行提供的其他担保。

7. 本公司为出票人且由贵行承兑而尚未支付的银行承兑汇票

银行承兑汇票号码	承兑银行名称	结算账户账号	票面金额	出票日	到期日

除上述列示的银行承兑汇票外，本公司并无由贵行承兑而尚未支付的其他银行承兑汇票。

8. 本公司向贵行已贴现而尚未到期的商业汇票

商业汇票号码	汇款人名称	承兑人名称	票面金额	出票日	到期日	贴现日	贴现率	贴现净额

除上述列示的商业汇票外，本公司并无向贵行已贴现而尚未到期的其他商业汇票。

9. 本公司为持票人且由贵行托收的商业汇票

商业汇票号码	承兑人名称	票面金额	出票日	到期日

除上述列示的商业汇票外，本公司并无由贵行托收的其他商业汇票。

10. 本公司为申请人、由贵行开具的、未履行完毕的不可撤销信用证

信用证号码	受益人	信用证金额	到期日	未使用金额

除上述列示的不可撤销信用证外，本公司并无由贵行开具的、未履行完毕的其他不可

撤销信用证。

11. 本公司与贵行之间未履行完毕的外汇买卖合约

类　别	合约号码	买卖币种	未履行的合约买卖金额	汇率	交收日期
贵行卖予本公司					
本公司卖予贵行					

除上述列示的外汇买卖合约外，本公司并无与贵行之间未履行完毕的其他外汇买卖合约。

12. 本公司存放于贵行的有价证券或其他产权文件

有价证券或其他产权文件名称	产权文件编号	数　　量	金　　额

除上述列示的有价证券或其他产权文件外，本公司并无存放于贵行的其他有价证券或其他产权文件。

13. 本公司购买的由贵行发行的未到期银行理财产品

产品名称	产品类型	认购金额	购买日	到期日	币种

除上述列示的银行理财产品外，本公司并无购买其他由贵行发行的理财产品。

14. 其他

注：此项应填列注册会计师认为重大且应予函证的其他事项，如欠银行的其他负债或者或有负债、除外汇买卖外的其他衍生交易、贵金属交易等。

（预留印鉴）　年　月　日

经办人：

职务：

电话：

结论：

经本行核对，所函证项目与本行记载信息相符。特此函复。 　　　　　　　　　　　　　　　　　　　　　　年　　月　　日 　　　　　　　　经办人：　　　职务：　　　电话： 　　　　　　　　复核人：　　　职务：　　　电话： 　　　　　　　　　　　　　　（银行盖章）
经本行核对，存在以下不符之处 　　　　　　　　　　　　　　　　　　　　　　年　　月　　日 　　　　　　　　经办人：　　　职务：　　　电话： 　　　　　　　　复核人：　　　职务：　　　电话： 　　　　　　　　　　　　　　（银行盖章）

说明：

（1）本询证函（包括回函）中所列信息应严格保密，仅用于注册会计师审计目的。

（2）注册会计师可根据审计的需要，从本函所列第1～14项中选择所需询证的项目，对于不适用的项目，应当将该项目中的表格用斜线划掉。

（3）本函应由被审计单位加盖骑缝章。

（6）抽查大额银行存款的收支。抽查大额银行存款（含外埠存款，银行汇票存款、银行本票存款、信用卡存款、信用保证金存款）收支的原始凭证，检查原始凭证是否齐全、内容是否完整、有无授权批准、记账凭证与原始凭证是否相符、账务处理是否正确、是否记录于恰当的会计期间等项内容。检查是否存在非营业目的的大额货币资金转移，并核对相关账户的进账情况；如有与被审计单位生产经营无关的收支事项，应查明原因并做相应的记录。

（7）检查银行存款收支的截止。抽查资产负债表日前后若干天的银行存款收支凭证实施截止测试，关注业务内容与日期，如有跨期现象，应考虑是否提出调整建议。

（8）检查银行存款在资产负债表中的披露。根据《企业会计准则》的规定，企业的银行存款在资产负债表的"货币资金"项下反映。所以，注册会计师应在实施上述审计程序后，确定被审计单位银行存款账户的期末余额是否正确，进而确定银行存款是否在资产负债表中恰当披露。此外，如果企业的银行存款存在抵押、冻结等使用限制情况或者潜在回收风险，注册会计师应关注企业是否已经恰当披露有关情况。

▶ 3. 其他货币资金的实质性程序

其他货币资金包括定期存款、保证金存款，以及存出投资款等。其他货币资金的实质性程序如下。

（1）核对其他货币资金各明细账期末合计数与总账数。

（2）获取定期存款明细表。检查是否与账面记录金额一致，存款人是否为被审计单位，定期存款是否被质押或限制使用。

(3) 监盘定期存款凭据。如果被审计单位在资产负债表日有大额定期存款，基于对风险的判断考虑选择在资产负债表日实施监盘。

(4) 函证定期存款相关信息。

(5) 检查保证金存款。检查开立银行承兑汇票的协议或银行授信审批文件。可以将保证金账户对账单与相应的交易进行核对，根据被审计单位应付票据的规模合理推断保证金数额，检查保证金与相关债务的比例和合同约定是否一致，特别关注是否存在有保证金发生而被审计单位无对应保证事项的情形。

(6) 检查存出投资款。对于存出投资款，跟踪资金流向，并获取董事会决议等批准文件、开户资料、授权操作资料等。如果投资于证券交易业务，通常结合相应金融资产项目审计，核对证券账户名称是否与被审计单位相符，获取证券公司证券交易结算资金账户的交易流水，抽查大额的资金收支，关注资金收支的财务账面记录与资金流水是否相符。

(7) 检查其他货币资金在资产负债表中的披露。注册会计师应在实施上述审计程序后，确定其他货币资金账户的期末余额是否正确，是否在资产负债表上恰当披露。

二、以公允价值计量且其变动计入当期损益的金融资产审计

以公允价值计量且其变动计入当期损益的金融资产（以下简称交易性金融资产）是指企业为了近期出售而持有的金融资产。注册会计师应在实施资金活动（投资）控制测试后对交易性金融资产实施实质性程序。

（一）涉及的主要凭证和会计记录

交易性金融资产项目审计涉及的主要凭证和会计记录有股票或债券、经纪人通知单、债券契约、被投资企业的章程、与交易性金融资产有关的记账凭证、明细账和总账等。

（二）交易性金融资产的审计目标

交易性金融资产的审计目标一般包括：确定被审计单位资产负债表上的交易性金融资产在报表日是否存在；确定交易性金融资产是否归被审计单位所有；确定交易性金融资产增减变动的记录是否完整；确定交易性金融资产的计价和期末余额是否正确；确定交易性金融资产在资产负债表中的披露是否恰当。

（三）交易性金融资产的实质性程序

▶ 1. 获取交易性金融资产明细表

复核加计明细表是否正确，并与交易性金融资产总账余额和明细账合计数及报表数核对是否相符。

▶ 2. 监盘库存交易性金融资产

如果被审计单位自行保存交易性金融资产，注册会计师应监盘被审计单位的库存实有数，并与相关账户余额进行核对。如有差异，应查明原因，并做出记录或提出调整建议。

▶ 3. 函证交易性金融资产

向相关金融机构发函询证交易性金融资产期末数量及是否存在变现限制（与存出投资款一并函证），并记录函证过程。

▶ 4. 检查交易性金融资产增减变动

抽取股票、债券及基金等交易流水单等相关凭证及有关的交易记录，看原始凭证是否

完整合法，会计处理是否正确。

▶ 5. 检查交易性金融资产期末计价

从证券交易所等官方网站查阅报表日交易行情，复核交易性金融资产的期末公允价值是否合理，相关会计处理是否正确。

▶ 6. 检查交易性金融资产在资产负债表中的披露

略。

三、应收票据审计

商业汇票的款项具有一定的保证，经持有人背书后可以提交银行贴现，具有较大的灵活性。注册会计师应在实施销售业务控制测试后对应收票据实施实质性程序。

（一）涉及的主要凭证和会计记录

应收票据项目审计涉及的主要凭证和会计记录有商业汇票、客户订购单、销售单、发运凭证、销售发票、商品价目表，以及与应收票据有关的记账凭证、应收票据明细账和总账等。

▶ 1. 客户订购单

客户订购单即客户提出的书面购货要求。企业可以通过销售人员或其他途径，如采用电话、信函、邮件和向现有的及潜在的客户发送订购单等方式接受订货，取得客户订购单。

▶ 2. 销售单

销售单是列示客户所订商品的名称、规格、数量，以及其他与客户订购单有关信息的凭证，作为销售方内部处理客户订购单的凭据。

▶ 3. 发运凭证

发运凭证即在发运货物时填制的，用以反映发出商品的规格、数量和其他有关内容的凭据。发运凭证的一联留给客户，其余联（一联或数联）由企业保留，通常其中有一联由客户在收到商品时签署并返还给销售方，用作销售方确认收货人及向客户收取货款的依据。

▶ 4. 销售发票

销售发票通常包含已销售商品的名称、规格、数量、价格、销售金额等内容。以增值税发票为例，销售发票的抵扣联和发票联寄送给客户，记账联由企业保留。销售发票是会计账簿中登记销售交易的基本凭证之一。

▶ 5. 商品价目表

商品价目表是列示已经授权批准的、可供销售各种商品的价格清单。

（二）应收票据的审计目标

应收票据的审计目标一般包括：确定被审计单位资产负债表上的应收票据在报表日是否存在；确定应收票据是否归被审计单位所有；确定应收票据增减变动的记录是否完整；确定应收票据是否可收回；确定应收票据期末余额是否正确；确定应收票据在资产负债表中的披露是否恰当。

(三)应收票据的实质性程序

▶ 1. 获取应收票据明细表

复核加计明细表是否正确,并与应收票据总账余额和明细账合计数及报表数核对相符。应收票据明细表通常包括出票人姓名、出票日、到期日、金额和利率等资料。

▶ 2. 监盘库存票据

注册会计师监盘库存票据时,应注意商业票据的种类、号数、日期、票面金额、承兑人、背书人及利率等,是否与应收票据登记簿的记录相符,是否存在已作质押的票据和银行退回的票据。

▶ 3. 函证应收票据

抽取重要票据向出票人函证,以证实应收票据的存在性,并编制函证结果汇总表。

▶ 4. 复核带息票据利息、已贴现票据贴现息的计算

如果注册会计师计算的应计利息金额与账面所列利息金额不符,应查明原因。对于已贴现的应收票据,注册会计师应重新计算贴现息,审查已贴现应收票据的贴现额与贴现息的计算是否正确,会计处理是否适当。

▶ 5. 检查应收票据在资产负债表中的披露

注册会计师应检查被审计单位资产负债表中应收票据项目的数额是否剔除了已贴现票据,在财务报表附注中是否充分披露了应收票据内容。

四、应收账款审计

应收账款是企业因赊销货物或劳务而形成的债权。注册会计师应在实施销售业务控制测试后对应收账款实施实质性程序。

(一)涉及的主要凭证和会计记录

应收账款项目审计涉及的主要凭证和会计记录有客户订购单、销售单、发运凭证、销售发票、商品价目表、贷项通知单、账龄分析表、坏账核销审批表、客户对账单、汇款通知书,以及与应收账款有关的记账凭证、应收账款明细账和总账等。

▶ 1. 贷项通知单

贷项通知单是一种用来表示由于销售退回或经批准的折让而导致应收货款减少的单据,贷项通知单的格式通常与销售发票的格式类似。

▶ 2. 账龄分析表

通常,应收账款账龄分析表按月编制,反映月末应收账款总额的账龄区间,并详细反映每个客户月末应收账款金额和账龄。它也是常见的计提应收账款坏账准备的重要依据之一。

▶ 3. 坏账核销审批表

坏账核销审批表是一种用来批准将无法收回的应收款项作为坏账予以核销的单据。

▶ 4. 客户对账单

客户对账单是一种定期寄送给客户的用于购销双方核对账目的文件。客户对账单上通常注明应收账款的期初余额、本期销售交易的金额、本期已收到的货款、贷项通知单

的金额及期末余额等内容。对账单可能是月度、季度或年度的，取决于企业的经营管理需要。

▶ 5．汇款通知书

汇款通知书是一种与销售发票一起寄给客户，由客户在付款时再寄回销售单位的凭证。这种凭证注明了客户名称、销售发票号码、销售单位开户银行账号及金额等内容。

▶ 6．应收账款明细账

应收账款明细账是用来记录每个客户各项赊销、还款、销售退回及折让交易的明细账。

（二）应收账款的审计目标

应收账款的审计目标一般包括：确定被审计单位资产负债表上的应收账款在报表日是否存在；确定应收账款是否归被审计单位所有；确定应收账款及应收账款的坏账准备增减变动的记录是否完整；确定应收账款的坏账准备是否恰当；确定应收账款期末余额是否正确；确定应收账款及应收账款的坏账准备在资产负债表中的披露是否恰当。

（三）应收账款的实质性程序

▶ 1．获取应收账款明细表

注册会计师应复核加计应收账款明细表是否正确，并与应收账款总账余额和明细账合计数核对相符；结合坏账准备科目、预收账款科目与报表数核对是否相符。如果发现应收账款明细出现贷方余额的情形，注册会计师应查明原因，必要时建议做重分类调整，并在明细表中做出记录。

▶ 2．分析应收账款账龄

应收账款的账龄是指资产负债表中的应收账款从销售实现、产生应收账款之日起，至资产负债表日止所经历的时间。编制应收账款账龄分析表时，可以选择重要的顾客列示，不重要的或余额较小的客户可以汇总列示。应收账款账龄分析表参考格式如表 5-2 所示。

表 5-2　应收账款账龄分析表

年　月　日　　　　　　　　　　　　　　　　　货币单位：

客户名称	期末余额（借或贷）	账　龄			
		1 年以内	1～2 年	2～3 年	3 年以上
合计					

▶ 3．函证应收账款

应收账款函证是指注册会计师直接发函给被审计单位的债务人，要求核实被审计单位应收账款的记录是否正确的一种审计方法。函证的目的是证实应收账款账户余额的真实性、正确性，防止或发现被审计单位及被审计单位有关人员在销售交易中发生的差错或舞弊行为。除非有充分证据表明应收账款对被审计单位财务报表而言是不重要的，或者函证很可能是无效的，否则，注册会计师应当对应收账款进行函证。如果注册会计师不对应收账款进行函证，应当在审计工作底稿中说明理由。如果认为函证很可能是无效的，注册会计师应当实施替代审计程序，获取相关、可靠的审计证据。

注册会计师根据被审计单位提供的应收账款明细账（债务人）的名称及地址编制询证函并寄发。

（1）函证的数量（范围）和对象。注册会计师并不需要对被审计单位所有的应收账款进行函证。函证数量的多少可根据以下因素决定：①应收账款在全部资产中的重要性。如果应收账款在全部资产中所占的比重较大，则函证的数量应相应大一些。②被审计单位内部控制的强弱。如果内部控制系统较健全，则应减少函证量。反之，应相应扩大函证量。③以前期间的函证结果。若以前期间函证发现过重大差异或欠款纠纷较多，则应相应扩大函证量。

一般情况下，注册会计师应选择以下项目作为函证对象：大额或账龄较长的项目；与债务人发生纠纷的项目；关联方项目；主要客户；可能产生重大错报或舞弊的非正常的项目。

（2）函证的方式。注册会计师可采用积极的或消极的函证方式实施函证，也可将两种方式结合使用。《中国注册会计师审计准则第1312号——函证》提供的两种询证函格式如下：

积极式的参考格式 5-1

企业询证函

编号：

_____（公司）：

本公司聘请的××会计师事务所正在对本公司××××年度财务报表进行审计，按照中国注册会计师审计准则的要求，应当询证本公司与贵公司的往来账项等事项。下列数据出自本公司账簿记录，如与贵公司记录相符，请在本函下端"信息证明无误"处签章证明；如有不符，请在"信息不符"处列明不符金额。回函请直接寄至××会计师事务所。

回函地址：

邮编：　　　　电话：　　　　传真：　　　　联系人：

① 本公司与贵公司的往来账项列示如下：　　　　　　　　　　　　单位：元

截止日期	贵公司欠	欠贵公司	备注

② 其他事项

本函仅为复核账目之用，并非催款结算。若款项在上述日期之后已经付清，仍请及时函复为盼。

（公司盖章）
年　月　日

结论：① 信息证明无误

（公司盖章）
年　月　日
经办人：

② 信息不符，请列明不符的详细情况：

（公司盖章）
年　月　日
经办人：

积极式的参考格式 5-2

企业询证函

编号：

_____（公司）：

本公司聘请的××会计师事务所正在对本公司××××年度财务报表进行审计，按照中国注册会计师审计准则的要求，应当询证本公司与贵公司的往来账项等事项。请列示截至××××年×月×日贵公司与本公司往来款项余额。回函请直接寄至××会计师事务所。

回函地址：
邮编：　　　　电话：　　　　传真：　　　　联系人：

本函仅为复核账目之用，并非催款结算。若款项在上述日期之后已经付清，仍请及时函复为盼。

（公司盖章）
年　月　日

① 贵公司与本公司的往来账项列示如下：　　　　　　　　　　　　单位：元

截止日期	贵公司欠	欠贵公司	备　注

② 其他事项。

（公司盖章）
年　月　日
经办人：

消极式的参考格式 5-3

企业询证函

编号：

_____（公司）：

本公司聘请的××会计师事务所正在对本公司××××年度财务报表进行审计，按照中国注册会计师审计准则的要求，应当询证本公司与贵公司的往来账项等事项。下列数据出自本公司账簿记录，如与贵公司记录相符，则无须回复；如有不符，请直接通知会计师事务所，并请在空白处列明贵公司认为是正确的信息。回函请直接寄至××会计师事务所。

回函地址：

邮编：　　　　　　电话：　　　　　　传真：　　　　　　联系人：

①本公司与贵公司的往来账项列示如下：　　　　　　　　　　　　单位：元

截止日期	贵公司欠	欠贵公司	备　注

②其他事项。

本函仅为复核账目之用，并非催款结算。若款项在上述日期之后已经付清，仍请及时核对为盼。

（公司盖章）

年　月　日

××会计师事务所：

上面的信息不正确，差异如下：

（公司盖章）

年　月　日

经办人：

▶ 4. 检查未函证应收账款

由于注册会计师不可能对所有应收账款进行函证，因此，对于未函证的应收账款，注册会计师应抽查有关原始凭据，如销售合同、客户订购单、销售发票及发运凭证等（替代程序），以验证相关的应收账款的真实性。

▶ 5. 检查已收回的应收账款金额

对已收回金额较大的款项进行常规检查，如核对收款凭证、银行对账单等，并注意凭证发生日期的合理性。

▶ 6. 检查坏账的确认和处理

注册会计师应检查有无债务人破产或者死亡的，以及破产财产或遗产清偿后仍无法收回的，或者债务人三年以上未履行清偿义务的应收账款；检查被审计单位的坏账处理是否经授权批准（坏账核销审批表），有关会计处理是否正确。

▶ 7. 检查应收账款在资产负债表中的披露

除了《企业会计准则》要求的披露之外，如果被审计单位为上市公司，注册会计师还要评价资产负债表及其附注披露是否符合证券监管部门的特别规定。

应收账款报表数应该与应收账款明细账借方合计数减去与相应的坏账准备贷方数的余

额相符。

(四) 坏账准备的实质性程序

《企业会计准则》规定，企业应当在期末对应收款项进行检查，并合理预计可能产生的坏账损失。应收款项包括应收票据、应收账款、预付款项、其他应收款和长期应收款等，下面以应收账款相关的坏账准备为例，介绍坏账准备审计常用的实质性程序。

▶ 1. 获取坏账准备明细表

注册会计师应复核加计坏账准备明细表是否正确，并与坏账准备总账余额、明细账合计数核对是否相符。

▶ 2. 检查应收账款坏账准备的计提

注册会计师应检查坏账准备的计提方法和比例是否符合《企业会计准则》规定。取得书面报告等证明文件，结合应收账款函证回函结果，评价计提坏账准备所依据的资料，如计提的数额是否恰当，会计处理是否正确，并与资产减值损失相应明细项目的发生额核对是否相符。

▶ 3. 检查应收账款坏账损失

对于审计期间内发生的坏账损失，注册会计师应检查坏账条件是否符合有关规定，有无授权批准，有无已作坏账损失处理后又重新收回的应收款项，相应的会计处理是否正确。

▶ 4. 检查已经确认并转销的坏账重新收回的会计处理

略。

▶ 5. 检查应收账款坏账准备在资产负债表中的披露

企业应当在财务报表附注中清晰地说明坏账的确认标准、坏账准备的计提方法和计提比例，并应区分应收账款和其他应收款项目按账龄披露坏账准备的期末余额。

上市公司还应在财务报表附注中分项披露如下事项：

（1）本期全额计提坏账准备，或计提坏账准备的比例较大的（计提比例一般超过40%及以上的，下同），应说明计提的比例及理由；

（2）以前期间已全额计提坏账准备，或计提坏账准备的比例较大但在本期又全额或部分收回的，或通过重组等其他方式收回的，应说明原因、原估计计提比例的理由及原估计计提比例的合理性；

（3）本期实际冲销的应收款项及理由，其中，实际冲销的关联交易产生的应收账款应单独披露。

【例题 5.1】ABC 会计师事务所负责审计甲公司 2014 年度财务报表。审计项目组确定财务报表整体的重要性为 100 万元，明显微小错报的临界值为 5 万元。审计工作底稿中与函证程序相关的部分内容摘录如下。

（1）审计项目组在寄发询证函前，将部分被询证方的名称、地址与甲公司持有的合同及发票中的对应信息进行了核对。

（2）甲公司应付账款年末余额为 550 万元。审计项目组认为应付账款存在低估风险，选取了年末余额合计为 480 万元的两家主要供应商实施函证，未发现差异。

（3）审计项目组成员跟随甲公司出纳到乙银行实施函证。出纳到柜台办理相关事宜，审计项目组成员在等候区等候。

(4) 客户丙公司年末应收账款余额 100 万元，回函金额 90 万元。因差异金额高于明显微小错报的临界值，审计项目组据此提出了审计调整建议。

(5) 客户丁公司回函邮戳显示发函地址与甲公司提供的地址不一致。甲公司财务人员解释是由于丁公司有多处办公地址所致。审计项目组认为该解释合理，在审计工作底稿中记录了这一情况。

(6) 客户戊公司为海外公司。审计项目组收到戊公司境内关联公司代为寄发的询证函回函，未发现差异，结果满意。

要求：针对上述第(1)~(6)项，逐项指出审计项目组的做法是否恰当。如不恰当，简要说明理由。（2015 年注册会计师考题）

【答案及解析】

(1) 恰当。

(2) 不恰当，仅选取大金额主要供应商实施函证不能应对低估风险，还应选取小额或零余额账户。

(3) 不恰当，审计项目组成员应当观察函证的处理过程，需要在整个过程中保持对询证函的控制。

(4) 不恰当，审计项目组应当调查不符事项，以确定是否表明存在错报。

(5) 不恰当，审计项目组应当对该情况进行核实，口头解释证据不充分，还应实施其他审计程序。还可以直接与丁公司联系核实或者前往丁公司办公地点进行验证。

(6) 不恰当，未直接取得回函，影响回函的可靠性，应取得戊公司直接寄发的询证函。

五、预付款项审计

预付款项是企业按购货合同的规定，预先支付给供货单位的货款。注册会计师应在实施资金活动（营运资金）控制测试后对预付款项实施实质性程序。

(一) 涉及的主要凭证和会计记录

预付款项项目审计涉及的主要凭证和会计记录有：预付款合同、付款单、支票，以及与预付款项有关的记账凭证、明细账和总账。

(二) 预付款项的审计目标

预付款项的审计目标一般包括：确定被审计单位资产负债表上的预付款项在报表日是否存在；确定预付款项是否归被审计单位所有；确定预付款项及其坏账准备增减变动的记录是否完整；确定预付款项及其坏账准备的期末余额是否恰当；确定预付款项在资产负债表中的披露是否恰当。

(三) 预付款项的实质性程序

▶ 1. 取得预付款项明细表

注册会计师应复核加计明细表是否正确，并与预付款项明细账合计数和总账余额核对相符；结合坏账准备科目、应付账款科目与报表数核对是否相符。如果发现预付款项存在贷方余额，注册会计师应查明原因，必要时建议做重分类调整，并在明细表中做出记录。

2. 分析预付款项账龄

关注账龄超过1年的预付款项未结转的原因。确定是否存在无法收回的预付款项，或者因供货单位破产、撤销等原因已无法再收到所购货物的预付款项。如果是，应提请被审计单位做出必要调整。

3. 函证预付款项

选择大额或异常的预付款项，函证预付款项余额是否正确，并根据回函情况编制函证结果汇总表；对回函金额不符的，要查明原因，并做出记录或建议做适当调整；对未回函的可再次函证，也可采用替代审计程序进行检查，如检查该笔债权的相关凭证资料。

4. 检查预付款项在资产负债表中的披露

如果被审计单位是上市公司，通常应在公司财务报表附注中按不同账龄列示预付款项余额、各账龄余额占预付款项总额的比例；说明账龄超过一年的预付款项未收回的原因，以及持有5％以上(含5％)股份的股东单位预付款项等情况。

六、应收股利审计

注册会计师应在实施资金活动(投资)控制测试后对应收股利实施实质性程序。

(一) 涉及的主要凭证和会计记录

应收股利项目审计涉及的主要凭证和会计记录有：股票或有关的投资协议、被投资企业股东大会(股东会)决议、被投资企业的章程，以及与应收股利有关的记账凭证、明细账和总账等。

(二) 应收股利的审计目标

应收股利的审计目标一般包括：确定被审计单位资产负债表上的应收股利在报表日是否存在；确定应收股利是否归被审计单位所有；确定应收股利增减变动的记录是否完整；确定应收股利期末余额是否正确；确定应收股利的披露是否恰当。

(三) 应收股利的实质性程序

1. 取得应收股利明细表

注册会计师应复核加计明细表是否正确，并与应收股利总账余额和明细账合计数核对相符，与报表数核对是否相符。

2. 检查应收股利的计算

与长期股权投资、交易性金融资产、可供出售金融资产等相关项目的审计结合，验证确定应收股利的计算是否正确，检查会计处理是否正确。

3. 检查应收股利在资产负债表中的披露

略。

七、存货审计

存货项目审计在整个财务报表审计中占有十分重要的地位。存货内部控制主要包括存货数量的内部控制和存货单价的内部控制两方面。注册会计师应在完成资产管理(存货)控制测试后，基于控制测试的结果(控制运行是否有效)，确定是否需要对具体审计计划中设计的实质性程序的性质、时间安排和范围做出适当调整，并对存货实施实质性程序。

（一）涉及的主要凭证和会计记录

存货项目审计涉及的主要凭证和会计记录有：生产指令、领发料凭证、产量和工时记录单、工薪汇总表与工薪费用分配表、材料费用分配表、制造费用汇总与分配表、成本计算单、产成品入库单和出库单、存货盘点指令和盘点表、存货货龄分析表，以及有关存货的记账凭证、明细账和总账等。

▶ 1. 生产指令

生产指令又称"生产任务通知单"或"生产通知单"，是企业下达制造产品等生产任务的书面文件，用以通知供应部门组织材料发放，生产车间组织产品制造，会计部门组织成本计算。

▶ 2. 领发料凭证

领发料凭证是企业为控制材料发出所采用的各种凭证，如材料发出汇总表、领料单、限额领料单、领料登记簿、退料单等。

▶ 3. 产量和工时记录单

产量和工时记录是登记工人或生产班组在出勤时间内完成产品数量、质量和生产这些产品所耗费工时数量的原始记录。产量和工时记录的内容与格式是多种多样的，在不同的生产企业中，甚至在同一企业的不同生产车间中，由于生产类型不同而采用不同格式的产量和工时记录。常见的产量和工时记录主要有工作通知单、工序进程单、工作班产量报告、产量通知单、产量明细表、废品通知单等。

▶ 4. 工薪汇总表及工薪费用分配表

工薪汇总表是为了反映企业全部工薪的结算情况，并据以进行工薪总分类核算和汇总整个企业工薪费用而编制的，它是企业进行工薪费用分配的依据。工薪费用分配表反映了各生产车间各产品应负担的生产工人工薪及福利费。

▶ 5. 材料费用分配表

材料费用分配表是用来汇总反映各生产车间各产品所耗费的材料费用的原始记录。

▶ 6. 制造费用汇总与分配表

制造费用汇总与分配表是用来汇总反映各生产车间各产品所应负担的制造费用的原始记录。

▶ 7. 成本计算单

成本计算单是用来归集某一成本计算对象所应承担的生产费用，计算该成本计算对象的总成本和单位成本的记录。

▶ 8. 产成品入库单和出库单

产成品入库单是产品生产完成并经检验合格后从生产部门转入仓库的凭证。产成品出库单是根据经批准的销售单发出产成品的凭证。

▶ 9. 存货盘点指令、盘点表及盘点标签

一般制造型企业通常会定期对存货实物进行盘点，将实物盘点数量与账面数量进行核对，对差异进行分析调查，必要时进行账务调整，以确保账实相符。在实施存货盘点之

前,管理人员通常编制存货盘点指令,对存货盘点的时间、人员、流程及后续处理等方面做出安排。在盘点过程中,通常会使用盘点表记录盘点结果,使用盘点标签对已盘点存货及数量做出标识。

▶ 10. 存货货龄分析表

很多制造型企业通过编制存货货龄分析表,识别流动较慢或滞销的存货,并根据市场情况和经营预测,确定是否需要计提存货跌价准备。这对于管理具有保质期的存货(如食物、药品、化妆品等)尤其重要。

需要说明的是,存货涉及的主要业务活动大致包括:计划和安排生产;发出原材料;生产产品;核算产品成本;产成品入库及储存;发出产成品;存货盘点;计提存货跌价准备等。这八项业务活动可能存在的内部控制如下。

(1)对于计划和安排生产,有些被审计单位的内部控制要求,根据经审批的月度生产计划书,由生产计划经理签发预先按顺序编号的生产通知单。

(2)对于发出原材料,有些被审计单位的内部控制要求:领料单应当经生产主管批准,仓库管理员凭经批准的领料单发料,领料单一式三联,分别作为生产部门存根联、仓库联和财务联;仓库管理员应把领料单编号、领用数量、规格等信息输入计算机系统,经仓储经理复核并以电子签名方式确认后,系统自动更新材料明细台账。

(3)对于生产产品和核算产品成本,有些被审计单位的内部控制要求如下:生产成本记账员应根据原材料领料单财务联,编制原材料领用日报表,与计算机系统自动生成的生产记录日报表核对材料耗用和流转信息。由会计主管审核无误后,生成记账凭证并过账至生产成本及原材料明细账和总分类账;生产部门记录生产各环节所耗用工时数,包括人工工时数和机器工时数,并将工时信息输入生产记录日报表;每月末,由生产车间与仓库核对原材料和产成品的转出和转入记录,如有差异,仓库管理员应编制差异分析报告,经仓储经理和生产经理签字确认后交会计部门进行调整;每月末,由计算机系统对生产成本中各项组成部分进行归集,按照预设的分摊公式和方法,自动将当月发生的生产成本在完工产品和在产品之间按比例分配。同时,将完工产品成本在各不同产品类别之间分配,由此生成产品成本计算表和生产成本分配表。由生产成本记账员编制成生产成本结转凭证,经会计主管审核批准后进行账务处理。

(4)对于产成品入库和储存,有些被审计单位的内部控制要求:产成品入库时,质量检验员应检查并签发预先按顺序编号的产成品验收单,由生产小组将产成品送交仓库,仓库管理员应检查产成品验收单,并清点产成品数量,填写预先顺序编号的产成品入库单经质检经理、生产经理和仓储经理签字确认后,由仓库管理员将产成品入库单信息输入计算机系统,计算机系统自动更新产成品明细台账并与采购订购单编号核对;存货存放在安全的环境(如上锁、使用监控设备)中,只有经过授权的工作人员可以接触及处理存货。

(5)对于发出产成品,有些被审计单位可能设计以下内部控制要求:产成品出库时,由仓库管理员填写预先顺序编号的出库单,并将产成品出库单信息输入计算机系统,经仓储经理复核并以电子签名方式确认后,计算机系统自动更新产成品明细台账并与发运通知单编号核对;产成品装运发出前,由运输经理独立检查出库单、销售订购单和发运通知单,确定从仓库提取的商品附有经批准的销售订购单,并且所提取商品的内容与销售订购单一致；每月末，生产成本记账员根据计算机系统内状态为"已处理"的订购单数量，编制销售成本结转凭证，结转相应的销售成本，经会计主管审核批准后进行账务处理。

（6）对于盘点存货，有些被审计单位的内部控制要求：生产部门和仓储部门在盘点日前对所有存货进行清理和归整，便于盘点顺利进行；每一组盘点人员中应包括仓储部门以外的其他部门人员，即不能由负责保管存货的人员单独负责盘点存货。安排不同的工作人员分别负责初盘和复盘；盘点表和盘点标签事先连续编号，发放给盘点人员时登记领用人员。盘点结束后回收并清点所有已使用和未使用的盘点表和盘点标签；为防止存货被遗漏或重复盘点，所有盘点过的存货贴盘点标签，注明存货品名、数量和盘点人员，完成盘点前检查现场，确认所有存货均已贴上盘点标签；将不属于本单位的代其他方保管的存货单独堆放并做好标识；将盘点期间需要领用的原材料或出库的产成品分开堆放并做好标识；汇总盘点结果，与存货账面数量进行比较，调查分析差异原因，并对认定的盘盈和盘亏提出账务调整，经仓储经理、生产经理、财务经理和总经理复核批准后入账。

（7）对于计提存货跌价准备，有些被审计单位的内部控制要求：定期编制存货货龄分析表，管理人员复核该分析表，确定是否有必要对滞销存货计提存货跌价准备，并计算存货可变现净值，据此计提存货跌价准备；生产部门和仓储部门每月上报残次冷背存货明细，采购部门和销售部门每月上报原材料和产成品最新价格信息，财务部门据此分析存货跌价风险并计提跌价准备，由财务经理和总经理复核批准并入账。

（二）存货的审计目标

存货的审计目标一般包括：确定被审计单位资产负债表上的存货在报表日是否真实存在（存在认定）；确定存货是否归被审计单位所有（权利和义务认定）；确定存货增减变动是否均已入账（完整性认定）；确定存货计价和跌价准备计提是否准确（计价和分摊认定）；确定存货在资产负债表中的披露是否恰当。

（三）存货监盘

▶1. 存货监盘的含义

存货监盘是存货审计的一项核心审计程序，通常可同时实现存货的存在、完整性，以及权利和义务三项审计目标。根据《中国注册会计师审计准则第1311号——对存货、诉讼和索赔、分部信息等特定项目获取审计证据的具体考虑》，存货监盘是指注册会计师现场观察被审计单位存货盘点，并对已盘点存货进行适当检查。存货监盘有两层含义：一是注册会计师应亲临现场观察被审计单位存货的盘点；二是注册会计师应根据需要适当抽查已盘点存货。如果出现无法实施存货监盘的特殊情况，注册会计师应当实施必要的替代程序。

存货监盘可以用作控制测试或者实质性程序。注册会计师可以根据风险评估结果、审计方案和实施的特定程序做出判断。例如，如果只有少数项目构成了存货的主要部分，注册会计师可能选择将存货监盘用作实质性程序。

需要说明的是，尽管实施存货监盘，获取有关期末存货数量和状况的充分、适当的审计证据是注册会计师的责任，但这并不能取代被审计单位管理层定期盘点存货、合理确定存货的数量和状况的责任。

2. 存货监盘计划

1) 制订存货监盘计划的基本要求

注册会计师应当根据被审计单位存货的特点和存货内部控制的有效性等情况，在评价被审计单位存货盘点计划的基础上，编制存货监盘计划，对存货监盘做出合理安排。

注册会计师首先应当充分了解被审计单位存货的特点、盘存制度和存货内部控制的有效性等情况，并考虑获取、审阅和评价被审计单位预定的盘点程序。根据计划过程所搜集到的信息，有助于注册会计师合理确定参与监盘的地点及存货监盘的程序。

2) 制订存货监盘计划应做的工作准备

在编制存货监盘计划时，注册会计师应当实施下列审计程序：

(1) 了解存货的内容、性质、各存货项目的重要程度及存放场所。

(2) 了解与存货相关的内部控制。

(3) 评估与存货相关的重大错报风险。

(4) 查阅以前年度的存货监盘工作底稿。

(5) 实地查看存货的存放场所，特别是金额较大或性质特殊的存货。

(6) 考虑是否需要利用专家的工作或其他注册会计师的工作。

(7) 复核管理层存货盘点计划；盘点的时间安排；存货盘点范围和场所的确定；盘点人员的分工及胜任能力；盘点前的会议及任务布置；存货的整理和排列，包括区分毁损、过时及所有权不属于被审计单位的存货；存货的计量工具和计量方法；存放在外单位的存货的盘点安排；盘点期间存货移动的控制；盘点表单的设计、使用与控制。

与存货相关的内部控制涉及被审计单位供、产、销各个环节，包括采购、验收、仓储、领用、加工、装运出库等方面，还包括存货数量的盘存制度。被审计单位应当设置独立的部门负责验收货物，该部门具有验收存货实物、确定存货数量、编制验收报告、将验收报告传送至会计核算部门，以及运送货物至仓库等一系列职能。被审计单位应当使用适当的存储设施，以使存货免受意外损毁、盗窃或破坏。对存货领用方面，应当定期清点存货领用单。

注册会计师应当考虑实地察看被审计单位的存货存放场所，特别是金额较大或性质特殊的存货，这有助于注册会计师熟悉在库存货及在库存货的组织管理方式，也有助于注册会计师在盘点工作进行前发现潜在问题，如存在难以盘点的存货、周转缓慢的存货、过时存货、残次品以及代销存货。

注册会计师可能不具备其他专业领域专长与技能。在确定资产数量或资产实物状况（如砂堆），或在收集特殊类别存货（如艺术品、稀有玉石、房地产、电子器件、工程设计等）的审计证据时，注册会计师可以考虑利用专家的工作。

3) 存货监盘计划的主要内容

(1) 存货监盘的目标、范围及时间安排。存货监盘的目标是获取被审计单位资产负债表日有关存货数量和状况的审计证据，检查存货的数量是否真实完整，是否归属被审计单位，存货有无毁损、过时和短缺等状况；存货监盘的范围取决于存货的内容、性质，以及与存货相关的内部控制的完善程度和重大错报风险的评估结果；存货监盘的时间，包括实地察看盘点现场的时间、观察存货盘点的时间和对已盘点存货实施检查的时间等，应当与被审计单位实施存货盘点的时间相协调。

（2）存货监盘的要点及关注事项。存货监盘的要点主要包括注册会计师实施存货监盘程序的方法、步骤，各个环节应注意的问题及所要解决的问题。注册会计师需要重点关注的事项包括盘点期间的存货移动、存货的状况、存货的截止确认、存货的各个存放地点及金额等。

（3）参加存货监盘人员的分工。应当根据被审计单位参加存货盘点人员分工、分组情况、存货监盘工作量的大小和人员素质情况，确定参加存货监盘的审计人员组成，以及各组成人员的职责和具体的分工情况。

（4）抽盘存货的范围。注册会计师应当根据对被审计单位存货盘点和对被审计单位内部控制的评价结果确定抽盘存货的范围。在实施观察程序后，如果认为被审计单位内部控制设计良好且得到有效实施，存货盘点组织良好，可以相应缩小实施抽盘程序的范围。实务中，通常抽盘存货比例为15%左右。

▶ **3. 存货监盘程序**

在存货盘点现场实施监盘时，注册会计师应当实施以下审计程序：评价管理层用以记录和控制存货盘点结果的指令和程序；观察管理层制定的盘点程序的执行情况；检查存货；执行抽盘。

（1）评价管理层用以记录和控制存货盘点结果的指令和程序。一般而言，被审计单位在盘点过程中停止生产并关闭存货存放地点以确保停止存货的移动，有利于保证盘点的准确性。但特定情况下，被审计单位可能由于实际原因无法停止生产或收发货物。这种情况下，注册会计师可以根据被审计单位的具体情况考虑被审计单位无法停止存货移动的原因及合理性。

同时，注册会计师可以通过询问管理层及阅读被审计单位的盘点计划等方式，了解被审计单位对存货移动所采取的控制程序和对存货收发截止影响的考虑。例如，如果被审计单位在盘点过程中无法停止生产，可以考虑在仓库内划分出独立的过渡区域，将预计在盘点期间领用的存货移至过渡区域、对盘点期间办理入库手续的存货暂时存放在过渡区域，以此确保相关存货只被盘点一次。

在实施存货监盘程序时，注册会计师需要观察被审计单位有关存货移动的控制程序是否得到执行。同时，注册会计师可以向管理层索取盘点期间存货移动相关的书面记录及出、入库资料作为执行截止测试的资料，以为监盘结束的后续工作提供证据。

（2）观察管理层制定的盘点程序的执行情况。在被审计单位盘点存货前，注册会计师应当观察盘点现场，观察纳入盘点范围的存货是否已经适当整理和排列，并附有盘点标识。在实施存货监盘过程中，注册会计师应当跟随被审计单位安排的存货盘点人员，注意观察被审计单位事先制定的存货盘点计划是否得到了贯彻执行，盘点人员是否准确无误地记录了被盘点存货的数量和状况。

尽管盘点存货时最好能保持存货不发生移动，但在某些情况下存货的移动是难以避免的。如果在盘点过程中被审计单位的生产经营仍将持续进行，注册会计师应通过实施必要的检查程序，确定被审计单位是否已经对此设置了相应的控制程序，确保在适当的期间内对存货做出了准确记录。

注册会计师一般应当获取盘点日前后存货收发及移动的凭证，检查库存记录与会计记录期末截止是否正确。注册会计师在对期末存货进行截止测试时，通常应当关注：

① 所有在截止日以前入库的存货项目是否均已包括在盘点范围内，并已反映在截止日以前的会计记录中；任何在截止日期以后入库的存货项目是否均未包括在盘点范围内，也未反映在截止日以前的会计记录中。

② 所有在截止日以前装运出库的存货项目是否均未包括在盘点范围内，且未包括在截止日的存货账面余额中；任何在截止日期以后装运出库的存货项目是否均已包括在盘点范围内，并已包括在截止日的存货账面余额中。

③ 所有已确认为销售但尚未装运出库的商品是否均未包括在盘点范围内，且未包括在截止日的存货账面余额中；所有已记录为购货但尚未入库的存货是否均已包括在盘点范围内，并已反映在会计记录中。

注册会计师通常可观察存货的验收入库地点和装运出库地点以执行截止测试。在存货入库和装运过程中采用连续编号的凭证时，注册会计师应当关注截止日期前的最后编号。如果被审计单位没有使用连续编号的凭证，注册会计师应当列出截止日期以前的最后几笔装运和入库记录。如果被审计单位使用运货车厢或拖车进行存储、运输或验收入库，注册会计师应当详细列出存货场地上满载和空载的车厢或拖车，并记录这些车厢和拖车的存货状况。

（3）检查存货。在存货监盘过程中检查存货，虽然不一定能确定存货的所有权，但有助于确定存货的存在，以及识别过时、毁损或陈旧的存货。注册会计师应当把所有过时、毁损或陈旧存货的详细情况记录下来，这既便于进一步追查这些存货的处置情况，也能为测试被审计单位存货跌价准备计提的准确性提供证据。

（4）执行抽盘。在对存货盘点结果进行测试时，注册会计师可以从存货盘点记录中选取项目追查至存货实物，以及从存货实物中选取项目追查至盘点记录，以获取有关盘点记录准确性和完整性的审计证据。需要说明的是，注册会计师应尽可能避免让被审计单位事先了解将抽盘的存货项目。除记录注册会计师对存货盘点结果进行的测试情况外，获取管理层完成的存货盘点记录的复印件也有助于注册会计师日后实施审计程序，以确定被审计单位的期末存货记录是否准确地反映了存货的实际盘点结果。

注册会计师在实施抽盘程序时发现差异，很可能表明被审计单位的存货盘点在准确性或完整性方面存在错误。由于检查的内容通常仅仅是已盘点存货中的部分，所以在检查中发现的错误很可能意味着被审计单位的存货盘点还存在其他错误。一方面，注册会计师应当查明原因，并及时提请被审计单位更正；另一方面，注册会计师应当考虑错误的潜在范围和重大程度，在可能的情况下，扩大检查范围以减少错误的发生。注册会计师还可要求被审计单位重新盘点，重新盘点的范围可限于某一特殊领域的存货或特定盘点小组。

▶ 4. 特殊情况的处理

（1）存货的性质或位置导致无法实施存货监盘。在某些情况下，被审计单位存货的性质或位置等原因导致无法实施存货监盘。存货的特殊性质包括：存货涉及保密问题，如产品在生产过程中需要利用特殊配方或制造工艺；存货系危害性物质，如辐射性化学品或气体。存货的特殊位置包括在途存货、存放在公共场所的存货等。

如果在存货盘点现场实施存货监盘不可行，注册会计师应当实施替代审计程序，以获取有关存货的存在和状况的充分、适当的审计证据。实施的替代审计程序主要包括：检查进货交易凭证、生产记录及其他相关资料（如正式报告）；检查资产负债表日后发生的销货交易凭证；向第三方（如供应商）函证。

如果不能实施替代审计程序，或者实施替代审计程序可能无法获取有关存货的存在和状况的充分、适当的审计证据，注册会计师应当按照《中国注册会计师审计准则第1502号——在审计报告中发表非无保留意见》的规定发表非无保留意见。

（2）不可预见的情况导致无法实施存货监盘。比较典型的不可预见情况有两种：一是注册会计师无法亲临现场，即由于不可抗力导致注册会计师无法到达存货存放地实施存货监盘；二是气候因素，即由于恶劣的天气导致注册会计师无法实施存货监盘程序，或由于恶劣的天气无法观察存货，如木材被积雪覆盖。

如果由于不可预见的情况无法在存货盘点现场实施监盘，注册会计师应当另择日期实施监盘，并对间隔期内发生的交易实施审计程序。

（3）由第三方保管或控制的存货。由第三方保管或控制的存货对财务报表是重要的，注册会计师应当实施下列一项或两项审计程序，以获取有关该存货存在和状况的充分、适当的审计证据：

① 向持有被审计单位存货的第三方函证存货的数量和状况。

② 实施检查或其他适合具体情况的审计程序。

其他适合具体情况的审计程序可以作为函证的替代程序，也可以作为追加的审计程序。其他适合具体情况的审计程序示例包括：实施或安排其他注册会计实施对第三方的存货监盘；获取其他注册会计师或服务机构注册会计师针对用以保证存货得到恰当盘点和保管的内部控制的适当性而出具的报告；检查与第三方持有的存货相关的文件记录，如仓储单；当存货被作为抵押品时，要求其他机构或人员进行确认。

在实务中，注册会计师可以事先考虑实施函证的可行性。如果预期不能通过函证获取相关审计证据，可以事先计划和安排存货监盘等工作。

（四）存货计价测试

存货监盘主要是对存货的结存数量予以确认。为验证资产负债表上存货余额的真实性，还必须对存货的计价进行审计。存货计价测试包括两个方面：一是存货单位成本测试；二是存货跌价损失准备测试。

在对存货的计价实施细节测试之前，注册会计师通常先要了解被审计单位本年度的存货计价方法与以前年度是否保持一致。如发生变化，要了解变化的理由是否合理，是否经过适当的审批。

▶ 1. 存货单位成本测试

对原材料的单位成本，注册会计师通常基于企业的原材料计价方法（如先进先出发、加权平均法等），结合原材料的历史购买成本，测试企业的账面成本是否准确，测试程序包括核对原材料采购的相关凭证（如合同、采购订单、发票等），以及验证原材料计价方法的运用是否正确。

对产成品和在产品的单位成本，注册会计师需要对成本核算过程实施测试，包括直接材料成本测试、直接人工成本测试、制造费用测试和生产成本在当期完工产品与在产品之间分配的测试四项内容。

(1) 直接材料成本测试。对采用定额单耗的企业，可选择某一成本报告期若干种具有代表性的产品成本计算单，获取样本的生产指令或产量统计记录，以及企业的直接材料单位消耗定额，根据材料明细账或采购业务测试工作底稿中各该直接材料的单位实际成本，计算直接材料的总消耗量和总成本，与该样本成本计算单中的直接材料成本核对；对未采用定额单耗的企业，可获取材料费用分配汇总表、材料发出汇总表（或领料单）、材料明细账（或采购业务测试工作底稿）中各该直接材料的单位成本，进行如下检查：成本计算单中直接材料成本与材料费用分配汇总表中该产品负担的直接材料费用是否相符，分配标准是否合理。将抽取的材料发出汇总表或领料单中若干种直接材料的发出总量和各该种材料的实际单位成本之积，与材料费用分配汇总表中各该种材料费用进行比较。

对采用标准成本法的企业，获取样本的生产指令或产量统计记录、直接材料单位标准用量、直接材料标准单价及发出材料汇总表或领料单，检查下列事项：根据生产量、直接材料单位标准用量和标准单价计算的标准成本，与成本计算单中的直接材料成本核对是否相符；直接材料成本差异的计算与账务处理是否正确。

(2) 直接人工成本测试。对采用计时工资制的企业，获取样本的实际工时统计记录、员工分类表和员工工薪手册中的工资率及人工费用分配汇总表，进行如下检查：将成本计算单中直接人工成本与人工费用分配汇总表中该样本的直接人工费用核对是否相符；将样本的实际工时统计记录与人工费用分配汇总表中该样本的实际工时核对是否相符；抽取生产部门若干天的工时台账，与实际工时统计记录核对是否相符；当没有实际工时统计记录时，则可根据员工分类表及员工工薪手册中的工资率，计算复核人工费用分配汇总表中该样本的直接人工费用是否合理。

对采用计件工资制的企业，获取样本的产量统计报告、个人（小组）产量记录和经批准的单位工薪标准或计件工资制度，检查下列事项：将根据样本的统计产量和单位工薪标准计算的人工费用与成本计算单中直接人工成本核对是否相符；抽取若干个直接人工（小组）的产量记录，检查是否被汇总计入产量统计报告。

对采用标准成本法的企业，获取样本的生产指令或产量统计报告、工时统计报告和经批准的单位标准工时、标准工时工资率、直接人工的工薪汇总表等资料，检查下列事项：将根据产量和单位标准工时计算的标准工时总量和标准工时工资率之积，与成本计算单中直接人工成本核对是否相符；检查直接人工成本差异的计算与账务处理是否正确，并注意直接人工的标准成本在当年内有无重大变更。

(3) 制造费用测试。获取样本的制造费用分配汇总表、按项目分列的制造费用明细账、与制造费用分配标准有关的统计报告，以及与这些表格、数据、报告等相关的原始记录，进行如下检查：将制造费用分配汇总表中，样本分担的制造费用与成本计算单中的制造费用核对是否相符；将制造费用分配汇总表中的合计数与样本所属成本报告期的制造费用明细账总计数核对是否相符；将制造费用分配汇总表选择的分配标准（如机器工时数、产量等）与相关的统计报告或原始记录核对是否相符，并对费用分配标准的合理性做出评估；如果企业采用预计费用分配率分配制造费用，则应针对制造费用分配过多或过少的差额，检查企业是否做了适当的账务处理；如果企业采用标准成本法，则应检查样本中标准制造费用的确定是否合理，计入成本计算单的数额是否正确，制造费用差异的计算与账务处理是否正确，并注意标准制造费用在当年度内有无重大变更。

(4) 生产成本在当期完工产品与在产品之间分配的测试。检查成本计算单中在产品数量与生产统计报告或在产品盘存表中的数量是否一致；检查在产品约当产量计算或其他分配标准是否合理；计算复核样本的总成本和单位成本。

▶ 2. 存货跌价损失准备测试

(1) 识别需要计提跌价损失准备的存货项目。注册会计师可以通过询问管理层和相关部门(生产、仓储、财务、销售等)员工，了解被审计单位如何收集有关滞销、过时、陈旧、毁损、残次存货的信息，并为之计提必要的跌价损失准备。如被审计单位编制存货货龄分析表，则可以通过审阅存货货龄分析表识别滞销或陈旧的存货。此外，注册会计师还要结合存货监盘过程中检查存货状况而获取的信息，以判断被审计单位的存货跌价损失准备计算表是否有遗漏。

(2) 检查可变现净值的计量是否合理。在存货计价审计中，由于被审计单位对期末存货采用成本与可变现净值孰低的方法计价，所以注册会计师应充分关注被审计单位对存货可变现净值的确定及存货跌价准备的计提。

可变现净值是指企业在日常活动中，存货的估计售价减去至完工时估计将要发生的成本、估计的销售费用及相关税费后的金额。企业确定存货的可变现净值，应当以取得的确凿证据为基础，并且考虑持有存货的目的及资产负债表日后事项的影响等因素。

【例题 5.2】ABC 会计师事务所的 A 注册会计师负责审计甲公司等多家被审计单位 2015 年度财务报表。与存货审计相关事项如下。

(1) 在对甲公司存货实施监盘时，A 注册会计师在存货盘点现场评价了管理层用以记录和控制存货盘点结果的程序，认为其设计有效。A 注册会计师在检查存货并执行抽盘后结束了现场工作。

(2) 因乙公司存货品种和数量均较少，A 注册会计师仅将监盘程序用作实质性程序。

(3) 丙公司 2015 年末已入库未收到发票而暂估的存货金额占存货总额的 30%，A 注册会计师对存货实施了监盘，测试了采购和销售交易的截止，均未发现差错，据此认为暂估的存货记录准确。

(4) 丁公司管理层未将以前年度已全额计提跌价准备的存货纳入本年末盘点范围，A 注册会计师检查了以前年度的审计工作底稿，认可了管理层的做法。

(5) 己公司管理层规定，由生产部门人员对全部存货进行盘点，再由财务部门人员抽取 50% 进行复盘，A 注册会计师对复盘项目执行抽盘，未发现差异，据此认可了管理层的盘点结果。

要求：针对上述第(1)~(5)项，逐项指出 A 注册会计师做法是否恰当。如不恰当，简要说明理由。(2016 年注册会计师考题)

【答案及解析】

(1) 不恰当，A 注册会计师在实施存货监盘时应当观察管理层制定的盘点程序的执行情况。

(2) 恰当。

(3) 不恰当，A 注册会计师应当检查暂估存货的金额。

(4) 不恰当，存货监盘是检查存货的存在，已全额计提跌价的存货价值虽然为零，但数量仍存在，应该纳入盘点范围。

(5) 不恰当，抽盘的总体不完整，应该对全部已盘点存货进行抽盘，并尽可能避免让被审计单位了解将抽盘的项目。

(五) 存货项目的实质性程序

存货项目包括原材料、生产成本、库存商品、周转材料等具体项目。下面以原材料为例介绍存货项目审计常用的实质性程序。

(1) 获取原材料明细表。复核加计明细表，并与原材料总账余额、明细账合计数、材料入库台账或卡片记录核对，结合存货其他具体项目与报表数核对是否相符。

(2) 实施实质性分析程序。将期末原材料余额与上期期末余额进行比较，关注期末材料余额的波动原因，并对大额异常项目进行调查。

(3) 监盘原材料。按照前述"存货监盘"执行。监盘中，如发现期末有原材料到库而单据未到的情况，应检查是否已暂估入账，并确定暂估价是否合理。

实施截止测试时，检查资产负债表日前后若干天的原材料增减变动记录和原始凭证，看有无跨期现象，并对存在的跨期现象做出记录，必要时提出调整建议。

(4) 测试原材料计价。按照前述"存货计价测试"执行。在以实际成本计价时，应将原材料的单位成本与购货发票核对；在以计划成本计价时，应将原材料的单位成本与被审计单位制订的计划成本核对。根据被审计单位原材料计价方法，抽查年末结存量较大的原材料计价是否正确。若原材料以计划成本计价，还应检查材料成本差异的发生额和分摊额是否正确。

(5) 检查原材料在资产负债表中的披露。

注册会计师应在实施上述审计程序后，确定原材料的期末余额是否正确，结合原材料跌价情况确定原材料在资产负债表"存货"项下的披露是否恰当。

八、长期股权投资审计

长期股权投资包括企业持有的能够对被投资单位实施控制的权益性投资，即对子公司的投资；企业持有的能够与其他合营方一同对被投资单位实施共同控制的权益性投资，即对合营企业的投资；企业持有的能够对被投资单位施加重大影响的权益性投资，即对联营企业的投资；企业对被投资单位不具有控制、共同控制或重大影响，且在活跃市场中没有报价、公允价值不能可靠计量的权益性投资。注册会计师应在完成资金活动（投资）控制测试后对长期股权投资实施实质性程序。

(一) 涉及的主要凭证和会计记录

长期股权投资项目审计涉及的主要凭证和会计记录有：股票、经纪人通知书、投资协议、被投资企业的章程，以及与长期股权投资有关的记账凭证、明细账和总账等。

(二) 长期股权投资的审计目标

长期股权投资的审计目标一般包括：确定被审计单位资产负债表上的长期股权投资在

报表日是否存在；确定长期股权投资是否归被审计单位所有；确定长期股权投资增减变动的记录是否完整；确定长期股权投资的期末余额是否正确、减值准备是否恰当；确定长期股权投资在资产负债表中的披露是否恰当。

(三) 长期股权投资的实质性程序

▶ 1. 取得长期股权投资明细表

复核加计明细表是否正确，并与长期股权投资总账余额和明细账合计数核对，结合长期股权投资减值准备科目与报表数核对是否相符。

▶ 2. 函证长期股权投资

对于重大的投资，应向被投资单位函证被审计单位的投资额、持股比例和被投资单位盈利及发放股利等情况。

▶ 3. 检查长期股权投资的核算方法

首先，注册会计师应检查被审计单位选用的核算方法是否符合规定。其次，对于应采用权益法核算的长期股权投资，获取被投资单位已经中国注册会计师审计的年度财务报表，如果未经中国注册会计师审计，则应考虑对被投资单位的财务报表实施适当的审计或审阅程序；对于采用成本法核算的长期股权投资，检查股利分配的原始凭证及分配决议等资料，确定会计处理是否正确。

▶ 4. 检查本期增加或减少的长期股权投资

追查至原始凭证及相关的文件或决议及被投资单位验资报告或财务资料等，确认长期股权投资增加符合投资合同、协议的规定，会计处理是否正确。对于减少的长期股权投资，追查至原始凭证，确认长期股权投资减少的理由及授权批准手续，会计处理是否正确。

▶ 5. 检查长期股权投资减值

期末对长期股权投资进行逐项检查，以确定长期股权投资是否已经发生减值。对长期股权投资逐项进行检查，根据被投资单位经营政策、法律环境的变化、市场需求的变化、行业的变化、盈利能力等各种情形，予以判断长期股权投资是否存在减值迹象。确有出现导致长期股权投资可收回金额低于账面价值的，将可收回金额低于账面价值的差额作为长期股权投资减值准备予以计提。并与被审计单位已计提数相核对，如有差异，查明原因。

▶ 6. 检查长期股权投资在资产负债表中的披露

略。

九、固定资产审计

注册会计师应在完成资产管理（固定资产）控制测试后对固定资产实施实质性程序。

(一) 涉及的主要凭证和会计记录

固定资产审计涉及的主要凭证和会计记录有请购单、订购单、验收及入库单、卖方发票、付款凭单、支票，以及与固定资产有关的记账凭证、明细账和总账等。

▶ 1. 请购单

请购单由生产、仓库等相关部门的有关人员填写，送交采购部门，是申请购买商品、劳务和其他资产的书面凭据。

▶ 2. 订购单

订购单由采购部门填写，经适当的管理层审核后发送供应商，是向供应商购买订购单上所指定的商品、劳务和其他资产的书面凭据。

▶ 3. 验收及入库单

验收单是收到货物时所编制的凭据，列示通过质量检验的、从供应商处收到的货物种类和数量等内容。入库单是由仓库管理人员填写的验收合格品入库的凭证。

▶ 4. 卖方发票

卖方发票(供应商发票)是供应商开具的，交给买方以载明发运的货物或提供的劳务、应付款金额和付款条件等事项的凭证。

▶ 5. 付款凭单

付款凭单是采购方企业的应付凭单部门编制的，载明已收到的商品、资产或接受的劳务、应付款金额和付款日期的凭证。付款凭单是采购方企业内部记录和支付负债的授权证明文件。

(二) 固定资产的审计目标

固定资产的审计目标一般包括：确定被审计单位资产负债表上的固定资产在报表日是否存在；确定固定资产是否归被审计单位所有或控制；确定固定资产增减变动的记录是否完整；确定固定资产累计折旧和减值准备是否恰当；确定固定资产的期末余额是否正确；确定固定资产在资产负债表中的披露是否恰当。

(三) 固定资产的实质性程序

▶ 1. 取得固定资产及其累计折旧分类汇总表

分类汇总表包括固定资产与累计折旧两部分，复核加计汇总表是否正确，并与固定资产总账余额和明细账合计数核对相符，结合累计折旧、减值准备科目与报表数核对是否相符。

▶ 2. 检查固定资产的所有权

注册会计师应查阅合同契约、产权证书、财产税单、保险单等书面文件；对于融资租入的固定资产，应验证有关租赁合同，证实该固定资产确属融资租赁；对于汽车等运输设备，则应验证有关运营证件等；对受留置权限制的固定资产，通常审核被审计单位的有关负债项目等予以证实。

▶ 3. 检查本期固定资产的增加

固定资产的增加方式主要是购买与自制。注册会计师通过单据核对、实地检查和分析程序的综合运用，来证实固定资产的增加。

审查购买的固定资产，一般实施以下子程序：①审查购买固定资产的批准文件，以查明购买固定资产的行为是否经合法的授权批准。②审查核对卖方发票，尤其是卖方名称、购买日期、价格和资产的说明书。③审查固定资产的验收报告。④审查购进土地、房屋等的契约和结算单，以确定土地和房屋所有权的归属。⑤实地观察购进的固定资产。⑥确定企业估计的固定资产使用年限和残值是否合理。⑦验证购进固定资产时支付的搬运费、检修费、安装费等其他费用。

审查自制的固定资产，一般实施以下子程序：①审查建设项目的批准文件，以查明建设项目是否经合法的授权批准，是否符合企业既定的方针政策。②审查建设项目中购进物资的发票。③审查劳务费用记录。④审查间接费用的分摊。⑤审查已建成项目工程结算是否正确，并追查记入固定资产账户的金额是否正确。⑥确定企业估计的固定资产使用年限和残值是否合理。⑦对自建项目进行实地观察。

▶ 4. 检查固定资产的计价

固定资产一般按成本模式计价，注册会计师应按不同来源对固定资产计价进行审查：对于购进的固定资产，应追查购买的原始凭证，检查固定资产的买价、运杂费和安装费等是否真实，要注意应计入固定资产的有关费用是否漏记，不该计入固定资产的费用是否计入；对于自建的固定资产，要检查建造过程中的全部支出是否真实，特别是贷款建造的利息处理是否划分了资本性支出与收益性支出；对于扩建、改建的固定资产，应注意变价收入是否计入固定资产的价值；对于其他单位投资的固定资产，应注意该固定资产的评估价值是否真实可靠。

▶ 5. 检查本期固定资产的减少

结合固定资产清理科目，抽查固定资产账面转销额是否正确；检查出售、盘亏、转让、报废或毁损的固定资产是否经授权批准，会计处理是否正确；检查因修理、更新改造而停止使用的固定资产的会计处理是否正确；检查投资转出固定资产的会计处理是否正确；检查债务重组或非货币性资产交换转出固定资产的会计处理是否正确。

▶ 6. 监盘固定资产

通过监盘（参照"存货监盘"执行）确定固定资产是否存在，关注是否存在已报废但仍挂账的固定资产。在监盘过程中，注册会计师可以以固定资产明细账为起点，进行实地追查，以证明会计记录中所列固定资产确实存在，并了解该固定资产目前的使用情况；也可以以实地为起点，追查至固定资产明细账，以获取实际存在的固定资产均已入账的证据。

▶ 7. 检查固定资产后续支出的核算

《企业会计准则》规定，固定资产包含的经济利益很可能流入企业，且该固定资产的成本能够可靠计量，与该固定资产有关的后续支出应当计入固定资产成本；否则，应当将后续支出计入当期损益。

▶ 8. 检查本期固定资产累计折旧

注册会计师应对固定资产累计折旧实施以下子程序：

（1）检查被审计单位制定的折旧政策和方法是否符合相关会计准则的规定，确定被审计单位所采用的折旧方法能否在固定资产预计使用寿命内合理分摊成本，前后期是否一致，预计使用寿命和预计净残值是否合理。

（2）复核本期折旧费用的计提和分配。

（3）检查累计折旧的减少是否合理、会计处理是否正确。

▶ 9. 检查本期固定资产减值准备

被审计单位应当在资产负债表日判断固定资产是否存在可能发生减值的迹象。根据《企业会计准则第8号——资产减值》的规定，如存在下列迹象，表明固定资产可能发生了减值：固定资产的市价当期大幅度下跌，跌幅明显高于因时间的推移或正常使用而预计的下跌；企业经营所处的经济技术或者法律等环境及固定资产所处的市场，在当期或者将在近期发生重大变化，从而对企业产生不利影响；市场利率或者其他市场投资回报率在当期已经提高，从而影响企业计算固定资产预计未来现金流量现值的折现率，导致固定资产可收回金额大幅度降低；有证据表明固定资产陈旧过时或者固定资产的实体已经损坏；固定资产已经或者将被闲置、终止使用或者计划提前处置；企业内部报告的证据表明固定资产的经济绩效已经低于或者将低于预期，如固定资产所创造的净现金流量或者实现的营业利润（或者损失）远远低于（或者高于）预计金额等；其他表明固定资产可能已经发生减值的迹象。

注册会计师应对固定资产减值准备实施以下子程序：

(1) 检查被审计单位计提固定资产减值准备的依据是否充分，会计处理是否正确。

(2) 获取闲置固定资产的清单，并观察闲置固定资产的实际状况，识别是否存在减值迹象。

(3) 计算本期末固定资产减值准备占期末固定资产原值的比率，并与期初该比率比较，分析固定资产的质量状况。

(4) 检查被审计单位处置固定资产时原计提的减值准备是否同时结转，会计处理是否正确。

(5) 检查是否存在转回固定资产减值准备的情况（按照《企业会计准则》的规定，固定资产减值损失一经确认，在以后会计期间不得转回）。

▶ 10. 检查固定资产在资产负债表中的披露

根据《企业会计准则》的规定，企业应在资产负债表附注中披露：

(1) 固定资产的标准、分类、计价方法和折旧方法；

(2) 融资租入固定资产的计价方法；

(3) 固定资产的预计使用寿命和预计净残值；

(4) 对固定资产所有权的限制及金额（这一披露要求是指企业因贷款或其他原因而以固定资产进行抵押、质押或担保的类别、金额、时间等情况）；

(5) 已承诺将为购买固定资产支付的金额；

(6) 暂时闲置的固定资产账面价值（这一披露要求是指企业应披露暂时闲置的固定资产账面价值，导致固定资产暂时闲置的原因，如开工不足、自然灾害或其他情况等）；

(7) 已提足折旧仍继续使用的固定资产账面价值；

(8) 已退废和准备处置的固定资产账面价值。

如果企业计提了固定资产减值准备，根据《企业会计准则》的规定，企业应当在财务报表附注中披露：

① 当期确认的固定资产减值损失金额；

② 企业计提的固定资产减值准备累计金额。如果发生重大固定资产减值损失，应当说明导致重大固定资产减值损失的原因，固定资产可收回金额的确定方法，以及当期确认的重大固定资产减值损失的金额。

如果被审计单位是上市公司，则通常应在财务报表附注中按类别分项列示固定资产及累计折旧的期初余额、本期增加额、本期减少额及期末余额；说明固定资产中存在的在建工程转入、出售、置换、抵押或担保等情况；披露通过融资租赁租入的固定资产每类租入资产的账面原值、累计折旧、账面净值；披露通过经营租赁租出的固定资产每类租出资产的账面价值；计提了固定资产减值准备的，还应分项列示计提的固定资产减值准备金额、增减变动情况及计提的原因。

十、短期借款

负债项目的审计主要关注企业低估债务。注册会计师应在完成被审计单位资金活动（筹资）控制测试后对短期借款实施实质性程序。

（一）涉及的主要凭证和会计记录

短期借款审计涉及的主要凭证和会计记录有借款合同或协议、进账单，以及与短期借款有关的记账凭证、明细账和总账。

（二）短期借款的审计目标

短期借款的审计目标一般包括：确定被审计单位资产负债表上的短期借款在报表日是否存在；确定短期借款是否为被审计单位所承担的义务；确定短期借款增减变动的记录是否完整；确定短期借款的期末余额是否正确；确定短期借款在资产负债表中的披露是否恰当。

（三）短期借款的实质性程序

▶ 1. 取得短期借款明细表

复核加计明细表，并与短期借款总账余额和明细账合计数及报表数核对是否相符。

▶ 2. 函证短期借款

注册会计师应对期末短期借款余额较大或认为必要时向银行或其他债权人函证短期借款，确定短期借款的实有数。

▶ 3. 检查短期借款的增减

对年度内增加的短期借款，注册会计师应检查借款合同和授权批准，了解借款数额、借款条件、借款日期、还款期限、借款利率，并与相关会计记录进行核对。对年度内减少的短期借款，注册会计师应检查相关记录和原始凭证，核实还款数额。

▶ 4. 检查有无到期未偿还的短期借款

注册会计师应检查相关记录和原始凭证，检查被审计单位有无到期未偿还的短期借款。如有，则应查明是否已向银行提出申请并经同意后办理延期手续。

▶ 5. 复核短期借款利息

注册会计师应根据短期借款的利率和期限，复核被审计单位短期借款的利息计算是否正确，有无多算或少算利息的情况。如有未计利息和多计利息，应做出记录，必要时提出调整建议。

▶ 6. 检查短期借款在资产负债表中的披露

企业的短期借款应在资产负债表上"短期借款"项目单独列示，对于因抵押而取得的短期借款，应在资产负债表附注中揭示。

十一、应付票据审计

应付票据是指企业根据购货合同等因延期付款所开出、承兑的商业汇票,包括银行承兑汇票和商业承兑汇票。注册会计师应在完成采购业务控制测试后对应付票据实施实质性程序。

(一) 涉及的主要凭证和会计记录

应付票据审计涉及的主要凭证和会计记录有请购单、订购单、验收及入库单、卖方发票、商业汇票,以及与应付票据有关的记账凭证、明细账和总账。

(二) 应付票据的审计目标

应付票据的审计目标一般包括:确定被审计单位资产负债表上的应付票据在报表日是否存在;确定应付票据是否为被审计单位的偿还义务;确定应付票据的发生和偿还记录是否完整;确定应付票据的计价是否恰当、期末余额是否正确;确定应付票据在资产负债表中的披露是否恰当。

(三) 应付票据的实质性程序

▶ 1. 取得应付票据明细表

应付票据明细表一般应列示票据类别及编号、出票日期、面额、到期日、收款人名称、利息率、付息条件等。复核加计明细表是否正确,并与应付票据总账余额和明细账合计数及报表数核对是否相符。

▶ 2. 函证应付票据

注册会计师可以通过向债权人函证获得有关证据验证报表日应付票据余额。询证函通常应包括出票日、到期日、票面金额、利息率等内容。

▶ 3. 检查应付票据备查簿

略。

▶ 4. 复核计算带息应付票据利息

略。

▶ 5. 检查应付票据在资产负债表中的披露

如果被审计单位是上市公司,则被审计单位的财务报表附注通常应披露持有 5% 以上(含 5%)股份的股东单位的应付票据等内容。

十二、应付账款审计

应付账款是企业在正常经营过程中,因购买材料、商品和接受劳务供应等经营活动而应付给供应商的款项。注册会计师应在完成采购业务控制测试后对应付账款实施实质性程序。

(一) 涉及的主要凭证和会计记录

应付账款审计涉及的主要凭证和会计记录有:请购单、订购单、验收及入库单、卖方发票、付款凭单,以及与应付账款有关的记账凭证、明细账和总账。相应涉及的主要业务活动如下。

▶ 1. 请购商品和劳务

生产部门根据采购计划、对需要购买的已列入存货清单的原材料等项目填写请购单，其他部门也可以对所需要购买的商品或劳务编制请购单。大多数企业对正常经营所需物资的购买均作一般授权，例如，生产部门在现有库存达到再订购点时就可提出采购申请，其他部门也可为正常的维修工作和类似工作直接申请采购有关物品。请购单可由手工或计算机编制。由于企业内不少部门都可以填列请购单，可以分部门设置请购单的连续编号，每张请购单必须经过对这类支出预算负责的主管人员签字批准。

▶ 2. 编制订购单

采购部门在收到请购单后，只能对经过恰当批准的请购单发出订购单。对每张订购单，采购部门应确定最佳的供应来源。对一些大额、重要的采购项目，应采取竞价方式来确定供应商，以保证供货的质量、及时性和成本的低廉。

订购单应正确填写所需要的商品品名、数量、价格、厂商名称和地址等，预先予以顺序编号并经过被授权的采购人员签名。订购单的正联应送交供应商，副联则送至企业内部的验收部门、应付凭单部门和编制请购单的部门。随后，应独立检查订购单的处理，以确定是否确实收到商品并正确入账。

▶ 3. 验收商品

有效的订购单代表企业已授权验收部门接受供应商发运来的商品。验收部门首先应比较所收商品与订购单上的要求是否相符，如商品的品名、摘要、数量、到货时间等，然后再盘点商品并检查商品有无损坏。

验收后，验收部门应对已收货的每张订购单编制一式多联、预先按顺序编号的验收单，作为验收和检验商品的依据。验收人员将商品送交仓库或其他请购部门时，应取得经过签字的收据，或要求仓库或其他请购部门在验收单的副联上签收，以确立他们对所采购的资产应负的保管责任。验收人员还应将其中的一联验收单送交应付凭单部门。

▶ 4. 储存已验收的商品

将已验收商品的保管与采购的其他职责相分离，可减少未经授权的采购和盗用商品的风险。存放商品的仓储区应相对独立，限制无关人员接近。

▶ 5. 编制付款凭单

记录采购交易之前，应付凭单部门应核对订购单、验收单和卖方发票的一致性并编制付款凭单。这项控制的功能包括：确定供应商发票的内容与相关的验收单、订购单的一致性；确定供应商发票计算的正确性；编制有预先顺序编号的付款凭单，并附上支持性凭证（如订购单、验收单和供应商发票等）；独立检查付款凭单计算的正确性；在付款凭单上填入应借记的资产或费用账户名称；由被授权人员在凭单上签字，以示批准照此凭单要求付款。所有未付凭单的副联应保存在未付凭单档案中，以待日后付款。经适当批准和有预先编号的凭单为记录采购交易提供了依据，因此，这些控制与"存在""发生""完整性""权利和义务"和"计价和分摊"等认定有关。

▶ 6. 确认与记录负债

在收到供应商发票时，应付账款部门应将发票上所记载的品名、规格、价格、数量、条件及运费与订购单上的有关资料核对，如有可能，还应与验收单上的资料进行比较；对于每月末尚未收到供应商发票的情况，则需根据验收单和订购单暂估相关的负债。

应付账款确认与记录的一项重要控制是要求记录现金支出的人员不得经手现金、有价证券和其他资产。

独立检查会计人员则应核对所记录的凭单总数与应付凭单部门送来的每日凭单汇总表是否一致，并定期独立检查应付账款总账余额与应付凭单部门未付款凭单档案中的总金额是否一致。

▶ 7. 办理付款

通常是由应付凭单部门负责确定未付凭单在到期日付款。

企业有多种款项结算方式，以支票结算方式为例，编制和签署支票的有关控制包括：独立检查已签发支票的总额与所处理的付款凭单的总额的一致性；应由被授权的财务部门的人员负责签署支票；被授权签署支票的人员应确定每张支票都附有一张已经适当批准付款的付款凭单，并确定支票收款人姓名和金额与凭单内容的一致；支票一经签署就应在支票的凭单和支持性凭证上用加盖印戳或打洞等方式将支票注销，以免重复付款；支票签署人不应签发无记名甚至空白的支票；支票应预先顺序编号，保证支出支票存根的完整性和作废支票处理的恰当性；应确保只有被授权的人员才能接近未经使用的空白支票。

(二) 应付账款的审计目标

应付账款的审计目标一般包括：确定被审计单位资产负债表上的应付账款在报表日是否存在；确定应付账款是否为被审计单位的偿还义务；确定所有应当记录的应付账款是否均已记录；确定应付账款的计价是否恰当、期末余额是否正确；确定应付账款在资产负债表中的披露是否恰当。

(三) 应付账款的实质性程序

▶ 1. 取得应付账款明细表

应付账款明细表应列明债权人的姓名、交易日期、购货数量、价格和金额等内容。复核加计明细，并与应付账款总账余额和明细账合计数核对相符，结合预付账款科目与报表数核对是否相符。分析出现借方余额的项目，查明原因，必要时，建议进行重分类调整。

▶ 2. 函证应付账款

获取适当的供应商相关清单，例如本期采购量清单、所有现存供应商名单或应付账款明细账。选取样本进行测试，并执行如下程序。

（1）向债权人发送询证函。注册会计师应根据审计准则的规定对询证函保持控制，包括填列的信息、选择适当的被询证者、设计询证函、正确填列被询证者的姓名和地址，以及被询证者直接向注册会计师回函的地址等信息。

进行函证时，注册会计师应选择较大金额的债权人，以及那些在资产负债表金额不大甚至为零，但为企业重要供货人的债权人，作为函证对象。函证最好采取积极函证方式，并具体说明应付金额。

（2）对未回复的函证实施替代程序。例如，检查支付款文件（如现金支出、电汇凭证和支票复印件)、相关的采购文件(如采购订单、验收单、发票和合同)或其他适当文件。

▶ 3. 检查是否存在未入账的应付账款

为了防止企业低估负债,注册会计师应检查被审计单位有无故意漏记应付账款行为。审计方法一般有:①结合存货监盘,检查被审计单位在资产负债表日是否存在材料入库凭证但未收到采购发票的经济业务,确认是否暂估入账;②检查债务形成的相关原始凭证,如供应商发票、验收报告或入库单等,查找有无未及时入账的应付账款;③检查资产负债表日后应付账款明细账贷方发生额的相应凭证,关注贷方购货发票的日期,确认贷方发生额入账时间是否正确;④检查资产负债表日后若干天的付款事项,查找有无未及时入账的应付账款。

▶ 4. 检查应付账款长期挂账

查明应付账款长期挂账的原因并做出记录,对确实无须支付的应付款的会计处理是否正确。

▶ 5. 检查应付关联方的款项

如存在应付关联方的款项,注册会计师应了解交易的商业理由;检查证实交易的支持性文件(如发票、合同、协议及入库和运输单据等相关文件);检查被审计单位与关联方的对账记录或向关联方函证。

▶ 6. 检查应付账款在资产负债表中的披露

《企业会计准则》规定,应付账款项目应根据"应付账款"和"预付账款"科目所属明细科目的期末贷方余额的合计数填列。

如果被审计单位为上市公司,则通常在被审计单位的财务报表附注中应说明有无欠持有 5%以上(含 5%)表决权股份的股东账款,说明账龄超过 3 年的大额应付账款未偿还的原因。

【例题 5.3】ABC 会计师事务所的 A 注册会计师负责审计甲公司 2015 年度财务报表,审计工作底稿中与负债审计相关的部分内容摘录如下。

(1) 甲公司各部门使用的请购单未连续编号,请购单由部门经理批准,超过一定金额还需总经理批准,A 注册会计师认为该项控制设计有效,实施了控制测试,结果满意。

(2) 为查找未入账的应付账款,A 注册会计师检查了资产负债表日后应付账款明细账贷方发生额的相关凭证,并结合存货监盘程序,检查了甲公司资产负债表日前后的存货入库资料,结果满意。

(3) 由于 2015 年人员工资和维修材料价格持续上涨,甲公司实际发生的产品质量保证支出与以前年度的预计数相差较大,A 注册会计师要求管理层就该差异进行追溯调整。

(4) 甲公司有一笔账龄三年以上,金额重大的其他应付款,因 2015 年未发生变动,A 注册会计师未实施进一步审计程序。

(5) 甲公司年末与固定资产弃置业务相关的预计负债余额为 200 万元,A 注册会计师做出了 300 万~360 万元之间的区间估计,与管理层沟通后同意其按 100 万元的错报进行调整。

要求:针对上述第(1)~(5)项,逐项指出 A 注册会计师做法是否恰当。如不恰当,简要说明理由。(2016 年注册会计师考题)

【答案及解析】

（1）不恰当，还应设置大金额支出进行集体决策的控制。

（2）不恰当，应当检查采购业务形成的相关原始凭证、获取甲公司与供应商之间的对账单，并将对账单与财务记录进行核对，差额进行调节。还应当检查资产负债表日后付款项目，检查银行对账单及有关付款凭证。

（3）不恰当，因为质量保证支出属于会计估计，不适用追溯调整。

（4）不恰当，注册会计师应当关注账龄超过3年的大额其他应付款在资产负债表日后是否偿付，检查偿付记录、单据及披露情况。

（5）不恰当，注册会计师做出的是会计估计区间，应当合理确定错报金额，按照最小错报差额调整报表，是不正确的。

十三、预收款项审计

注册会计师应在完成销售业务控制测试后对预收款项实施实质性程序。

（一）涉及的主要凭证和会计记录

预收款项项目审计涉及的主要凭证和会计记录有：销售合同、发运凭证、收款凭证，以及与预收款项有关的记账凭证、明细账和总账。

（二）预收款项的审计目标

预收款项的审计目标一般包括：确定被审计单位资产负债表上的预收款项在报表日是否存在；确定预收款项是否为被审计单位的偿还义务；确定预收款项增减变动的记录是否完整；确定预收款项的计价是否恰当、期末余额是否正确；确定预收款项在资产负债表中的披露是否恰当。

（三）预收款项的实质性程序

▶ 1. 取得预收款项明细表

复核加计明细表，并与预收账款总账余额和明细账合计数核对相符，结合应收账款科目与报表数核对是否相符。

▶ 2. 函证预收款项

选择预收款项的重大项目函证，根据回函情况编制函证结果汇总表。函证样本通常应考虑选择大额或账龄较长的项目、关联方项目及主要客户项目。对于回函金额不符的，应查明原因并做出记录或建议进行适当调整；对于未回函的，应实施替代程序，如检查收款凭证、仓库发运凭证、销售发票等，并确定这些票证是否真实。

▶ 3. 检查未函证的预收款项

审查有关的销售合同、仓库发货凭证、收款凭证，检查已实现销售的商品是否及时转销预收款项，确定预收款项期末余额的正确性。

▶ 4. 检查预收款项在资产负债表中的披露

略。

十四、应付职工薪酬审计

注册会计师应在完成被审计单位人力资源控制测试后对应付职工薪酬实施实质性

程序。

（一）涉及的主要凭证和会计记录

应付职工薪酬项目审计涉及的主要凭证和会计记录有产量和工时记录单、工薪汇总及工薪费用分配表，以及与应付职工薪酬有关的记账凭证、明细账和总账。

（二）应付职工薪酬的审计目标

应付职工薪酬的审计目标一般包括：确定被审计单位资产负债表上的应付职工薪酬在报表日是否存在；确定应付职工薪酬是否为被审计单位的支付义务；确定应付职工薪酬计提和支出的记录是否完整；确定应付职工薪酬的期末余额是否正确；确定应付职工薪酬在资产负债表中的披露是否恰当。

（三）应付职工薪酬的实质性程序

▶ 1. 取得应付职工薪酬明细表

复核加计明细表，并与应付职工薪酬总账余额和明细账合计数及报表数核对是否相符。

▶ 2. 实施实质性分析程序

检查各月职工薪酬的发生额是否有异常波动，要求被审计单位对异常波动予以解释并做出记录，并获取管理层关于职工薪酬标准的决议。

▶ 3. 检查职工薪酬的计提与分配

检查应付职工薪酬的核算内容是否包括工资、职工福利费、社会保险费、住房公积金、工会经费、职工教育经费、解除职工劳动关系补偿、股份支付等明细项目，职工薪酬的计提和分配是否正确。

▶ 4. 检查被审计单位实行的工薪制度

如果被审计单位实行工效挂钩，应取得有关主管部门确认的效益工资发放额的认定证明，并复核有关合同文件、实际完成的指标和确定可予发放的效益工资。如果被审计单位实行计税工资制，应取得被审计单位平均人数证明，并计算可准予税前列支的费用额。

▶ 5. 检查应付职工薪酬在资产负债表中的披露

略。

十五、应交税费审计

注册会计师应在完成被审计单位采购业务控制和销售业务控制测试后对应交税费实施实质性程序。

（一）涉及的主要凭证和会计记录

应交税费项目审计涉及的主要凭证和会计记录有财税部门相关文件、相关业务合同或协议、发票、纳税申报表，以及与应交税费有关的记账凭证、明细账和总账。

（二）应交税费的审计目标

应交税费的审计目标一般包括：确定被审计单位资产负债表上的应交税费在报表日是否存在；确定应交税费是否为被审计单位的偿还义务；确定应交税费的计提和已缴税费的

记录是否完整；确定应交税费的期末余额是否正确；确定应交税费在资产负债表中的披露是否恰当。

（三）应交税费的实质性程序

▶ 1. 取得应交税费明细表

复核加计明细表，并与应交税费总账余额和明细账合计数及报表数核对是否相符。

▶ 2. 检查被审计单位纳税的相关规定

获取财税等有关部门征、免、减税的批准文件，了解被审计单位适用的税种、计税基础、税率，以及征、免、减税的范围与期限，确认被审计单位应纳税的内容。

▶ 3. 检查应交增值税的计算

将"应交增值税明细表"与"企业增值税纳税申报表"核对，检查进项税和销项税的金额是否正确，申报抵扣是否正确。

复核国内采购货物、进口货物、接受应税劳务等应计的进项税额是否按规定进行了会计处理；复核存货销售、将存货用于投资、无偿赠与他人、分配给股东或投资人应计的销项税额，以及将自产、委托加工的产品用于非应税项目应计的销项税额的计算是否正确，是否按规定进行了会计处理；复核因存货改变用途或发生非常损失应计的进项税额转出数的计算是否正确，是否按照有关规定进行了会计处理；检查出口货物退税的计算是否正确，是否进行了合理的会计处理。

▶ 4. 检查应交所得税等其他税费的计算

复核应纳税所得额和税率，以及应交企业所得税的计算是否正确。检查消费税、城市维护建设税、教育费附加等税费项目的计算是否正确，是否按规定进行了会计处理。

▶ 5. 检查应交税费在资产负债表中的披露

略。

十六、长期借款审计

长期借款是企业向银行或其他金融机构借入的款项。注册会计师应在完成被审计单位资金活动（筹资）控制测试后对长期借款实施实质性程序。

（一）涉及的主要凭证和会计记录

长期借款项目审计涉及的主要凭证和会计记录有借款合同或协议、进账单，以及与长期借款有关的记账凭证、明细账和总账。

（二）长期借款的审计目标

长期借款的审计目标一般包括：确定被审计单位资产负债表上的长期借款在报表日是否存在；确定长期借款是否为被审计单位的偿还义务；确定长期借款增减变动的记录是否完整；确定长期借款的期末余额是否正确；确定长期借款在资产负债表中的披露是否恰当。

（三）长期借款的实质性程序

▶ 1. 取得长期借款明细表

复核加计明细表，并与长期借款总账余额和明细账合计数及报表数核对是否相符。

2. 检查长期借款的增减

对年度内增加的长期借款，应检查借款合同和授权批准，了解借款数额、借款条件、借款日期、还款期限、借款利率，并与相关会计记录核对。对年度内减少的长期借款，应检查相关记录和原始凭证，核实还款数额。

3. 函证长期借款

向银行等债权人函证重要的长期借款，确定长期借款的实有数。

4. 复核计算长期借款利息

计算长期借款在各个月份的平均余额，选取适用的利率匡算利息支出总额，并与基建成本、财务费用的相关记录核对，判断被审计单位是否高估或低估利息支出。

5. 检查长期借款的抵押物

检查长期借款的抵押资产所有权是否属于被审计单位，抵押资产的价值和实际状况是否符合抵押契约中的规定。

6. 检查长期借款在资产负债表中的披露

长期借款项目应根据"长期借款"科目的期末余额扣除将于一年内到期的长期借款后的数额填列，该扣除数应当填列在流动负债类下的"一年内到期的长期负债"项目。注册会计师应确定被审计单位长期借款在资产负债表上的列示是否充分，并注意长期借款的抵押和担保是否已在财务报表附注中做了充分的说明。

十七、实收资本（股本）审计

实收资本（股本）是所有者权益的主要部分。注册会计师应在完成被审计单位资金活动（筹资）控制测试后对实收资本（股本）实施实质性程序。

（一）涉及的主要凭证和会计记录

实收资本（股本）项目审计涉及的主要凭证和会计记录有股票、股东名册、筹资合同或协议、验资报告，以及与实收资本（股本）有关的记账凭证、明细账和总账。

（二）实收资本（股本）的审计目标

实收资本（股本）的审计目标一般包括：确定被审计单位资产负债表上的实收资本（股本）在报表日是否存在；确定实收资本（股本）的增减变动记录是否完整；确定实收资本（股本）期末余额是否正确；确定资产负债表上实收资本（股本）的披露是否恰当。

（三）实收资本（股本）的实质性程序

1. 取得实收资本（股本）明细表

注册会计师应获取实收资本（股本）明细表，明细表的内容应包括各种实收资本（股本）变动的详细记载，并与有关的原始凭证、会计记录和报表数进行核对。

2. 获取公司章程、股东大会、董事会会议记录

注册会计师应向被审计单位索取公司章程、股东大会、董事会会议记录，检查有关实收资本（股本）的规定，了解发行股份数、股票面值等。

3. 检查股东的出资方式和出资比例

我国法律规定，股东出资可以采取货币资金、实物、知识产权、土地使用权方式。以

有限责任公司为例，全体股东的货币出资额不得低于公司注册资本的30%，全体股东的首次出资额不得低于注册资本的20%，且不得低于法定注册资本的最低限额，其余部分由股东自公司成立之日起2年内缴足。注册会计师应当确定股东是否按照公司章程、协议的规定出资。

▶ 4. 函证发行的股票

目前我国股票发行和转让都是委托证券机构进行，由证券机构对发行的股票进行登记和控制。审计时，可向证券机构函证来验证发行股份的数量和筹资额，并与实收资本（股本）账面数额核对，确定是否相符。

▶ 5. 检查实收资本（股本）在资产负债表中的披露

略。

第二节 利润表审计

一、营业收入审计

营业收入项目核算企业在销售商品、提供劳务等主营业务活动中所产生的收入，以及企业确认的除主营业务活动以外的其他经营活动实现的收入，包括出租固定资产、出租无形资产、出租包装物和商品、销售材料等实现的收入。营业收入包括主营业务收入和其他业务收入。注册会计师应在完成被审计单位销售业务控制测试后对营业收入实施实质性程序。

（一）涉及的主要凭证和会计记录

营业收入项目审计涉及的主要凭证和会计记录有：销售合同、发运凭证、销售发票、商品价目表、贷项通知单，以及与营业收入有关的记账凭证、明细账和总账等。

（二）营业收入的审计目标

营业收入的审计目标一般包括：确定利润表中的营业收入是否已发生，且与被审计单位有关（发生认定）；确定所有应当记录的营业收入是否均已记录（完整性认定）；确定与营业收入有关的金额及其他数据是否适当（准确性认定）；确定营业收入是否已记录于正确的会计期间（截止认定）；确定营业收入是否已按照《企业会计准则》的规定在利润表中做出恰当的列报。

（三）营业收入的实质性程序

▶ 1. 取得营业收入明细表

复核加计明细表是否正确，并与主营业务收入总账数和明细账合计数核对，结合其他业务收入科目与报表数核对是否相符。

▶ 2. 检查主营业务收入的确认条件和计量

根据《企业会计准则第14号——收入》的规定，企业商品销售收入应在下列条件均能满足时予以确认：①企业已将商品所有权上的主要风险和报酬转移给购货方；②企业既没有保留通常与所有权相联系的继续管理权，也没有对已售出的商品实施有效控制；③收入的金额能够可靠地计量；④相关的经济利益很可能流入企业；⑤相关的已发生或将发生的成本能够可靠地计量。因此，注册会计师需要了解被审计单位确认产品销售收入的会计政策，并测试被审计单位是否依据上述五个条件确认产品销售收入。具体来说，被审计单位采取的销售方式不同，确认收入的时点也是不同的。

（1）采用交款提货方式销售，以货款已经收到或取得收取货款的权利，同时发票账单和提货单已交给购货方时确认收入实现。注册会计师应审查被审计单位是否收到货款或取得收取货款的权利，发票账单和提货单是否已交付购货单位。

（2）采用预收账款方式销售，在商品已经发出时确认收入的实现。注册会计师应审查被审计单位是否收到了货款，是否在货物发出之后确认收入或不确认收入，是否存在开具虚假出库凭证、虚增收入的情况。

（3）采用托收承付结算方式销售，在商品已经发出并办妥托收手续时确认收入的实现。注册会计师应审查被审计单位是否发货，托收手续是否办妥，发运凭证是否真实，托收承付结算回单是否正确。

（4）委托其他单位代销方式销售，应在代销商品已经销售并收到代销清单时确认收入的实现。注册会计师应查明有无编制虚假代销清单、虚增本期收入的情况。

（5）长期工程合同收入，应根据完工百分比法确认合同收入。注册会计师应审查收入的计算、确认方法是否符合规定，并核对应计收入与实际收入是否一致，查明有无随意确认收入、虚增或虚减本期收入的情况。

（6）销售商品房的，应在商品房已经移交并将发票结算账单提交对方时确认收入的实现。注册会计师应审查已办理的移交手续是否符合规定要求，发票账单是否已交对方。注意被审计单位有无编造虚假移交手续、开具虚假发票的行为。

▶ 3. 实施实质性分析程序

（1）将本期与上期的主营业务收入进行比较，分析产品销售的结构和价格变动是否正常，并分析异常变动的原因。

（2）比较本期各月各种主营业务收入的波动情况，分析主营业务收入的变动趋势是否正常，是否符合被审计单位季节性、周期性的经营规律，并查明异常现象和重大波动的原因。

（3）计算本期重要产品或重要客户的毛利率，分析比较本期与上期同类毛利率变化情况，是否存在重大波动和异常情况，并查清原因。

（4）将以上结果与同行企业进行对比分析，检查是否存在异常。

▶ 4. 审查销售价格

注册会计师应当获取产品价格目录，抽查售价是否符合价格政策，并注意销售给关联方或关系密切的重要客户的产品价格是否合理，有无低价或高价结算以转移收入和利润的现象。

▶ 5. 检查主营业务收入的凭证

以主营业务收入明细账中的记录为起点，检查相关原始凭证如订购单、销售单、发运凭证、发票等，以评价已入账的营业收入是否真实发生。检查订购单和销售单，用以确认存在真实的客户购买要求，销售交易已经过适当的授权批准。销售发票存根上所列的单价，通常还要与经过批准的商品价目表进行比较核对，对销售发票存根上的金额小计和合计数也要进行复算。发票中列出的商品的规格、数量和客户代码等，则应与发运凭证进行比较核对，尤其是由客户签收商品的一联，确定已按合同约定完成交易，可以确认收入。同时，还要检查原始凭证中的交易日期，以确认收入计入了正确的会计期间。

▶ 6. 函证本期销售额

结合对应收账款实施的函证程序，选择主要客户函证本期销售额。

▶ 7. 实施销售截止测试

对主营业务收入实施截止测试，目的主要在于确定被审计单位主营业务收入的记录归属期是否正确，即应记入本期或下期的主营业务收入是否被推延至下期或提前至本期。

在审计实务中，注册会计师可以考虑以下两条审计路线实施主营业务收入的截止测试。一是以账簿记录为起点。从资产负债表日前后若干天的账簿记录追查至记账凭证和客户签收的发运凭证，目的是证实已入账收入是否在同一期间已发货并由客户签收，有无多记收入。这种方法的优点是比较直观，容易追查至相关凭证记录，以确定该笔主营业务收入是否应在本期确认收入。特别是在连续审计两个以上会计期间时，检查跨期收入十分便捷，可以提高审计效率。缺点是缺乏全面性和连贯性，只能查多记，无法查漏记，尤其是当本期漏记收入延至下期而审计时被审计单位尚未及时登账时，不易发现应记入而未记入报告期收入的情况。因此，使用这种方法主要是为了防止多计收入。二是以发运凭证为起点。从资产负债表日前后若干天的已经客户签收的发运凭证查至账簿记录，确定主营业务收入是否已记入恰当的会计期间。

使用上述方法时应注意两点：①相应的装运凭证是否齐全，特别应注意有无报告期内已作收入而下期初用红字冲回，并且无发货、收货记录，以此来调节前后期利润的情况；②被审计单位的发票存根是否已全部提供，有无隐瞒。

▶ 8. 检查销售退回、销售折扣与折让

存在销货退回的，检查相关手续是否符合规定，结合原始销售凭证检查会计处理是否正确，结合存货项目审计关注销货退回的真实性。

企业在销售交易中，往往会因产品品种不符、质量不符合要求及结算方面的原因发生销售折扣与折让。销售折扣与折让均是对收入的抵减，直接影响收入的确认和计量。注册会计师对销售折扣与折让审计时应了解被审计单位有关折扣与折让的政策和程序，抽查折扣与折让的授权批准情况，与实际执行情况进行核对，并检查折扣与折让的会计处理是否正确。

▶ 9. 检查主营业务收入在利润表中的披露

略。

(四) 营业收入的特别审计程序

除了上述较为常规的审计程序外，注册会计师根据被审计单位的特定情况和收入的重大错报风险程度，有必要实施一些特别的审计程序。

(1) 附有销售退回条件的商品销售，如果对退货部分能进行合理估计的，确定是否按估计不会退货部分确认收入；如果对退货部分不能进行合理估计的，确定是否在退货期满时确认收入。

(2) 售后回购，分析特定销售回购的实质，判断售后回购是属于真正的销售交易，还是属于融资行为。

(3) 以旧换新销售，确定销售的商品是否按照商品销售的方法确认收入，回收的商品是否作为购进商品处理。

(4) 出口销售，根据交易的定价和成交方式(离岸价格、到岸价格或成本加运费价格等)，并结合合同(包括购销合同和运输合同)中有关货物运输途中风险承担的条款，确定收入确认的时点和金额。

二、营业成本审计

营业成本项目包括主营业务成本和其他业务成本。注册会计师应在完成被审计单位资产管理(存货)控制和销售业务控制测试后对营业成本实施实质性程序。

(一) 涉及的主要凭证和会计记录

营业成本项目审计涉及的主要凭证和会计记录包括销售合同、成本计算单、库存商品监盘表、贷项通知单，以及与营业成本有关的记账凭证、明细账和总账等。

(二) 营业成本的审计目标

营业成本的审计目标一般包括：确定利润表上的营业成本在本期是否确实发生，且与被审计单位有关；确定营业成本记录是否完整；确定营业成本是否已记录于正确的会计期间；确定营业成本的金额是否正确；确定营业成本在利润表中的披露是否恰当。

(三) 营业成本的实质性程序

▶ 1. 取得营业成本明细表

复核加计明细表是否正确，并与主营业务成本总账数和明细账合计数核对，结合其他业务成本科目与报表数核对是否相符。

▶ 2. 实施实质性分析程序

比较营业成本本期内各月间及本期与前期同一产品的单位成本是否存在异常波动。

▶ 3. 检查营业成本的计价与分摊

注册会计师可通过编制生产成本及销售成本倒轧表检查主营业务成本的计价是否正确。在计划成本法或售价核算法下，检查产品成本差异或商品进销差价的计算、分配和会计处理是否正确。

▶ 4. 检查营业成本在利润表中的披露

略。

三、税金及附加审计

税金及附加项目包括消费税、城市维护建设税、资源税和教育费附加等。注册会计师应在完成被审计单位销售业务控制测试后对税金及附加实施实质性程序。

(一) 涉及的主要凭证和会计记录

税金及附加项目审计涉及的主要凭证和会计记录有销售合同、销售发票、完税凭证，以及与税金及附加有关的记账凭证、明细账和总账等。

(二) 税金及附加的审计目标

税金及附加的审计目标一般包括：确定利润表上的税金及附加在本期是否确实发生，且与被审计单位有关；确定税金及附加记录是否完整；确定税金及附加是否已记录于正确的会计期间；确定税金及附加的金额是否正确；确定税金及附加在利润表中的披露是否恰当。

(三) 税金及附加的实质性程序

▶ 1. 取得税金及附加明细表

复核加计明细表是否正确，并与税金及附加总账数和明细账合计数及报表数核对是否相符。

▶ 2. 确定税费范围，并复核税费

根据审定的应税消费品当期销售额(或数量)，按规定适用的税率，分项计算、复核当期应纳消费税税额；根据审定的应税资源产品当期课税数量，按规定适用的单位税额，计算、复核当期应纳资源税税额；根据当期应纳增值税、消费税合计数，按规定适用的税(费)率计算、复核当期应纳城建税、教育费附加，等等。

▶ 3. 检查税金及附加在利润表中的披露

略。

四、管理费用审计

管理费用项目主要包括企业经费、工会经费、董事会经费、业务招待费、人力资源费、折旧费、中介费等。注册会计师应在完成被审计单位管理层面控制测试后对管理费用实施实质性程序。

(一) 涉及的主要凭证和会计记录

管理费用项目审计涉及的主要凭证和会计记录包括发票、工薪费用分配表、燃动力费分配表、折旧费用表，以及与管理费用有关的记账凭证、明细账和总账等。

(二) 管理费用的审计目标

管理费用的审计目标一般包括：确定利润表上的管理费用在本期是否确实发生，且与被审计单位有关；确定管理费用记录是否完整；确定管理费用是否记录于正确的会计期间；确定管理费用的金额是否正确；确定管理费用在利润表中的披露是否恰当。

(三) 管理费用的实质性程序

▶ 1. 取得管理费用明细表

复核加计明细表是否正确，并与管理费用总账数和明细账合计数及报表数核对是否相符。

▶ 2. 实施实质性分析程序

将本期管理费用与上期管理费用进行比较，并将本期各月的管理费用进行比较，如有重大波动和异常情况应查明原因。

▶ 3. 检查管理费用项目核算的内容

抽查管理费用账户中数额较大的业务，检查该业务的原始凭证是否合法，会计处理是否正确，开支标准是否符合有关规定。

▶ 4. 实施截止测试

抽查资产负债表日前后若干天的记账凭证，检查管理费用有无跨期入账的现象，对于重大跨期项目，应建议进行必要调整。

▶ 5. 检查管理费用在利润表中的披露

略。

五、销售费用审计

销售费用项目主要包括广告费、差旅费、销售机构业务招待费、折旧费等。注册会计师应在完成被审计单位销售业务控制测试后对销售费用实施实质性程序。

（一）涉及的主要凭证和会计记录

销售费用项目审计涉及的主要凭证和会计记录包括发票、工薪费用分配表、折旧费用表，以及与销售费用有关的记账凭证、明细账和总账等。

（二）销售费用的审计目标

销售费用的审计目标一般包括：确定利润表上的销售费用在本期是否确实发生，且与被审计单位有关；确定销售费用记录是否完整；确定销售费用是否记录于正确的会计期间；确定销售费用的金额是否正确；确定销售费用在利润表中的披露是否恰当。

（三）销售费用的实质性程序

▶ 1. 取得销售费用明细表

复核加计明细表是否正确，并与销售费用总账余额和明细账合计数及报表数核对是否相符。

▶ 2. 实施实质性分析程序

将本期销售费用与上期销售费用进行比较，并将本期各月的销售费用进行比较，如有重大波动和异常情况应查明原因。

▶ 3. 检查销售费用项目核算的内容

抽取销售费用账户中数额较大的业务，检查该业务的原始凭证是否合法，销售费用的项目设置和开支标准是否符合有关规定。

▶ 4. 实施截止测试

抽查资产负债表日前后若干天的记账凭证，检查销售费用有无跨期入账的现象，对于重大跨期项目，应建议进行必要调整。

▶ 5. 检查销售费用在利润表中的披露

略。

本章小结

　　财务报表审计程序分为风险评估、控制测试和实质性程序。本章针对资产负债表和利润表中的主要项目介绍了实质性程序，包括货币资金的实质性程序、应收票据的实质性程序、应收账款及坏账准备的实质性程序、预付款项的实质性程序、存货项目的实质性程序、长期股权投资的实质性程序、固定资产的实质性程序、短期借款的实质性程序、应付票据的实质性程序、应付账款的实质性程序、预收款项的实质性程序、应付职工薪酬的实质性程序、应交税费的实质性程序、长期借款的实质性程序、实收资本（股本）的实质性程序、营业收入的实质性程序、营业成本的实质性程序、税金及附加的实质性程序、管理费用的实质性程序、销售费用的实质性程序，以及财务报表其他项目的实质性程序。

练习题

一、单项选择题

1. 注册会计师对被审计单位销货业务的截止测试，目的是检查（　　）。
   A. 年底应收账款的真实性　　　　B. 是否存在过多的销货折扣
   C. 销货业务的入账时间是否正确　　D. 销货退回是否已经核准

2. 为了充分发挥函证的作用，发函的最佳时间是（　　）。
   A. 被审计年度期初　　　　　　　B. 被审计年度期中
   C. 与资产负债表日接近的时间　　D. 审计工作结束日

3. 对于未函证的应收账款，注册会计师应（　　）。
   A. 审查资产负债表日后的收款情况
   B. 按被审计单位提供的地址直接向债务人询问
   C. 抽查有关原始凭据
   D. 不需要实施任何审计程序

4. 对应付账款进行的分析程序不包括（　　）。
   A. 计算应付账款对存货的比率、应付账款对流动负债的比率，并与以前期间对比分析，评价应付账款的整体合理性
   B. 获取或编制应付账款明细表，复核加计正确，并与报表数、总账数和明细账合计数核对是否相符
   C. 分析长期挂账的应付账款，要求被审计单位做出解释，判断被审计单位是否缺乏偿债能力或利用应付账款隐瞒利润
   D. 利用存货、主营业务收入和主营业务成本的增减变动幅度，判断应付账款增减变动的合理性

5. 下列各审计程序中，对查找未入账的应付账款最无效的是（　　）。
   A. 检查在资产负债表日未处理的不相符的购货发票
   B. 函证应付账款

C. 检查资产负债表日后收到的购货发票

D. 检查资产负债表日后应付账款明细账贷方发生额的相应凭证

6. 下列各项中，（　　）属于工薪审计的实质性测试程序。

A. 询问和观察人事、考勤、工薪发放、记录等职责执行情况

B. 复核人事政策、组织结构图

C. 对本期工资费用进行分析

D. 检查工资分配表、工资结算表，并核对员工工资手册、员工手册等

7. 对直接人工成本的控制测试，如果采用计件工资制，应当检查（　　）。

A. 实际工时统计记录　　　　　　B. 职员分类表

C. 个人产量记录　　　　　　　　D. 职员工资率

8. 存货成本审计的内容不包括（　　）。

A. 直接材料成本　　　　　　　　B. 制造费用

C. 主营业务成本　　　　　　　　D. 管理费用

9. 注册会计师应在对（　　）测试的基础上，对应收账款实施实质性程序。

A. 销售业务控制　　　　　　　　B. 采购业务控制

C. 资金活动控制　　　　　　　　D. 资产管理控制

10. 下列说法中，不正确的是（　　）。

A. 注册会计师应向被审计单位在本年存过款的所有银行发函，其中包括企业银行存款账户已结清的银行

B. 在评价被审计单位存货盘点计划的基础上，编制存货监盘计划

C. 询证函由注册会计师利用被审计单位提供的应收账款明细账户名称及地址编制，由被审计单位寄发，回函应直接寄给会计师事务所

D. 一般情况下，应付账款不需要函证，因为函证不能保证查出未记录的应付账款

二、多项选择题

1. 应收账款项目审计涉及的凭证有（　　）。

A. 客户订购单　　　　　　　　　B. 销售发票

C. 坏账核销审批表　　　　　　　D. 请购单

2. 应进行应付账款函证的情况有（　　）。

A. 控制风险较高　　　　　　　　B. 账户金额较大

C. 被审计单位财务困难　　　　　D. 坏账

3. 注册会计师确定应收账款函证数量应考虑的主要因素有（　　）。

A. 收账款在全部资产中的重要性　B. 被审计单位内部控制的强弱

C. 以前年度的函证结果　　　　　D. 函证方式的选择

4. 注册会计师对长期借款进行实质性测试时，获取的审计证据包括（　　）。

A. 长期借款明细表

B. 长期借款合同和批准文件

C. 相关抵押资产所有权证明

D. 重大长期借款的函证回函

5. 为检查被审计单位长期借款是否在资产负债表中充分披露，注册会计师应检查（　　）。

A. 长期借款已计利息是否正确，会计处理是否正确

B. "长期借款"的期末余额是否已扣除一年内到期的长期借款数额

C. 一年内到期的长期借款是否已作为流动负债单反映

D. 长期借款的抵押和担保是否已在财务报表附注中做了充分说明

6. 下列审计程序中，属于证实银行存款存在的重要程序有（　　）。

A. 盘点库存现金　　　　　　　　B. 审查银行存款余额调节表

C. 函证银行存款余额　　　　　　D. 审查银行存款收支截止

7. 注册会计师应当根据被审计单位（　　）等情况，在评价被审计单位存货盘点计划的基础上，编制存货监盘计划，对存货监盘做出合理安排。

A. 存货内部控制的有效性　　　　B. 存货的数量

C. 存货的特点　　　　　　　　　D. 存货的取得时间

8. 对于重大的投资，应向被投资单位函证（　　）等情况。

A. 被审计单位投资额和持股比例　B. 生产经营情况

C. 盈利情况　　　　　　　　　　D. 被投资单位发放股利

9. 应收票据的审计目标一般包括（　　）。

A. 确定应收票据是否发生

B. 确定应收票据是否归被审计单位所有

C. 确定应收票据增减变动的记录是否完整

D. 注册会计师应选择的函证对象是较大金额的债权人，那些在资产负债表日金额为零的债权人不必函证

10. 下列关于存货监盘说法中，正确的有（　　）。

A. 在实施存货监盘过程中，应当跟随被审计单位安排的存货盘点人员，注意观察被审计单位事先制订的存货盘点计划是否得到了贯彻执行，盘点人员是否准确无误地记录了被盘点存货的数量和状况

B. 监盘程序所得到的证据可以保证被审计单位对存货拥有所有权，但不能对存货的价值提供审计证据

C. 对于企业存放寄销在外地的存货，也应纳入盘点范围，可以由本所注册会计师亲自前往监盘，也可以向寄存寄销单位函证

D. 存货计价测试主要是针对被审计单位使用的存货单位成本是否正确所做的测试

三、简答题

1. 如何查找未入账的应付账款？

2. 注册会计师审计股东出资时应注意什么？

四、案例分析题

北京东方会计师事务所注册会计师王豪、李民对 ABC 股份有限责任公司 2017 年度财务报表进行审计过程中，获取的该公司 2017 年 12 月 31 日的相关资料如表 5-3 所示。

表 5-3　ABC 股份有限责任公司公司 2017 年 12 月 31 日的相关资料

项 目 名 称	金额/万元
交易性金融资产	5 000
银行存款	600
应收票据	12 000
应收账款	75 000
其他应收款	24 000
存货	84 000
固定资产(净值)	97 800
在建工程	26 300
应付账款	34 570
长期借款(抵押借款部分)	56 800
实收资本(内部职工及社会公众股)	18 000
资本公积	48 750
主营业务收入(净额)	67 500
利息支出	5 464

要求：请根据上述资料回答下列问题：

（1）上述项目中适用函证程序的有哪些？

（2）函证的对象有哪些？

（3）函证的主要内容是什么？

第六章 内部控制审计

> **本章重点**
> 1. 计划内部控制审计和测试内部控制。
> 2. 内部控制审计报告的要素。

2009年以来,我国财政部、审计署、银监会、证监会和保监会先后联合发布了《企业内部控制基本规范》《企业内部控制应用指引》《企业内部控制评价指引》和《企业内部控制审计指引》,明确要求注册会计师对企业内部控制的有效性实施审计、出具审计报告。《企业内部控制基本规范》和《企业内部控制应用指引》是注册会计师评价企业内部控制是否有效运行的基础标准,《企业内部控制审计指引》专门对内部控制审计工作进行了规范。注册会计师在执行内部控制审计时,应当遵守《企业内部控制审计指引》和中国注册会计师相关执业准则。

第一节 内部控制审计概述

一、内部控制审计的概念

内部控制审计是指会计师事务所接受委托,对企业特定基准日内部控制设计与运行的有效性进行审计。内部控制是由企业董事会、监事会、经理层和全体员工实施的、旨在实现控制目标的过程。内部控制的目标是合理保证企业经营管理合法合规、资产安全、财务报告及相关信息真实完整,提高经营效率和效果,促进企业实现发展战略。建立和实施内部控制,以及评价内部控制的有效性是企业董事会的责任。按照《企业内部控制审计指引》的要求,在实施审计工作的基础上对内部控制的有效性发表审计意见是注册会计师的责任。企业内部控制审计报告应当与内部控制评价报告同时对外披露。

注册会计师可以单独进行内部控制审计，也可以将内部控制审计与财务报表审计整合进行，即整合审计。注册会计师执行内部控制审计工作，应当获取充分、适当的证据，并按照《中国注册会计师审计准则第1131号——审计工作底稿》的规定，编制内部控制审计工作底稿，完整记录审计工作情况，为发表内部控制审计意见提供合理保证。注册会计师应当在审计工作底稿中记录下列内容：①内部控制审计计划及重大修改情况；②相关风险评估和选择拟测试的内部控制的主要过程及结果；③测试内部控制设计与运行有效性的程序及结果；④对识别的控制缺陷的评价；⑤形成的审计结论和意见；⑥其他重要事项。

财政部和证监会办公厅2012年8月14日发布《关于2012年主板上市公司分类分批实施企业内部控制规范体系的通知》，要求：

(1) 中央和地方国有控股上市公司，应于2012年全面实施企业内部控制规范体系，并在披露2012年公司年报的同时，披露董事会对公司内部控制的自我评价报告，以及注册会计师出具的财务报告内部控制审计报告。

(2) 非国有控股主板上市公司，且于2011年12月31日公司总市值（证监会算法）在50亿元以上，同时2009—2011年平均净利润在3 000万元以上的，应在披露2013年公司年报的同时，披露董事会对公司内部控制的自我评价报告，以及注册会计师出具的财务报告内部控制审计报告。

(3) 其他主板上市公司，应在披露2014年公司年报的同时，披露董事会对公司内部控制的自我评价报告，以及注册会计师出具的财务报告内部控制审计报告。

(4) 特殊情况：一是主板上市公司因进行破产重整、借壳上市或重大资产重组，无法按照规定时间建立健全内控体系的，原则上应在相关交易完成后的下一个会计年度年报披露的同时，披露内部控制自我评价报告和审计报告；二是新上市的主板上市公司应于上市当年开始建设内控体系，并在上市的下一年度年报披露的同时，披露内部控制自我评价报告和审计报告。

二、内部控制审计的范围

尽管上述提及的是内部控制审计，但无论从国外审计规定和实践来看，还是从我国的相关规定来看，注册会计师执行的内部控制审计严格限定在财务报告内部控制审计。从注册会计师的专业胜任能力、审计成本效益的约束，以及投资者对财务信息质量的需求看，财务报告内部控制审计是服务的核心要求。因此，审计意见涉及的范围是：注册会计师对财务报告内部控制有效性发表审计意见；注册会计师针对内部控制审计过程中注意到的非财务报告内部控制的重大缺陷，在内部控制审计报告中增加"非财务报告内部控制重大缺陷描述段"予以披露。

财务报告内部控制是指企业为了合理保证财务报告及相关信息真实完整而设计和运行的内部控制，以及用于保护资产安全的内部控制中与财务报告可靠性目标相关的控制。非财务报告内部控制是指除财务报告内部控制之外的其他控制，通常是指为了合理保证经营的效率效果、遵守法律法规、实现发展战略而设计和运行的控制，以及用于保护资产安全的内部控制中与财务报告可靠性目标无关的控制。从注册会计师审计的角度，财务报告内部控制包括的内容如下所述。

▶ 1. 企业层面的内部控制

(1) 与控制环境相关的控制(如对诚信和道德、价值沟通和落实、胜任能力的重视,治理层的参与程度、管理层的理念和经营风格、组织结构、职权与责任的分配、人力资源政策与实务)。

(2) 针对管理层和治理层凌驾于内部控制之上的风险而设计的内部控制(如针对重大非常规交易的控制、针对关联方交易的控制、减弱伪造或不恰当操作财务结果的动机,以及对压力的控制)。

(3) 被审计单位的风险评估过程(如何识别经营风险、估计风险的重要性、评估风险发生的可能性,采取措施应对管理风险及结果)。

(4) 对内部信息传递和期末财务报告流程的控制(如与会计政策选择和运用的程序、调整分录和合并分录的编制)。

(5) 对控制有效性的内部监督(监督其他控制的控制)和内部控制评价。

(6) 集中化的处理和控制、监控经营成果的控制,以及重大经营控制和风险管理实务的政策。

▶ 2. 业务流程、应用系统或交易层面的内部控制

(1) 业绩评价(对实际与预算、预测与前期、经营数据和财务数据、内部数据和外部数据做出的评价)。

(2) 信息处理(应用控制和信息技术一般控制:前者如对计算准确性检查,对账户和试算平衡表审核,对例外报告的人工跟进;后者如程序变动控制,限制接触程序或数据的控制)。

(3) 实物控制(如保护资产的实物安全、对接触计算机程序和数据文档设置授权、定期盘点并将盘点记录与控制记录相核对)。

(4) 职责分离(将交易授权、记录交易及资产保管等职责分配给不同的员工)。

三、内部控制审计基准日

内部控制审计基准日是指注册会计师评价内部控制在某一时日是否有效所涉及的基准日,也是被审计单位评价基准日(最近一个会计期间截止日)。

注册会计师不可能对企业内部控制在某个期间段(如一年)内每天的运行情况进行描述,然后发表审计意见,这样做不切实际,并且无法向信息使用者提供准确清晰的信息(考虑到中间对内部控制缺陷的纠正),甚至会误导使用者。

注册会计师对特定基准日内部控制的有效性发表意见,并不意味着注册会计师只测试基准日这一天的内部控制,而是需要考察足够长一段时间内部控制设计和运行的情况。对控制有效性的测试涵盖的期间越长,提供的控制有效性的审计证据越多。就内部控制审计业务而言,注册会计师应当获取内部控制在基准日之前一段足够长的期间内有效运行的审计证据。在整合审计中,控制测试所涵盖的期间应当尽量与财务报表审计中拟信赖内部控制的期间保持一致。

第二节 计划内部控制审计

注册会计师应当在了解被审计单位基本情况的基础上，考虑自身独立性和专业胜任能力，初步评估审计风险，确定是否接受委托。如果接受委托，会计师事务所应当与委托人就双方达成一致的事项签订审计业务约定书，并开始计划内部控制审计工作。《企业内部控制审计指引》第六条要求注册会计师应当恰当地计划内部控制审计工作，配备具有专业胜任能力的项目组，并对助理人员进行适当的督导。

在计划审计工作时，注册会计师应当评价下列事项对内部控制及审计工作的影响：①与企业相关的风险；②相关法律法规和行业概况；③企业组织结构、经营特点和资本结构等相关重要事项；④企业内部控制最近发生变化的程度；⑤与企业沟通过的内部控制缺陷；⑥重要性、风险等与确定内部控制重大缺陷相关的因素；⑦对内部控制有效性的初步判断；⑧可获取的、与内部控制有效性相关的证据的类型和范围。

在计划审计工作时，注册会计师应当对企业内部控制自我评价工作进行评估，判断是否利用企业内部审计人员、内部控制评价人员和其他相关人员的工作及可利用的程度。注册会计师如果利用企业内部审计人员、内部控制评价人员和其他相关人员的工作，可依据《中国注册会计师审计准则第 1411 号——利用内部审计人员的工作》等规定，对相关人员的专业胜任能力和客观性进行充分评价。

一、总体审计策略

总体审计策略用以确定审计的范围、时间和方向，并指导具体审计计划的制订。注册会计师应当在总体审计策略中体现下列内容。

▶ 1. 确定审计业务的特征，以界定审计范围

注册会计师通常需要考虑下列方面：

（1）被审计单位采用的内部控制标准。

（2）预期审计工作涵盖的范围，包括涵盖的组成部分的数量及所在地点。内部控制审计范围应当包括被审计单位在基准日或在此之前收购的实体，以及在基准日作为终止经营进行会计处理的业务。

（3）拟审计的经营分部的性质，包括是否需要具备专门知识。

（4）注册会计师对被审计单位内部控制评价工作的了解，以及拟利用被审计单位内部相关人员工作的程度。

（5）被审计单位使用服务机构的情况，以及注册会计师如何取得有关服务机构内部控制设计和运行有效性的证据。

（6）对利用在以前审计工作中或财务报表审计工作中获取的审计证据的预期。

（7）信息技术对审计程序的影响，包括数据的可获得性和对使用计算机辅助审计技术的预期。

▶ 2. 明确审计业务的报告目标，以计划审计的时间安排和所需沟通的性质

注册会计师通常需要考虑下列方面：

（1）被审计单位对外公布内部控制审计报告的时间安排。

（2）注册会计师与管理层和治理层讨论内部控制审计工作的性质、时间安排和范围。

（3）注册会计师与管理层和治理层讨论注册会计师拟出具的报告的类型和时间安排，以及沟通的其他事项，包括审计报告、管理建议书和向治理层通报的其他事项。

（4）注册会计师与管理层讨论预期，即就整个审计业务中对审计工作的进展进行的沟通。

（5）项目组成员之间沟通的预期性质和时间安排。

（6）预期是否需要和第三方进行其他沟通。

▶ 3. 指导项目组工作方向的重要因素

注册会计师通常需要考虑下列方面：

（1）财务报表整体的重要性和实际执行的重要性。

（2）初步识别的可能存在较高重大错报风险的领域。

（3）评估的财务报表层次的重大错报风险对指导、监督和复核的影响。

（4）被审计单位经营活动或内部控制最近发生变化的程度。

（5）与被审计单位沟通过的内部控制缺陷。

（6）有关管理层对设计、执行和维护健全的内部控制重视程度的证据。

（7）注册会计师对内部控制有效性的初步判断和对内部控制重大缺陷的初步识别。

（8）可获取的与内部控制有效性相关的证据的类型和范围。

（9）与评价财务报表发生重大错报的可能性和内部控制有效性相关的公开信息。

▶ 4. 初步业务活动的结果和对被审计单位执行其他业务的经验是否与内部控制审计业务相关

注册会计师通常需要考虑下列方面：

（1）注册会计师在执行其他业务时对被审计单位财务报告内部控制的了解。

（2）影响被审计单位所处行业的事项，如行业财务报告惯例、经济状况和技术革新等。

（3）与被审计单位相关的法律法规和监管环境。

（4）与被审计单位经营相关的事项，包括组织结构、经营特征和资本结构。

（5）被审计单位经营活动的复杂程度及与被审计单位相关的风险。

（6）以前审计中对内部控制运行有效性评价的结果，包括识别出的缺陷的性质和应对措施。

（7）影响被审计单位的重大业务发展变化，包括信息技术和业务流程的变化、关键管理人员变化，以及收购、兼并和处置。

▶ 5. 确定执行业务所需资源的性质、时间安排和范围

例如，项目组成员的选择，以及对项目组成员审计工作的分派、项目时间预算等。

二、具体审计计划

具体审计计划比总体审计策略更加详细,内容包括项目组成员拟实施的审计程序的性质、时间安排和范围。计划这些审计程序,会随着具体审计计划的制订逐步深入,并贯穿于审计的整个过程。注册会计师应当在具体审计计划中体现下列内容:

(1)了解和识别内部控制的程序的性质、时间安排和范围;
(2)测试控制设计有效性的程序的性质、时间安排和范围;
(3)测试控制运行有效性的程序的性质、时间安排和范围。

第三节 测试内部控制

注册会计师应当采用自上而下的方法选择拟测试的控制。自上而下的方法始于财务报表层次,以注册会计师对财务报告内部控制整体风险的了解开始,然后,将关注重点放在企业层面的控制上,并将工作逐渐下移至重要账户、列报及相关认定。自上而下的方法分为下列步骤:

(1)从财务报表层次初步了解内部控制整体风险;
(2)识别、了解和测试企业层面控制;
(3)识别重要账户、列报及相关认定;
(4)了解潜在错报的来源并识别相应的控制;
(5)选择拟测试的控制。

一、内部控制的有效性

内部控制的有效性包括内部控制设计的有效性和内部控制运行的有效性。

注册会计师应当测试控制设计的有效性。如果某项控制由拥有有效执行控制所需的授权和专业胜任能力的人员按规定的程序和要求执行,能够实现控制目标,从而有效地防止或发现并纠正可能导致财务报表发生重大错报的错误或舞弊,则表明该项控制的设计是有效的。

注册会计师应当测试控制运行的有效性。如果某项控制正在按照设计运行,执行人员拥有有效执行控制所需的授权和专业胜任能力,能够实现控制目标,则表明该项控制的运行是有效的。

注册会计师获取的有关控制运行有效性的审计证据包括:控制在所审计期间的相关时点是如何运行的;控制是否得到一贯执行;控制由谁或以何种方式执行。

二、测试控制有效性的程序

测试控制有效性的审计程序(方法)类型包括询问、观察、检查和重新执行。

（一）询问

注册会计师通过与被审计单位有关人员进行讨论以取得与内部控制相关的信息。在讨论中注册会计师要注意保持职业怀疑态度。但是，仅实施询问程序不能为某一特定控制的有效性提供充分适当的证据。注册会计师通常需要获取其他信息以印证询问所取得的信息，这些其他信息包括被审计单位其他人员的佐证，控制执行时所使用的报告、手册或其他文件等。

（二）观察

观察是测试运行不留下书面记录的控制的有效方法。例如，对于与职责分离相关的控制，注册会计师需要获得第一手证据，不仅通过询问取得关于责任分工的信息，而且通过实地观察，证实责任分工控制是按规定执行的。

观察也可运用于测试对实物的控制，例如查看仓库门是否锁好，或空白支票是否妥善保管。通常情况下，注册会计师通过观察直接获取的证据比间接获取的证据更可靠。

观察可以提供执行有关过程或程序的审计证据，但观察所提供的审计证据仅限于观察发生的时点，而且被观察人员的行为可能因被观察而受到影响，这也会使观察提供的审计证据受到限制。例如，注册会计师可以通过观察处理现金收款的过程以对现金收款的控制进行测试，但是由于观察只针对某一时点，因此注册会计师需要结合运用询问及检查相关的文件，以获得更多对于某一段时期内控制运行有效性的证据。

（三）检查

检查通常用于确认控制是否得以执行。例如，对偏差报告进行调查与跟进这一控制，负责调查和跟进的人员在偏差报告中添加的书面说明、管理人员审核时留下的记号，或其他标记，都可以作为控制得到执行的证据。注册会计师需要检查显示控制得以执行的、可以合理预期控制存在的证据。缺乏证据可能表示控制没有按规定运行，注册会计师需要执行进一步程序以确定事实上是否存在有效的控制。

检查记录和文件可以提供可靠程度不同的审计证据，审计证据的可靠性取决于记录或文件的性质和来源。而在检查内部记录和文件时，内部记录和文件的可靠性则取决于生成该记录或文件的内部控制的有效性。

在有些情况下，存在书面证据不一定表明控制一定有效。例如，凭证审核是一种常见的控制，但是看到签名不一定能证明审核人员认真审核了凭证，审核人员可能只粗略浏览凭证，甚至未审核而直接签名。因此，通过检查凭证签名获得的审计证据的质量可能不具有说服力。

（四）重新执行

重新执行的目的是评价控制的有效性，而不是测试特定交易或余额的存在或准确性，即定性而非定量，因此一般不必选取大量的项目，也不必特意选取金额重大的项目进行测试。

例如，测试管理层审核银行余额调节表这一控制时，根据测试目的，注册会计师可以检查银行余额调节表是否存在，浏览调节事项是否得到适当处理，以及检查调节表上是否有编制者和审批者的签字。

三、控制测试的时间安排

对控制有效性的测试涵盖的期间越长,提供的控制有效性的审计证据越多。对于内部控制审计业务,注册会计师应当获取内部控制在基准日之前一段足够长的期间内有效运行的审计证据。在整合审计中,注册会计师控制测试所涵盖的期间应尽量与财务报表审计中拟信赖内部控制的期间保持一致。对控制有效性测试的实施时间越接近基准日,提供的控制有效性的审计证据越有力。

为了获取充分、适当的审计证据,注册会计师应当在下列两个因素之间做出平衡,以确定测试的时间:

(1)尽量在接近基准日实施测试;
(2)实施的测试需要涵盖足够长的期间。

在整合审计中测试控制在整个会计年度的运行有效性时,注册会计师可以将样本分成两部分,一部分在期中测试;另一部分在临近年末的期间测试。

注册会计师执行内部控制审计业务旨在对基准日内部控制有效性出具报告。如果已获取有关控制在期中运行有效性的审计证据,注册会计师应当确定还需要获取哪些补充审计证据,以证实剩余期间控制的运行情况。

自动化控制被证明运行有效,通常不会发生运行故障或质量下降的情况,前提是存在适当且持续有效的信息技术一般控制。如果信息技术一般控制有效且关键的自动化控制未发生任何变化,注册会计师就不需要对该自动化控制实施前推测试。但是,如果注册会计师在期中对重要的信息技术一般控制实施了测试,则通常还需要对其实施前推程序。

如果注册会计师认为一个或一个以上重要的信息技术一般控制无效,注册会计师需要评估该一般控制对总体信息技术环境及对任何依赖这些信息技术一般控制的自动化控制的持续有效性的影响。如果重要的信息技术一般控制无效,且无法获得其他替代证据以证实关键的自动化控制自上次被测试后未发生变化,注册会计师在执行内部控制审计时,通常就需要获取有关该自动化控制在接近基准日的期间内是否有效运行的证据。

【例题 6.1】ABC 会计师事务所负责审计甲公司 2014 年度财务报表,审计工作底稿中与内部控制相关的部分内容摘录如下:

(1)甲公司营业收入的发生认定存在特别风险。相关控制在 2013 年度审计中经测试运行有效。因这些控制本年未发生变化,审计项目组拟继续予以信赖,并依赖了上年审计获取的有关这些控制运行有效的审计证据。

(2)考虑到甲公司 2014 年固定资产的采购主要发生在下半年,审计项目组从下半年固定资产采购中选取样本实施控制测试。

(3)甲公司与原材料采购批准相关的控制每日运行数次,审计项目组确定样本规模 25 个。考虑到该控制自 2014 年 7 月 1 日起发生重大变化,审计项目组从上半年和下半年的交易中分别选取 12 个和 13 个样本实施控制测试。

(4)审计项目组对银行存款实施了实质性程序,未发现错报,因此认为甲公司与银行存款相关的内部控制运行有效。

(5) 甲公司内部控制制度规定,财务经理每月应复核销售返利计算表,检查销售收入金额和返利比例是否准确,如有异常进行调查并处理,复核完成后签字存档。审计项目组选取了3个月的销售返利计算表,检查了财务经理的签字,认为该控制运行有效。

(6) 审计项目组拟信赖与固定资产折旧计提相关的自动化应用控制。因该控制在2013年度审计中测试结果满意,且在2014年未发生变化,审计项目组仅对信息技术一般控制实施测试。

要求:针对上述第(1)~(6)项,逐项指出审计项目组的做法是否恰当。如不恰当,简要说明理由。(2015年注册会计师考题)

【答案及解析】

(1) 不恰当,因相关控制是应对特别风险的,应当在当年测试相关控制的运行有效性,不能利用以前审计中获取的审计证据。

(2) 不恰当,控制测试的样本应当涵盖整个期间。

(3) 不恰当,因为控制发生重大变化,应当分别测试2014年上半年和下半年与原材料采购批准相关的内部控制活动不同,应当分别测试25个。

(4) 不恰当,通过实质性程序未发现错报,并不能证明与所测试认定相关的内部控制是有效的,注册会计师不能以实质性程序的结果推断内部控制的有效性。

(5) 不恰当,只检查财务经理的签字不足够,应当检查财务经理是否按规定完整实施该控制。

(6) 恰当。

阅读资料

×公司的销售采用客户上门提货的方式,因此通常产品出库即实现销售。注册会计师对×公司(基准日为12月31日)截至9月30日应收账款流程中的关键控制实施了测试,并对10月31日的应收账款余额实施了细节测试。在实施年末审计程序时,注册会计师考虑是否需要对期中测试结果实施前推程序,自实施期中测试之后到基准日(剩余期间)之间的间隔长度,以及在制订财务报表审计计划时拟对这些控制取得较高程度的保证,决定实施一定的前推测试。

注册会计师制订的前推测试计划如下:

控制一:应收账款会计每天将分类账中的收款记录与在线银行收款记录进行核对,并调查任何超过某一金额的差异。应收账款会计负责该控制在全年度内的执行,并且注册会计师期中控制测试时未发现控制偏差。该控制并不复杂,执行时不需要做出重大判断。因此,注册会计师认为,向应收账款会计询问该控制是否得到一贯执行及在9月30日至12月31日是否出现任何异常现象,就可以为该控制是否持续有效运行提供充分的证据。

控制二:每月末财务总监取得该月最后三天的产品出库报告,将该出库报告与当月入账的应收账款明细进行核对,以确保应收账款余额的完整性和存在。尽管该控制并不复杂，但每月最后一周的产品出库量占全月出库量的比例很重大。此外，通过将当月入账的应收账款与出库记录进行比较，财务总监可以监控是否存在故意错报应收账款的行为。考虑到该控制具有多重目的及控制运行无效所导致后果较严重，注册会计师决定向财务总监和应收账款会计进行询问，并对财务总监执行该复核控制实施数次观察。

控制三：每月末财务总监、首席财务官和客户信用经理复核应收账款账龄分析表并共同决定是否需要对长期未收款的应收账款余额计提坏账准备。在此过程中他们利用了多方面的信息，包括客户以往付款记录及与客户之间的沟通文件、账龄一年以上和两年以上的应收账款小计金额占应收账款总金额的比例，以及本年度至今为止的坏账核销金额与坏账准备的比较。该控制具有较高的主观性且对资产负债表和利润表均具有潜在的重大影响。由于该控制涉及管理层估计，因此还存在潜在的舞弊风险。考虑到这些因素，注册会计师决定检查关于该控制在基准日之前几次运行情况的证据，包括上述人员共同讨论的记录和与客户沟通的记录。

如果注册会计师在实施期中控制测试和上述控制前推程序中没有发现任何控制缺陷，注册会计师在制订计划以对10月31日已实施函证程序的应收账款实施前推程序时，可以对控制给予高度的信赖。在这种情况下，注册会计师可能会决定将10月31日的应收账款余额前推至12月31日，并对该期间的收款金额进行非常有限的测试。反之，如果控制存在缺陷，则注册会计师可能决定对剩余期间的交易金额实施大量细节测试，甚至对12月31日的应收账款余额再次实施函证程序。

四、控制测试的范围

注册会计师在测试控制的运行有效性时，应当在考虑与控制相关的风险的基础上，确定测试的范围(样本规模)。注册会计师确定的测试范围，应当足以获取充分、适当的审计证据，为基准日内部控制是否不存在重大缺陷提供合理保证。

(一) 测试人工控制的最小样本规模

在测试人工控制时，如果采用检查或重新执行程序，注册会计师测试的最小样本规模区间参见表6-1。

表6-1 测试人工控制的最小样本规模区间

控制运行频率	控制运行的总次数	测试的最小样本规模区间
每年1次	1	1
每季1次	4	2
每月1次	12	2～5
每周1次	52	5～15
每天1次	250	20～40
每天多次	大于250次	25～60

在下列情况下，注册会计师可以使用表 6-1 中测试的最小样本规模区间的最低值（如对于每天运行多次的控制，选择 25 个样本规模）：

(1) 与账户及其认定相关的固有风险和舞弊风险为低水平；

(2) 是日常控制，执行时需要的判断很少；

(3) 从穿行测试得出的结论和以前年度审计的结果表明未发现控制缺陷；

(4) 管理层针对该项控制的测试结果表明未发现控制缺陷；

(5) 存在有效的补偿性控制，且管理层针对补偿性控制的测试结果为运行有效；

(6) 根据对控制的性质及内部审计人员客观性和胜任能力的考虑，注册会计师拟更多地利用他人的工作。

阅读资料

某公司存在一项每月运行 1 次的控制，如某一员工对 50 个银行账户每月编制银行余额调节表。第一步，计算控制每年运行的总次数，$12 \times 50 = 600$。第二步，根据总次数选择表 6-1 中对应的部分，应为大于 250 次，每天多次，样本规模应为 25～60。

如果由多个人员执行同一控制，应当分别确定总体，针对每个人员确定样本规模。如果由 2 个人执行 600 次控制，样本规模应为 25，即应针对每个人测试 25 次，一共 50 个样本。

在确定控制运行的总次数时，还要注意拟测试的控制是否是同质的，能否作为一个总体。在本例中，如果由统一的财务主管复核每个人编制的银行余额调节表，通过了解和评价财务主管的复核控制，可以保证经复核的控制是同质的，则可以将 2 个人执行的控制作为 1 个总体。

（二）测试自动化应用控制的最小样本规模

信息技术处理具有内在一贯性，除非系统发生变动，一项自动化应用控制应当一贯运行。对于一项自动化应用控制，一旦确定被审计单位正在执行该控制，注册会计师通常无须扩大控制测试的范围，但需要考虑执行下列测试以确定该控制持续有效运行：

(1) 测试与该应用控制有关的一般控制的运行有效性；

(2) 确定系统是否发生变动，如果发生变动，是否存在适当的系统变动控制；

(3) 确定对交易的处理是否使用授权批准的软件版本。

例如，注册会计师可以检查信息系统安全控制记录，以确定是否存在未经授权的接触系统硬件和软件，以及系统是否发生变动。

在信息技术一般控制有效的前提下，除非系统发生变动，注册会计师或专家可能只需要对某项自动化应用控制的每一相关属性进行一次系统查询以检查系统设置，即可得出所测试自动化应用控制是否运行有效的结论。

（三）发现偏差时的处理

如果发现控制偏差，注册会计师应当确定对下列事项的影响：

(1) 与所测试控制相关的风险的评估；

（2）需要获取的审计证据；
（3）控制运行有效性的结论。

评价控制偏差的影响需要注册会计师运用职业判断，并受到控制的性质和所发现偏差数量的影响。如果发现的控制偏差是系统性偏差或人为有意造成的偏差，注册会计师应当考虑舞弊的可能迹象及对审计方案的影响。

由于有效的内部控制不能为实现控制目标提供绝对保证，单项控制并非一定要毫无偏差地运行才被认为有效。在按照表 6-1 所列示的样本规模进行测试的情况下，如果发现控制偏差，注册会计师应当考虑偏差的原因及性质，并考虑采用扩大样本规模等适当的应对措施以判断该偏差是否对总体不具有代表性。例如，对每日发生多次的控制，如果初始样本规模为 25 个，当测试发现一项控制偏差，且该偏差不是系统性偏差时，注册会计师可以扩大样本规模进行测试，所增加的样本规模至少为 15 个。如果测试后再次发现偏差，则注册会计师可以得出该控制无效的结论。如果扩大样本规模没有再次发现偏差，则注册会计师可以得出控制有效的结论。

第四节 完成内部控制审计

一、评价控制缺陷

（一）控制缺陷的分类

▶ 1. 按控制缺陷的成因分类

内部控制缺陷按成因分类，可分为设计缺陷和运行缺陷。

设计缺陷是指缺少为实现控制目标所必需的控制，或现有控制设计不适当、即使正常运行也难以实现预期的控制目标。

运行缺陷是指现存设计适当的控制没有按设计意图运行，或执行人员没有获得必要授权或缺乏胜任能力，无法有效地实施内部控制。

▶ 2. 按影响程度分类

内部控制缺陷按影响程度分类，可分为重大缺陷、重要缺陷和一般缺陷。

重大缺陷是内部控制中存在的、可能导致不能及时防止或发现并纠正财务报表出现重大错报的一项控制缺陷或多项控制缺陷的组合。

重要缺陷是内部控制中存在的、严重程度不如重大缺陷但足以引起负责监督被审计单位财务报告的人员（如审计委员会或类似机构）关注的一项控制缺陷或多项控制缺陷的组合。

一般缺陷是内部控制中存在的、除重大缺陷和重要缺陷之外的控制缺陷。

（二）评价控制缺陷的严重程度

注册会计师应当评价识别的各项内部控制缺陷的严重程度，以确定这些缺陷单独或组合起来，是否构成重大缺陷。内部控制可能存在重大缺陷的迹象主要包括：①注册会计师发现董事、监事和高级管理人员舞弊；②企业更正已经公布的财务报表；③注册会计师发现当期财务报表存在重大错报，而内部控制在运行过程中未能发现该错报；④企业审计委员会和内部审计机构对内部控制的监督无效。

控制缺陷的严重程度取决于以下因素：

(1) 控制不能防止或发现并纠正账户或列报发生错报的可能性的大小；

(2) 因一项或多项控制缺陷导致的潜在错报的金额大小。

控制缺陷的严重程度与错报是否发生无关，而取决于控制不能防止或发现并纠正错报的可能性的大小。

在评价一项控制缺陷或多项控制缺陷的组合是否可能导致账户或列报发生错报时，注册会计师应当考虑的风险因素如下：

(1) 所涉及的账户、列报及其相关认定的性质；

(2) 相关资产或负债易于发生损失或舞弊的可能性；

(3) 确定相关金额时所需判断的主观程度、复杂程度和范围；

(4) 该项控制与其他控制的相互作用或关系；

(5) 控制缺陷之间的相互作用；

(6) 控制缺陷在未来可能产生的影响。

如果多项控制缺陷影响财务报表的同一账户或列报，错报发生的概率会增加。在存在多项控制缺陷时，即使这些缺陷从单项看不重要，但组合起来也可能构成重大缺陷。因此，注册会计师应当确定，对同一重要账户、列报及其相关认定或内部控制要素产生影响的各项控制缺陷，组合起来是否构成重大缺陷。

在确定一项控制缺陷或多项控制缺陷的组合是否构成重大缺陷时，注册会计师应当评价补偿性控制的影响。在评价补偿性控制是否能够弥补控制缺陷时，注册会计师应当考虑补偿性控制是否有足够的精确度以防止或发现并纠正可能发生的重大错报。

二、获取企业内部控制声明书

注册会计师在完成审计工作阶段，应当取得经企业签署的书面声明。书面声明应当包括下列内容：

(1) 企业董事会认可该注册会计师对建立健全和有效实施内部控制负责；

(2) 企业已对内部控制的有效性做出自我评价，并说明评价时采用的标准及得出的结论；

(3) 企业没有利用注册会计师执行的审计程序及结果作为自我评价的基础；

(4) 企业已向注册会计师披露识别出的所有内部控制缺陷，并单独披露其中的重大缺陷和重要缺陷；

(5) 企业对于注册会计师在以前年度审计中识别的重大缺陷和重要缺陷，是否已经采取措施予以解决；

(6) 企业在内部控制自我评价基准日后，内部控制是否发生重大变化，或者存在对内部控制具有重要影响的其他因素。

企业如果拒绝提供或以其他不当理由回避书面声明，注册会计师应当将这种情况视为审计范围受到限制。

三、与企业治理层和管理层沟通

注册会计师应当与企业沟通审计过程中识别的所有控制缺陷。对于其中的重大缺陷和重要缺陷，应当以书面形式与企业董事会和经理层沟通。注册会计师认为企业审计委员会和内部审计机构对内部控制的监督是无效的，应当就此以书面形式直接与企业董事会和经理层沟通。

对在审计过程中注意到的企业非财务报告内部控制缺陷，注册会计师应当区别以下情况，以书面形式与企业董事会和经理层沟通：①注册会计师认为非财务报告内部控制缺陷为一般缺陷和重要缺陷的，应当与企业进行沟通，提醒企业加以改进，但无须在内部控制审计报告中说明；②注册会计师认为非财务报告内部控制缺陷为重大缺陷的，应当与企业进行沟通，提醒企业加以改进，同时应当在内部控制审计报告中增加非财务报告内部控制重大缺陷描述段，对重大缺陷的性质及重大缺陷对实现相关控制目标的影响程度进行披露，提示内部控制审计报告使用者注意相关风险。

书面沟通应当在注册会计师出具内部控制审计报告之前进行。

四、期后事项

在企业内部控制自我评价基准日之后至审计报告日之前（以下简称期后期间）内部控制可能发生变化，或出现其他可能对内部控制产生重要影响的因素。注册会计师应当询问是否存在这类变化或影响因素，并获取企业关于这些情况的书面声明。

注册会计师知悉对企业内部控制自我评价基准日内部控制有效性有重大负面影响的期后事项的，应当对财务报告内部控制发表否定意见。

注册会计师不能确定期后事项对内部控制有效性影响程度的，应当出具无法表示意见的内部控制审计报告。

五、出具审计报告

注册会计师在完成内部控制审计工作后，应当出具内部控制审计报告。标准内部控制审计报告应当包括下列要素。

（1）标题。内部控制审计报告的标题统一规范为"内部控制审计报告"。

（2）收件人。内部控制审计报告的收件人是指注册会计师按照业务约定书的要求致送内部控制审计报告的对象，一般是指审计业务的委托人。内部控制审计报告需要载明收件人的全称。

（3）引言段。内部控制审计报告的引言段说明企业的名称和内部控制已经过审计。

（4）企业对内部控制的责任段。企业对内部控制的责任段说明，按照《企业内部控制基本规范》《企业内部控制应用指引》《企业内部控制评价指引》的规定，建立健全和有效实施内部控制，并评价内部控制的有效性，是企业董事会的责任。

（5）注册会计师的责任段。注册会计师的责任段说明，在实施审计工作的基础上，对财务报告内部控制的有效性发表审计意见,并对注意到的非财务报告内部控制的重大缺陷进行披露是注册会计师的责任。

(6) 内部控制固有局限性的说明段。内部控制无论如何有效,都只能为企业实现控制目标提供合理保证。内部控制实现目标的可能性受固有限制的影响,包括:①在决策时人为判断可能出现错误和因人为失误而导致内部控制失效。②控制的运行也可能无效。③控制可能由于两个或更多的人员进行串通舞弊或管理层不当地凌驾于内部控制之上而被规避。④在设计和执行控制时,如果存在选择执行的控制及选择承担的风险,管理层在确定控制的性质和范围时需要做出主观判断。

因此,注册会计师需要在内部控制固有局限性的说明段说明,内部控制具有固有局限性,存在不能防止和发现错报的可能性。此外,由于情况的变化可能导致内部控制变得不恰当,或对控制政策和程序遵循的程度降低,根据内部控制审计结果推测未来内部控制的有效性具有一定风险。

(7) 财务报告内部控制审计意见段。审计意见段应当说明企业是否按照《企业内部控制基本规范》和相关规定在所有重大方面保持了有效的财务报告内部控制。

(8) 注册会计师的签名和盖章。

(9) 会计师事务所的名称、地址及盖章。

(10) 报告日期。审计报告的日期不应早于注册会计师获取充分、适当的审计证据(包括董事会认可对内部控制及评价报告的责任且已批准评价报告的证据),并在此基础上对内部控制的有效性形成审计意见的日期。如果内部控制审计和财务报表审计整合进行,注册会计师对内部控制审计报告和财务报表审计报告需要签署相同的日期。

本章小结

内部控制是由企业董事会、监事会、经理层和全体员工实施的、旨在实现控制目标的过程。内部控制审计是指会计师事务所接受委托,对企业特定基准日内部控制设计与运行的有效性进行审计。注册会计师可以单独进行内部控制审计,也可以将内部控制审计与财务报表审计整合进行,即整合审计。注册会计师执行的内部控制审计严格限定在财务报告内部控制审计,注册会计师对财务报告内部控制有效性发表审计意见;注册会计师针对内部控制审计过程中注意到的非财务报告内部控制的重大缺陷,在内部控制审计报告中增加"非财务报告内部控制重大缺陷描述段"予以披露。

内部控制审计基准日是指注册会计师评价内部控制在某一时日是否有效所涉及的基准日,也是被审计单位评价基准日(最近一个会计期间截止日)。注册会计师对特定基准日内部控制的有效性发表意见,并不意味着注册会计师只测试基准日这一天的内部控制,而是需要考察足够长一段时间中内部控制设计和运行的情况。

第六章 内部控制审计

《企业内部控制审计指引》第六条要求注册会计师应当恰当地计划内部控制审计工作，配备具有专业胜任能力的项目组，并对助理人员进行适当的督导。在计划审计工作时，注册会计师应当对企业内部控制自我评价工作进行评估，判断是否利用企业内部审计人员、内部控制评价人员和其他相关人员的工作及可利用的程度。

注册会计师应当采用自上而下的方法选择拟测试的控制。自上而下的方法始于财务报表层次，以注册会计师对财务报告内部控制整体风险的了解开始，然后，将关注重点放在企业层面的控制上，并将工作逐渐下移至重要账户、列报及其相关认定。

注册会计师应当评价识别的各项内部控制缺陷的严重程度，以确定这些缺陷单独或组合起来，是否构成重大缺陷。注册会计师应当确定，对同一重要账户、列报及其相关认定或内部控制要素产生影响的各项控制缺陷，组合起来是否构成重大缺陷。注册会计师应当与企业沟通审计过程中识别的所有控制缺陷。对于其中的重大缺陷和重要缺陷，应当以书面形式与企业董事会和经理层沟通。

注册会计师知悉对企业内部控制自我评价基准日内部控制有效性有重大负面影响的期后事项的，应当对财务报告内部控制发表否定意见。注册会计师不能确定期后事项对内部控制有效性影响程度的，应当出具无法表示意见的内部控制审计报告。

注册会计师在完成内部控制审计工作后，应当出具内部控制审计报告。标准内部控制审计报告应当包括下列要素：标题，收件人，引言段，企业对内部控制的责任段，注册会计师的责任段，内部控制固有局限性的说明段，财务报告内部控制审计意见段，注册会计师的签名和盖章，会计师事务所的名称、地址及盖章，报告日期。

练习题

一、单项选择题

1. 注册会计师评价企业内部控制是否有效运行的基础标准是（　　）。
   A. 企业内控基本规范和应用指引
   B. 注册会计师审计准则
   C.《企业会计准则》
   D. 企业内部控制审计指引

2. 企业内部控制设计与运行的主体是（　　）。
   A. 企业董事会、监事会、经理层和全体员工
   B. 注册会计师
   C. 会计师事务所

D. 政府有关部门

3. 注册会计师执行的内部控制审计严格限定在( )。

A. 销售控制　　　　　　　　　　B. 采购控制
C. 生产控制　　　　　　　　　　D. 财务报告内部控制审计

4. 内部控制审计基准日是( )。

A. 资产负债表日
B. 利润表时间
C. 审计报告日
D. 被审计单位评价基准日

5. 内部控制审计的总体审计策略中不体现的内容是( )。

A. 界定审计范围
B. 明确审计业务的报告目标
C. 内部控制的重要因素
D. 确定执行业务所需资源的性质、时间安排和范围

二、多项选择题

1. 内部控制缺陷按成因分为( )。

A. 重要缺陷　　　　　　　　　　B. 一般缺陷
C. 设计缺陷　　　　　　　　　　D. 运行缺陷

2. 内部控制实现目标的可能性受固有限制的影响,包括( )。

A. 在决策时人为判断可能出现错误和因人为失误而导致内部控制失效
B. 控制的运行也可能无效
C. 控制可能由于两个或更多的人员进行串通舞弊或管理层不当地凌驾于内部控制之上而被规避
D. 在设计和执行控制时,如果存在选择执行的控制及选择承担的风险,管理层在确定控制的性质和范围时需要做出主观判断

3. 内部控制可能存在重大缺陷的迹象主要有( )。

A. 注册会计师发现董事、监事和高级管理人员舞弊
B. 企业更正已经公布的财务报表
C. 注册会计师发现财务报表存在重大错报,而内部控制在运行过程中未能发现该错报
D. 企业审计委员会和内部审计机构对内部控制的监督无效

4. 内部控制的有效性包括( )。

A. 内部控制运行的有效性
B. 内部控制审计的有效性
C. 内部控制评价的有效性
D. 内部控制设计的有效性

5. 内部控制缺陷的严重程度取决于( )。

A. 控制不能防止或发现并纠正账户或列报发生错报的可能性大小

B. 因一项或多项控制缺陷导致的潜在错报的金额大小
C. 所涉及的账户、列报及其相关认定的性质
D. 该项控制与其他控制的相互作用或关系

三、简答题
1. 简述企业内部控制审计的含义和范围。
2. 简述内部控制审计报告的要素。

第七章 鉴证报告

本章重点

1. 审计报告的要素。
2. 审计意见的类型。
3. 审计报告的格式。

第一节 财务报表审计报告

一、审计报告的含义

审计报告是指注册会计师根据审计准则的规定,在执行审计工作的基础上,对财务报表发表审计意见的书面文件。审计报告一般分为封面封底、正文、已审财务报表及附注、执业证照四部分。审计报告是注册会计师在完成审计工作后向委托人提交的最终产品,具有以下特征。

(一) 注册会计师应当按照审计准则的规定执行审计工作

审计准则是用以规范注册会计师执行审计业务的标准,包括一般原则与责任、风险评估与应对、审计证据、利用其他主体的工作、审计结论与报告及特殊领域审计六个方面的内容,涵盖了注册会计师执行审计业务的整个过程和各个环节。

(二) 注册会计师在实施审计工作的基础上出具审计报告

注册会计师应当实施风险评估程序,通过了解被审计单位及被审计单位的环境,识别和评估由于舞弊或错误导致的重大错报风险,以此作为评估财务报表层次和认定层次重大错报风险的基础。风险评估程序本身并不足以为发表审计意见提供充分、适当的审计证据,注册会计师还应当对评估的风险设计和实施恰当的应对措施。注册会计师通过实施上述审计程序，获取充分、适当的审计证据，得出合理的审计结论，作为形成审计意见的基础。

（三）注册会计师通过对财务报表发表意见履行业务约定书约定的责任

财务报表审计的目标是注册会计师通过执行审计工作，针对财务报表是否在所有重大方面按照财务报告编制基础编制并实现公允反映发表审计意见。因此，在实施审计工作的基础上，注册会计师需要对财务报表形成审计意见，并向委托人提交审计报告。

（四）注册会计师应当以书面形式出具审计报告

审计报告具有特定的要素和格式，注册会计师只有以书面形式出具报告，才能清楚表达对财务报表发表的审计意见。

注册会计师应当根据由审计证据得出的结论，清楚表达对财务报表的意见。财务报表是指对企业财务状况、经营成果和现金流量的结构化表述，至少应当包括资产负债表、利润表、所有者（股东）权益变动表、现金流量表和财务报表附注。无论是出具标准审计报告，还是非标准审计报告，注册会计师一旦在审计报告上签名并盖章，就表明对自己出具的审计报告负责。

审计报告是注册会计师对财务报表是否在所有重大方面按照财务报告编制基础编制并实现公允反映发表审计意见的书面文件，因此，注册会计师应当将已审计的财务报表附于审计报告之后，以便于财务报表使用者正确理解和使用审计报告，并防止被审计单位替换、更改已审计的财务报表。

二、审计报告的作用

注册会计师签发的审计报告，主要具有鉴证、保护和证明三方面的作用。

（一）鉴证作用

注册会计师签发的审计报告，不同于政府审计和内部审计的审计报告，是以超然独立的第三者身份，对被审计单位财务报表合法性、公允性发表意见。这种意见具有鉴证作用，得到了政府及政府各部门和社会各界的普遍认可。政府有关部门，如财政部门、税务部门等了解、掌握企业的财务状况和经营成果的主要依据是企业提供的财务报表。财务报表是否合法、公允，主要依据注册会计师的审计报告做出判断。股份制企业的股东，主要依据注册会计师的审计报告来判断被投资企业的财务报表是否公允地反映了财务状况和经营成果，以进行投资决策等。

（二）保护作用

注册会计师通过审计，可以对被审计单位财务报表出具不同类型审计意见的审计报告，以提高或降低财务报表使用者对财务报表的信赖程度，能够在一定程度上对被审计单位的财产、债权人和股东的权益及企业利害关系人的利益起到保护作用。如投资者为了减少投资风险，在进行投资之前，需要查阅被投资企业的财务报表和注册会计师的审计报告，了解被投资企业的经营情况和财务状况。投资者根据注册会计师的审计报告做出投资决策，可以降低投资风险。

（三）证明作用

审计报告是对注册会计师审计任务完成情况及审计结果进行的总结，它可以表明审计工作的质量并明确注册会计师的审计责任。因此，审计报告可以对审计工作质量和注册会计师的审计责任起证明作用。通过审计报告，可以证明注册会计师在审计过程中是否实施了必要的审计程序，是否以审计工作底稿为依据发表审计意见，发表的审计意见是否与被审计单位的实际情况相一致，审计工作的质量是否符合要求。通过审计报告，可以证明注册会计师对审计责任的履行情况。

三、审计意见的形成和类型

（一）审计意见的形成

注册会计师应当就财务报表是否在所有重大方面按照适用的财务报告编制基础编制并实现公允反映形成审计意见。为了形成审计意见，针对财务报表整体是否不存在由于舞弊或错误导致的重大错报，注册会计师应当得出结论，确定是否已就此获取合理保证。在得出结论时，注册会计师应当考虑下列方面。

▶ 1. 按照中国注册会计师审计准则的规定，是否已获取充分、适当的审计证据

在得出总体结论之前，注册会计师应当根据实施的审计程序和获取的审计证据，评价对认定层次重大错报风险的评估是否仍然适当。在形成审计意见时，注册会计师应当考虑所有相关的审计证据，无论该证据与财务报表认定相互印证还是相互矛盾。

如果对重大的财务报表认定没有获取充分、适当的审计证据，注册会计师应当尽可能获取进一步的审计证据。

▶ 2. 按照中国注册会计师审计准则的规定，未更正错报单独或汇总起来是否构成重大错报

在确定时，注册会计师应当考虑：相对特定类别的交易、账户余额或披露及财务报表整体而言，错报的金额和性质及错报发生的特定环境；与以前期间相关的未更正错报对相关类别的交易、账户余额或披露及财务报表整体的影响。

▶ 3. 财务报表是否在所有重大方面按照适用的财务报告编制基础编制

注册会计师应当依据适用的财务报告编制基础特别评价下列内容。

（1）财务报表是否充分披露了选择和运用的重要会计政策。

（2）选择和运用的会计政策是否符合适用的财务报告编制基础，并适合被审计单位的具体情况。会计政策是被审计单位在会计确认、计量和报告中采用的原则、基础和会计处理方法。被审计单位选择和运用的会计政策既应符合适用的财务报告编制基础，也应适合被审计单位的具体情况。在考虑被审计单位选用的会计政策是否适当时，注册会计师还应当关注重要的事项。重要事项包括重要项目的会计政策和行业惯例、重大和异常交易的会计处理方法、在新领域和缺乏权威性标准或共识的领域采用重要会计政策产生的影响、会计政策的变更等。

（3）管理层做出的会计估计是否合理。会计估计通常是指被审计单位以最近可利用的信息为基础对结果不确定的交易或事项做出的判断。由于会计估计的主观性、复杂性和不确定性，管理层做出的会计估计发生重大错报的可能性较大。因此，注册会计师应当判断管理层做出的会计估计是否合理，确定会计估计的重大错报风险是否是特别风险，是否采取了有效的措施予以应对。

(4) 财务报表列报的信息是否具有相关性、可靠性、可比性和可理解性。财务报表反映的信息应当符合信息质量特征，具有相关性、可靠性、可比性和可理解性。注册会计师应当根据《企业会计准则——基本准则》的规定，考虑财务报表反映的信息是否符合信息质量特征。

(5) 财务报表是否做出充分披露，使财务报表预期使用者能够理解重大交易和事项对财务报表所传递的信息的影响。按照通用目的编制基础编制的财务报表通常反映被审计单位的财务状况、经营成果和现金流量。对于通用目的财务报表，注册会计师需要评价财务报表是否做出充分披露，以使财务报表预期使用者能够理解重大交易和事项对被审计单位财务状况、经营成果和现金流量的影响。

(6) 财务报表使用的术语是否适当。在评价财务报表是否在所有重大方面按照适用的财务报告编制基础编制时，注册会计师还应当考虑被审计单位会计实务的质量，包括表明管理层的判断可能出现偏向的迹象。

▶ 4. 财务报表是否实现公允反映

在评价财务报表是否实现公允反映时，注册会计师应当考虑下列内容：①财务报表的整体列报、结构和内容是否合理；②财务报表（包括相关附注）是否公允地反映了相关交易和事项。

▶ 5. 财务报表是否恰当提及或说明适用的财务报告编制基础

管理层和治理层（如适用）编制的财务报表需要恰当说明适用的财务报表编制基础。由于这种说明向财务报表使用者告知编制财务报表所依据的编制基础，因此非常重要。但只有财务报表符合适用的财务报告编制基础（在财务报表所涵盖的期间内有效）的所有要求，声明财务报表按照该编制基础编制才是恰当的。

(二) 审计意见的类型

我国注册会计师审计意见分为无保留意见、保留意见、否定意见和无法表示意见四种基本类型。审计意见是审计报告的核心，审计报告分为标准审计报告和非标准审计报告。

标准审计报告是指不含有说明段、强调事项段、其他事项段或其他任何修饰性用语的无保留意见的审计报告。其中，无保留意见是指当注册会计师认为财务报表在所有重大方面按照适用的财务报告编制基础编制并实现公允反映时发表的审计意见。

非标准审计报告是指带强调事项段或其他事项段的无保留意见的审计报告和非无保留意见的审计报告。非无保留意见的审计报告包括保留意见的审计报告、否定意见的审计报告和无法表示意见的审计报告。

四、审计报告的要素

无保留意见审计报告应当包括下列要素：①标题；②收件人；③审计意见；④形成审计意见的基础；⑤管理层对财务报表的责任；⑥注册会计师对财务报表审计的责任；⑦按照相关法律法规的要求报告的事项（如适用）；⑧注册会计师的签名和盖章；⑨会计师事务所的名称、地址和盖章；⑩报告日期。

在适用的情况下，注册会计师还应当按照《中国注册会计师审计准则第 1324 号——持续经营》《中国注册会计师审计准则第 1504 号——在审计报告中沟通关键审计事项》《中国注册会计师审计准则第 1521 号——注册会计师对其他信息的责任》的相关规定,在审计报告中对与持续经营相关的重大不确定性、关键审计事项、被审计单位年度报告中包含的除财务报表和审计报告之外的其他信息进行报告。

(一)标题

审计报告应当具有标题,统一规范为"审计报告"。

(二)收件人

审计报告的收件人是指注册会计师按照业务约定书的要求致送审计报告的对象,一般是指审计业务的委托人。审计报告应当按照审计业务的约定载明收件人的全称。

注册会计师应当与委托人在业务约定书中约定致送审计报告的对象,以防止在此问题上发生分歧或审计报告被委托人滥用。针对整套通用目的财务报表出具的审计报告,审计报告的致送对象通常为被审计单位的股东或治理层。

(三)审计意见

审计报告的第一部分应当包含审计意见,并以"审计意见"作为标题。审计意见部分应当包括以下内容:①指出被审计单位的名称;②说明财务报表已经审计;③指出构成整套财务报表的每一财务报表的名称;④提及财务报表附注(包括重要会计政策概要和其他解释性信息);⑤指明构成整套财务报表的每一财务报表的日期或涵盖的期间。

审计报告的第二部分应当包含注册会计师发表的审计意见,即如果对财务报表发表无保留意见,除非法律法规另有规定,审计意见应当使用"财务报表在所有重大方面按照适用的财务报告编制基础(如《企业会计准则》等)编制,公允反映了……"的措辞。

(四)形成审计意见的基础

审计报告应当包含标题为"形成审计意见的基础"的部分。该部分应当紧接在审计意见部分之后,并包括:①说明注册会计师按照审计准则的规定执行了审计工作;②提及审计报告中用于描述审计准则规定的注册会计师责任的部分;③声明注册会计师按照与审计相关的职业道德要求独立于被审计单位,并履行了职业道德方面的其他责任,声明中应当指明适用的职业道德要求,如中国注册会计师职业道德守则;④说明注册会计师是否相信获取的审计证据是充分的、适当的,为发表审计意见提供了基础。

(五)管理层对财务报表的责任

审计报告应当包含标题为"管理层对财务报表的责任"的段落,用以描述被审计单位中负责编制财务报表的人员的责任。审计报告中应当使用特定国家或地区法律框架下的恰当术语,而不必限定为"管理层"。在某些国家和地区,恰当的术语可能是"治理层"。管理层对财务报表的责任段应当说明,编制财务报表是管理层的责任,这种责任包括:①按照适用的财务报告编制基础的规定编制财务报表,使财务报表实现公允反映,并设计、执行和维护必要的内部控制,以使财务报表不存在由于舞弊或错误导致的重大错报;②评估被审计单位的持续经营能力和使用持续经营假设是否适当,并披露与持续经营相关的事项(如适用),对管理层评估责任的说明应当包括描述在何种情况下使用持续经营假设是适当的。

(六)注册会计师对财务报表审计的责任

审计报告应当包含标题为"注册会计师对财务报表审计的责任"的段落。注册会计师对财务报表审计的责任部分应当包括以下内容：①说明注册会计师的目标是对财务报表整体是否不存在由于舞弊或错误导致的重大错报获取合理保证，并出具包含审计意见的审计报告；②说明合理保证是高水平的保证，但并不能保证按照审计准则执行的审计在某一重大错报存在时总能发现；③说明错报可能由于舞弊或错误导致。在说明错报可能由于舞弊或错误导致时，注册会计师应当从下列两种做法中选取一种：一是描述如果合理预期错报单独或汇总起来可能影响财务报表使用者依据财务报表做出的经济决策，则通常认为错报是重大的；二是根据使用的财务报告编制基础，提供关于重要性的定义或描述。

注册会计师对财务报表审计的责任部分还应当包括说明在按照审计准则执行审计工作的过程中，注册会计师运用职业判断，并保持职业怀疑；通过说明注册会计师的责任，对审计工作进行描述。这些责任包括：①识别和评估由于舞弊或错报导致的财务报表存在重大错报风险，设计和实施审计程序以应对这些风险，并获取充分、适当的审计证据，作为发表审计意见的基础。由于舞弊可能涉及串通、伪造、故意遗漏、虚假陈述或凌驾于内部控制之上，未能发现由于舞弊导致的重大错报的风险高于未能发现由于错误导致的重大错报的风险；②了解与审计相关的内部控制，以设计恰当的审计程序，但目的并非对内部控制的有效性发表意见。当注册会计师有责任在财务报表审计的同时对内部控制的有效性发表意见时，应当略去上述"目的并非对内部控制的有效性发表意见"的表述；③评价管理层选用会计政策的恰当性和做出会计估计及相关披露的合理性；④对管理层使用持续经营假设的恰当性得出结论。同时，根据获取的审计证据，就可能导致对被审计单位持续经营能力产生重大疑虑的事项或情况是否存在重大不确定性得出结论。如果注册会计师得出结论认为存在重大不确定性，审计准则要求注册会计师在审计报告中提请报表使用者关注财务报表中的相关披露；如果披露不充分，注册会计师应当发表非无保留意见。注册会计师的结论基于截至审计报告日可获得的信息。然而，未来的事项或情况可能导致被审计单位不能持续经营；⑤评价财务报表的总体列报、结构和内容（包括披露），并评价财务报表是否公允反映相关交易和事项。

注册会计师对财务报表审计的责任部分还应当包括下列内容：①说明注册会计师与治理层就计划的审计范围、时间安排和重大审计发现等事项进行沟通，包括沟通注册会计师在审计中识别的值得关注的内部控制缺陷；②对于上市实体财务报表审计，指出注册会计师就已遵守与独立性相关的职业道德要求向治理层提供声明，并与治理层沟通可能被合理认为影响注册会计师独立性的所有关系和其他事项，以及相关的防范措施（如适用）；③对于上市实体财务报表审计，规定沟通关键审计事项的其他情况，说明注册会计师从与治理层沟通过的事项中确定哪些事项对本期财务报表审计最为重要，因而构成关键审计事项。注册会计师应当在审计报告中描述这些事项，除非法律法规禁止公开披露这些事项，或在极少数情况下，注册会计师合理预期在审计报告中沟通某事项造成的负面后果超过在公众利益方面产生的益处，因而确定不应在审计报告中沟通该事项。

（七）按照相关法律法规的要求报告的事项（如适用）

按照相关法律法规的要求报告的事项。除审计准则规定的注册会计师责任外，如果注册会计师在对财务报表出具的审计报告中履行其他报告责任，应当在审计报告中将该责任单独作为一部分，并以"按照相关法律法规的要求报告的事项"为标题，或使用适合于该部分内容的其他标题，除非其他报告责任涉及的事项与审计准则规定的报告责任涉及的事项相同。如果涉及相同的事项，其他报告责任可以在审计准则规定的同一报告要素部分列示。

如果将其他报告责任在审计准则要求的同一报告要素部分列示，审计报告应当清楚其他报告责任和审计准则要求的报告责任。如果审计报告将其他报告责任单独作为一部分，应当置于"对财务报表出具的审计报告"标题下，将"按照相关法律法规的要求报告的事项"部分置于"对财务报表出具的审计报告"部分之后。

（八）注册会计师的签名和盖章

审计报告应当由注册会计师签名并盖章。注册会计师在审计报告上签名并盖章，有利于明确法律责任。审计报告应当由两名具备相关业务资格的注册会计师签名盖章并经会计师事务所盖章方为有效。

（1）合伙会计师事务所出具的审计报告，应当由一名对审计项目负最终复核责任的合伙人和一名负责该项目的注册会计师签名盖章。

（2）有限责任会计师事务所出具的审计报告，应当由会计师事务所主任会计师或主任会计师授权的副主任会计师和一名负责该项目的注册会计师签名盖章。

（九）会计师事务所的名称、地址和盖章

审计报告应当载明会计师事务所的名称和地址，并加盖会计师事务所公章。

（十）报告日期

审计报告应当注明报告日期。审计报告日不应早于注册会计师获取充分、适当的审计证据（包括管理层认可对财务报表的责任且已批准财务报表的证据），并在此基础上对财务报表形成审计意见的日期。在确定审计报告日时，注册会计师应当确信已获取下列两方面的审计证据：①构成整套财务报表的所有报表（包括相关附注）已编制完成；②被审计单位的董事会、管理层或类似机构已经认可该注册会计师对财务报表负责。

审计报告的日期向审计报告使用者表明，注册会计师已考虑审计报告使用者知悉的、截至审计报告日发生的事项和交易的影响。因此，审计报告的日期非常重要。注册会计师对不同时段的财务报表日后事项有着不同的责任，而审计报告的日期是划分时段的关键时点。由于审计意见是针对财务报表发表的，并且编制财务报表是管理层的责任，所以，只有在注册会计师获取证据证明构成整套财务报表的所有报表（包括相关附注）已经编制完成，并且管理层已认可该注册会计师对财务报表的责任的情况下，注册会计师才能得出已经获取充分、适当的审计证据的结论。在实务中，注册会计师在正式签署审计报告前，通常把审计报告草稿和已审计财务报表草稿一同提交给管理层。如果管理层批准并签署已审计财务报表，注册会计师即可签署审计报告。注册会计师签署审计报告的日期通常与管理层签署已审计财务报表的日期为同一天，或晚于管理层签署已审计财务报表的日期。

五、在审计报告中沟通关键审计事项

关键审计事项是指注册会计师根据职业判断认为对本期财务报表审计最为重要的事项。关键审计事项从注册会计师与治理层沟通过的事项中选取。注册会计师的目标是，确定关键审计事项，并在对财务报表形成审计意见后，以在审计报告中描述关键审计事项的

方式沟通这些事项。

（一）在审计报告中沟通关键审计事项的意义

在审计报告中沟通关键审计事项，旨在通过提高已执行审计工作的透明度增加审计报告的沟通价值。沟通关键审计事项的作用主要有：①为财务报表预期使用者提供额外的信息，以帮助财务报表的预期使用者了解注册会计师根据职业判断认为对本期财务报表审计最为重要的事项；②有助于财务报表预期使用者了解被审计单位及已审计财务报表中涉及重大管理层判断的领域；③能够为财务报表预期使用者就与被审计单位、已审计财务报表或已执行审计工作相关的事项进一步与管理层和治理层沟通提供基础。

在审计报告中沟通关键审计事项以注册会计师已就财务报表整体形成审计意见为背景。在审计报告中沟通关键审计事项不能代替下列事项：①管理层按照适用的财务报告编制基础在财务报表中做出的披露，或为使财务报表实现公允反映而做出的披露；②注册会计师根据审计业务的具体情况发表非无保留意见；③当可能导致对被审计单位持续经营能力产生重大疑虑的事项或情况存在重大不确定性时，注册会计师按照持续经营的规定进行报告。

在审计报告中沟通关键审计事项也不是注册会计师就单一事项单独发表意见。注册会计师在对财务报表发表无法表示意见时，不得在审计报告中沟通关键审计事项，除非法律法规要求沟通。

（二）在审计报告中确定关键审计事项

注册会计师应当从与治理层沟通过的事项中确定在执行审计工作时重点关注过的事项。在确定时，注册会计师应当考虑下列方面：①通过了解被审计单位及被审计单位的环境识别和评估重大错报风险，评估出的重大出错报风险较高的领域或识别出的特别风险；②与财务报表中涉及重大管理层判断（包括被认为具有高度估计不确定性的会计估计）的领域相关的重大审计判断；③本期重大交易或事项对审计的影响。

注册会计师应当从确定的事项中，确定哪些事项对本期财务报表审计最为重要，从而构成关键审计事项。

（三）在审计报告中沟通关键审计事项

注册会计师应当在审计报告中单设一部分，以"关键审计事项"为标题，并在该部分使用恰当的子标题逐项描述关键审计事项。关键审计事项部分的引言应当同时说明下列事项：①关键审计事项是注册会计师根据职业判断，认为对本期财务报表审计最为重要的事项；②关键审计事项的应对以对财务报表进行审计并形成审计意见为背景，注册会计师不对关键审计事项单独发表意见。

在审计报告的关键审计事项部分逐项反映关键审计事项时，注册会计师应当分别索引至财务报表的相关披露（如有），同时说明下列内容：①该事项被认定为审计中最为重要的事项之一，因而被确定为关键审计事项的原因；②该事项在审计中是如何应对的。

除非存在下列情形之一，注册会计师应当在审计报告中描述每项关键审计事项：①法律法规禁止公开披露某事项；②在极少数情形下，如果合理预期在审计报告中沟通某事项造成的负面后果超过在公众利益方面产生的益处，注册会计师确定不应在审计报告中沟通该事项。

导致非无保留意见的事项，或者可能导致对被审计单位持续经营能力产生重大疑虑的事项，就性质而言都属于关键审计事项。然而，这些事项不得在审计报告的关键审计事项部分进行描述。

如果注册会计师根据被审计单位和审计业务的具体事实和情况，确定不存在需要沟通的关键审计事项，或者仅有的需要沟通的关键审计事项是导致非无保留意见的事项或者是可能导致对被审计单位持续经营能力产生重大疑虑的事项，注册会计师应当在审计报告中单设的关键审计事项部分对此进行说明。

六、财务报表审计报告示例

（一）无保留意见的审计报告

无保留意见的审计报告示例

审 计 报 告

南山股份有限公司全体股东：
一、对财务报表出具的审计报告
（一）审计意见

我们审计了南山股份有限公司（以下简称南山公司）财务报表，包括2016年12月31日的资产负债表，2016年度的利润表、股东权益变动表和现金流量表，以及相关财务报表附注。

我们认为，后附的财务报表在所有重大方面按照《企业会计准则》的规定编制，公允反映了南山公司2016年12月31日的财务状况及2016年度的经营成果和现金流量。

（二）形成审计意见的基础

我们按照中国注册会计师审计准则的规定执行了审计工作。审计报告的"注册会计师对财务报表审计的责任"部分进一步阐述了我们在这些准则下的责任。按照中国注册会计师职业道德守则，我们独立于南山公司，并履行了职业道德方面的其他责任。我们相信，我们获取的审计证据是充分、适当的，为发表审计意见提供了基础。

（三）关键审计事项

关键审计事项是根据我们的职业判断，认为对本期财务报表审计最为重要的事项。这些事项是在对财务报表整体进行审计并形成意见的背景下进行处理的，我们不对这些事项提供单独的意见。

在公司良好业绩背后，是南山公司与控股股东存在的巨额的关联交易。公司2016年向控股股东及控股股东的子公司关联方出售商品和提供劳务发生关联交易金额为908.78亿元，占总收入的86.4%。有些关联交易难以找到市场可比价格。

（四）其他信息

董事会对其他信息负责，其他信息包括南山公司"十三五"规划报告中涵盖的信息，但不包括财务报表和我们的审计报告。

我们对财务报表的审计意见并不涵盖其他信息，我们也不对其他信息发表任何形式的鉴证结论。

结合我们对财务报表的审计，我们的责任是阅读其他信息，在此过程中，考虑其他信息是否与财务报表或我们在审计过程中了解的情况存在重大不一致或者似乎存在重大错报。

基于我们已经执行的工作,如果我们确定其他信息存在重大错报,我们应当报告该事实。本次审计,我们确定其他信息不存在重大错报。

(五)管理层和治理层对财务报表的责任

管理层负责按照《企业会计准则》的规定编制财务报表,使财务报表实现公允反映,并设计、执行和维护必要的内部控制,以使财务报表不存在由于舞弊或错误导致的重大错报。

在编制财务报表时,管理层负责评估南山公司的持续经营能力,披露与持续经营相关的事项(如适用),并运用持续经营假设,除非计划清算南山公司、停止营运或别无其他现实的选择。

治理层负责监督南山公司的财务报告过程。

(六)注册会计师对财务报表审计的责任

我们的目标是对财务报表整体是否不存在由于舞弊或错误导致的重大错报获取合理保证,并出具包含审计意见的审计报告合理保证是高水平的保证,但并不能保证按照审计准则执行的审计在某一重大错报存在时总能发现。错报可能由于舞弊或错误导致,如果合理预期错报单独或汇总起来可能影响财务报表使用者依据财务报表做出的经济决策,则通常认为错报是重大的。

在按照审计准则执行审计的过程中,我们运用了职业判断,保持了职业怀疑。我们同时:

(1)识别和评估由于舞弊或错误导致的财务报表重大错报风险;对这些风险有针对性地设计和实施审计程序;获取充分、适当的审计证据,作为发表审计意见的基础。由于舞弊可能涉及串通、伪造、故意遗漏、虚假陈述或凌驾于内部控制之上,未能发现由于舞弊导致的重大错报的风险高于未能发现由于错误导致的重大错报的风险。

(2)了解与审计相关的内部控制,以设计恰当的审计程序,但目的并非对内部控制的有效性发表意见。

(3)评价管理层选用会计政策的恰当性和做出会计估计及相关披露的合理性。

(4)对管理层使用持续经营假设的恰当性得出结论。同时,根据获取的审计证据,就可能导致对南山公司持续经营能力产生重大疑虑的事项或情况是否存在重大不确定性得出结论。如果我们得出结论认为存在重大不确定性,审计准则要求我们在审计报告中提请报表使用者注意财务报表中的相关披露;如果披露不充分,我们应当发表非无保留意见。我们的结论基于审计报告日可获得的信息。然而,未来的事项或情况可能导致南山公司不能持续经营。

(5)评价财务报表的总体列报、结构和内容(包括披露),并评价财务报表是否公允反映相关交易和事项。

我们与治理层就计划的审计范围、时间安排和重大审计发现(包括我们在审计中识别的值得关注的内部控制缺陷)等事项进行沟通。

我们还就遵守关于独立性的相关职业道德要求向治理层提供声明,并就可能被合理认为影响我们独立性的所有关系和其他事项,以及相关的防范措施(如适用)与治理层进行沟通。

从与治理层沟通的事项中,我们确定哪些事项对本期财务报表审计最为重要,因而构成关键审计事项。我们在审计报告中描述这些事项,除非法律法规禁止公开披露这些事项,或在极其罕见的情形下,如果合理预期在审计报告中沟通某事项造成的负面后果超过在公众利益方面产生的益处,我们确定不应在审计报告中沟通该事项。

二、按照相关法律法规的要求报告的事项

根据现行法律法规对其他报告责任性质的规定,我们没有发现南山公司在所审计期间有需要报告的其他事项。

××会计师事务所　　　　　　　　　　　　　中国注册会计师:×××
(盖章)　　　　　　　　　　　　　　　　　(项目合伙人签名并盖章)
　　　　　　　　　　　　　　　　　　　　　中国注册会计师:×××
　　　　　　　　　　　　　　　　　　　　　　　　(签名并盖章)
中国××市　　　　　　　　　　　　　　　　二〇一七年×月×日

(二) 非无保留意见的审计报告

非标准审计报告是指标准审计报告以外的其他审计报告,包括带强调事项段和其他事项段的无保留意见的审计报告及非无保留意见的审计报告。非无保留意见是指保留意见、否定意见或无法表示意见。当存在下列情形之一时,注册会计师应当在审计报告中发表非无保留意见。

▶ **1. 根据获取的审计证据,得出财务报表整体存在重大错报的结论**

为了形成审计意见,针对财务报表整体是否不存在由于舞弊或错误导致的重大错报,注册会计师应当得出结论,确定是否已就此获取合理保证。在得出结论时,注册会计师需要评价未更正错报对财务报表的影响。错报是指某一财务报表项目的金额、分类、列报或披露,与按照适用的财务报告编制基础应当列示的金额、分类、列报或披露之间存在的差异。财务报表的重大错报可能源于以下方面。

(1) 选择的会计政策的恰当性。在选择的会计政策的恰当性方面,当出现下列情形时,财务报表可能存在重大错报:选择的会计政策与适用的财务报告编制基础不一致;财务报表(包括相关附注)没有按照公允列报的方式反映交易和事项。财务报告编制基础通常包括对会计处理、披露和会计政策变更的要求。如果被审计单位变更了重大会计政策,且没有遵守这些要求,财务报表可能存在重大错报。

(2) 对所选择的会计政策的运用。在对所选择的会计政策的运用方面,当出现下列情形时,财务报表可能存在重大错报:管理层没有按照适用的财务报告编制基础的要求一贯运用所选择的会计政策,包括管理层未在不同会计期间或对相似的交易和事项一贯运用所选择的会计政策;不当运用所选择的会计政策。

(3) 财务报表披露的恰当性或充分性。在财务报表披露的恰当性或充分性方面,当出现下列情形时,财务报表可能存在重大错报:财务报表没有包括适用的财务报告编制基础要求的所有披露；财务报表的披露没有按照适用的财务报告编制基础列报；财务报表没有做出必要的披露以实现公允反映。

▶ 2. 无法获取充分、适当的审计证据，不能得出财务报表整体不存在重大错报的结论

如果注册会计师能够通过实施替代程序获取充分、适当的审计证据，则无法实施特定的程序并不构成对审计范围的限制。下列情形可能导致注册会计师无法获取充分、适当的审计证据（也称为审计范围受到限制）。

（1）超出被审计单位控制的情形。超出被审计单位控制的情形，例如被审计单位的会计记录已被毁坏，重要组成部分的会计记录已被政府有关机构无限期地查封。

（2）与注册会计师工作的性质或时间安排相关的情形。与注册会计师工作的性质或时间安排相关的情形，如被审计单位需要使用权益法对联营企业进行核算，注册会计师无法获取有关联营企业财务信息的充分、适当的审计证据以评价联营企业是否恰当地运用了权益法；注册会计师接受审计委托的时间安排，使注册会计师无法实施存货监盘；注册会计师确定仅实施实质性程序是不充分的，但被审计单位的控制是无效的。

（3）管理层施加限制的情形。管理层对审计范围施加的限制致使注册会计师无法获取充分、适当的审计证据的情形，如管理层阻止注册会计师实施存货监盘，管理层阻止注册会计师对特定账户余额实施函证。管理层施加的限制可能对审计产生其他影响，如注册会计师对舞弊风险的评估和对业务保持的考虑。

注册会计师确定恰当的非无保留意见类型，取决于下列事项：①导致非无保留意见的事项的性质，是财务报表存在重大错报，还是在无法获取充分、适当的审计证据的情况下，财务报表可能存在重大错报；②注册会计师就导致非无保留意见的事项对财务报表产生或可能产生影响的广泛性做出的判断。

广泛性是描述错报影响的术语，用以说明错报对财务报表的影响，或者由于无法获取充分、适当的审计证据而未发现的错报（如存在）对财务报表可能产生的影响。根据注册会计师的判断，对财务报表的影响具有广泛性的情形包括：①不限于对财务报表的特定要素、账户或项目产生影响；②虽然仅对财务报表的特定要素、账户或项目产生影响，但这些要素、账户或项目是或可能是财务报表的主要组成部分；③当与披露相关时，产生的影响对财务报表使用者理解财务报表至关重要。

表 7-1 列示了注册会计师对导致发生非无保留意见的事项的性质和这些事项对财务报表产生或可能产生影响的广泛性做出的判断，以及注册会计师的判断对审计意见类型的影响。

表 7-1 注册会计师的判断及对审计意见类型的影响

导致发生非无保留意见的事项的性质	这些事项对财务报表产生或可能产生影响的广泛性	
	重大但不具有广泛性	重大且具有广泛性
财务报表存在重大错报	保留意见	否定意见
无法获取充分、适当的审计证据	保留意见	无法表示意见

1. 保留意见

当存在下列情形之一时，注册会计师应当发表保留意见。

(1) 在获取充分、适当的审计证据后，注册会计师认为错报单独或汇总起来对财务报表影响重大，但不具有广泛性。

注册会计师在获取充分、适当的审计证据后，只有当认为财务报表就整体而言是公允的，但还存在对财务报表产生重大影响的错报时，才能发表保留意见。如果注册会计师认为错报对财务报表产生的影响极为严重且具有广泛性，则应发表否定意见。因此，保留意见被视为注册会计师在不能发表无保留意见情况下最不严厉的审计意见。

(2) 注册会计师无法获取充分、适当的审计证据以作为形成审计意见的基础，但认为未发现的错报（如存在）对财务报表可能产生的影响重大，但不具有广泛性。

注册会计师因审计范围受到限制而发表保留意见还是无法表示意见，取决于无法获取的审计证据对形成审计意见的重要性。注册会计师在判断重要性时，应当考虑有关事项潜在影响的性质和范围，以及在财务报表中的重要程度。只有当未发现的错报（如存在）对财务报表可能产生的影响重大但不具有广泛性时，才能发表保留意见。

2. 否定意见

在获取充分、适当的审计证据后，如果认为错报单独或汇总起来对财务报表的影响重大且具有广泛性，注册会计师应当发表否定意见。

3. 无法表示意见

如果无法获取充分、适当的审计证据以作为形成审计意见的基础，但认为未发现的错报对财务报表可能产生的影响重大且具有广泛性，注册会计师应当发表无法表示意见。在极其特殊的情况下，可能存在多个不确定事项。即使注册会计师对每个单独的不确定事项获取了充分、适当的审计证据，但由于不确定事项之间可能存在相互影响，以及可能对财务报表产生累积影响，注册会计师不可能对财务报表形成审计意见。在这种情况下，注册会计师应当发表无法表示意见。

在确定非无保留意见的类型时还需注意以下两点。

(1) 在承接审计业务后，如果注意到管理层对审计范围施加了限制，且认为这些限制可能导致对财务报表发表保留意见或无法表示意见，注册会计师应当要求管理层消除这些限制。如果管理层拒绝消除限制，除非治理层全部成员参与管理被审计单位，注册会计师应当就此事项与治理层沟通，并确定能否实施替代程序以获取充分、适当的审计证据。如果无法获取充分、适当的审计证据，注册会计师应当通过下列方式确定其影响：①如果未发现的错报（如存在）可能对财务报表产生的影响重大，但不具有广泛性，应当发表保留意见；②如果未发现的错报（如存在）可能对财务报表产生的影响重大且具有广泛性，以至于发表保留意见不足以反映情况的严重性，应当在可行时解除业务约定（除非法律法规禁止）。当然，注册会计师应当在解除业务约定前，与治理层沟通在审计过程中发现的、将会导致发表非无保留意见的所有错报事项；如果在出具审计报告之前解除业务约定被禁止或不可行，应当发表无法表示意见。

某些情况下，如果法律法规要求注册会计师继续执行审计业务，则注册会计师可能无法解除审计业务约定。这种情况可能包括：①注册会计师接受委托审计公共部门实体的财务报表；②注册会计师接受委托审计涵盖特定期间的财务报表，或者接受定期间的委托，在完成财务报表审计前或在受托期间结束前，不允许解除审计业务约定在这些情况下，注册会计师可能认为需要在审计报告中增加其他事项段。

(2) 如果认为有必要对财务报表整体发表否定意见或无法表示意见，注册会计师不应在同一审计报告中对按照相同财务报告编制基础编制的单一财务报表或者财务报表特定要素、账户或项目发表无保留意见。在同一审计报告中包含无保留意见，将会与对财务报表整体发表的否定意见或无法表示意见相矛盾。

当然，对经营成果、现金流量（如相关）发表无法表示意见，而对财务状况发表无保留意见，这种情况可能是被允许的。因为在这种情况下，注册会计师并没有对财务报表整体发表无法表示意见。

▶ 4. 非无保留意见审计报告的格式和内容

1) 导致非无保留意见的事项段

如果对财务报表发表非无保留意见，除在审计报告中包含《中国注册会计师审计准则第1501号——对财务报表形成审计意见和出具审计报告》规定的审计报告要素外，注册会计师还应当直接在审计意见段之前增加一个段落，并使用恰当的标题，如"导致保留意见的事项""导致否定意见的事项"或"导致无法表示意见的事项"，说明导致发表非无保留意见的事项。审计报告格式和内容的一致性有助于提高使用者的理解和识别存在的异常情况。因此，尽管不可能统一非无保留意见的措辞和对导致非无保留意见的事项的说明，但仍有必要保持审计报告格式和内容的一致性。

如果财务报表中存在与具体金额（包括定量披露）相关的重大错报，注册会计师应当在导致非无保留意见的事项段中说明并量化该错报的财务影响。举例来说，如果存货被高估，注册会计师就可以在审计报告的导致非无保留意见的事项段中说明该重大错报的财务影响，即量化存货被高估对所得税、税前利润、净利润和股东权益的影响。如果无法量化财务影响，注册会计师应当在导致非无保留意见的事项段中说明这一情况。

如果财务报表中存在与叙述性披露相关的重大错报，注册会计师应当在导致非无保留意见的事项段中解释该错报错在何处。

如果财务报表中存在与应披露而未披露信息相关的重大错报，注册会计师应当：①与治理层讨论未披露信息的情况；②在导致非无保留意见的事项段中描述未披露信息的性质；③如果可行并且已针对未披露信息获取了充分、适当的审计证据，在导致非无保留意见的事项段中包含对未披露信息的披露，除非法律法规禁止。如果存在下列情形之一，则在形成非无保留意见的基础部分披露遗漏的信息是不可行的：①管理层还没有做出这些披露，或管理层已做出但注册会计师不易获取这些披露；②根据注册会计师的判断，在审计报告中披露该事项过于庞杂。

如果因无法获取充分、适当的审计证据而导致发表非无保留意见，注册会计师应当在导致非无保留意见的事项段中说明无法获取审计证据的原因。

即使发表了否定意见或无法表示意见，注册会计师也应当在导致非无保留意见的事项段中说明注意到的、将导致发表非无保留意见的所有其他事项及影响。因为对注册会计师注意到的其他事项的披露可能与财务报表使用者的信息需求相关。

2）审计意见段

（1）标题。在发表非无保留意见时，注册会计师应当对审计意见段使用恰当的标题，如"保留意见""否定意见"或"无法表示意见"。审计意见段的标题能够使财务报表使用者清楚注册会计师发表了非无保留意见，并能够表明非无保留意见的类型。

（2）发表保留意见。当由于财务报表存在重大错报而发表保留意见时，注册会计师应当根据适用的财务报告编制基础在审计意见段中说明：注册会计师认为，除了导致保留意见的事项段所述事项产生的影响外，财务报表在所有重大方面按照适用的财务报告编制基础编制，并实现公允反映。

当无法获取充分、适当的审计证据而导致发表保留意见时，注册会计师应当在审计意见段中使用"除……可能产生的影响外"等措辞。

当注册会计师发表保留意见时，在审计意见段中使用"由于上述解释"或"受……影响"等措辞是不恰当的，因为这些措辞不够清晰或没有足够的说服力。

（3）发表否定意见。当发表否定意见时，注册会计师应当根据适用的财务报告编制基础在审计意见段中说明：注册会计师认为，由于导致否定意见的事项段所述事项的重要性，财务报表没有在所有重大方面按照适用的财务报告编制基础编制，未能实现公允反映。

（4）发表无法表示意见。当由于无法获取充分、适当的审计证据而发表无法表示意见时，注册会计师应当在审计意见段中说明：由于导致无法表示意见的事项段所述事项的重要性，注册会计师无法获取充分、适当的审计证据以为发表审计意见提供基础，因此，注册会计师不对这些财务报表发表审计意见。

3）非无保留意见对审计报告要素内容的修改

当发表保留意见或否定意见时，注册会计师应当修改对注册会计师责任的描述，以说明：注册会计师相信，注册会计师已获取的审计证据是充分、适当的，为发表非无保留意见提供了基础。

当由于无法获取充分、适当的审计证据而发表无法表示意见时，注册会计师应当修改审计报告的意见段，说明注册会计师接受委托审计财务报表；注册会计师不对后附的财务报表发表审计意见；由于形成无法表示意见的基础部分所述事项的重要性，注册会计师无法获取充分、适当的审计证据以作为对财务报表发表审计意见的基础。

当注册会计师对财务报表发表无法表示意见时，注册会计师应当修改无保留意见审计报告中注册会计师对财务报表审计的责任部分，使之仅包含下列内容：注册会计师的责任是按照中国注册会计师审计准则的规定，对被审计单位财务报表执行审计工作，以出具审计报告；但由于形成无法表示意见的基础部分所述的事项，注册会计师无法获取充分、适当的审计证据以作为发表审计意见的基础；声明注册会计师在独立性和职业道德方面的其他责任。

保留意见的审计报告示例

审 计 报 告

南山股份有限公司全体股东：

一、对财务报表出具的审计报告

（一）保留意见

我们审计了南山股份有限公司（以下简称南山公司）财务报表，包括2016年31日的资产负债表，2016年度的利润表、现金流量表、股东权益变动表，以及相关财务报表附注（包括重大会计政策和会计估计）。

我们认为，除"形成保留意见的基础"部分所述事项产生的影响外，后附的财务报表在所有重大方面按照《企业会计准则》的规定编制，公允反映了南山公司2016年12月31日的财务状况及2016年度的经营成果和现金流量。

（二）形成保留意见的基础

南山公司2016年12月31日资产负债表中存货的列示金额为32 178 604元。董事会根据成本对存货进行计量，而没有根据成本与可变现净值孰低的原则进行计量，这不符合《企业会计准则》的规定。南山公司的会计记录显示，如果董事会以成本与可变现净值孰低来计量存货，存货列示金额将减少5 421 098元。相应地，资产减值损失将增加5 421 098元，所得税、净利润和股东利益将分别减少。

我们按照中国注册会计师审计准则的规定执行了审计工作。审计报告的"注册会计师对财务报表审计的责任"部分进一步阐述了我们在这些准则下的责任。按照中国注册会计师职业道德守则，我们独立于南山公司，并履行了职业道德方面的其他责任。我们相信，我们获取的审计证据是充分、适当的，为发表审计意见提供了基础。

（三）其他信息

董事会对其他信息负责，其他信息包括南山公司全面信息化发展报告中涵盖的信息，但不包括财务报表和我们的审计报告。

我们对财务报表的审计意见并不涵盖其他信息，我们也不对其他信息发表任何形式的鉴证结论。

结合我们对财务报表的审计，我们的责任是阅读其他信息，在此过程中，考虑其他信息是否与财务报表或我们在审计过程中了解的情况存在重大不一致或者似乎存在重大错报。

基于我们已经执行的工作，如果我们确定其他信息存在重大错报，我们应当报告该事实。本次审计，我们确定南山公司其他信息不存在重大错报。

（四）关键审计事项

关键审计事项是根据我们的职业判断，认为对本期财务报表审计最为重要的事项。这些事项是在对财务报表整体进行审计并形成意见的背景下进行应对的，我们不对这些事项提供单独的意见。除"形成保留意见的基础"部分所述事项外，我们确定下列事项是需要在审计报告中沟通的关键审计事项。

南山公司2016年营业收入和盈利下降，经营活动产生的现金流量净额为－1.56亿元。对此，南山公司给出的解释是行业不景气所致。

（五）管理层和治理层对财务报表的责任

董事会负责按照《企业会计准则》的规定编制财务报表，使财务报表实现公允反映，并设计、执行和维护必要的内部控制，以使财务报表不存在由于舞弊或错误导致的重大错报。

在编制财务报表时，管理层负责评估南山公司的持续经营能力，披露与持续经营相关的事项（如适用），并运用持续经营假设，除非计划清算南山公司、停止营运或别无其他现实的选择。

治理层负责监督南山公司的财务报告过程。

（六）注册会计师对财务报表审计的责任

我们的目标是对财务报表整体是否不存在由于舞弊或错误导致的重大错报获取合理保证，并出具包含审计意见的审计报告。合理保证是高水平的保证，但并不能保证按照审计准则执行的审计在某一重大错报存在时总能发现。错报可能由于舞弊或错误导致，如果合理预期错报单独或汇总起来可能影响财务报表使用者依据财务报表做出的经济决策，则通常认为错报是重大的。

在按照审计准则执行审计的过程中，我们运用了职业判断，保持了职业怀疑。我们同时：

（1）识别和评估由于舞弊或错误导致的财务报表重大错报风险；对这些风险有针对性地设计和实施审计程序；获取充分、适当的审计证据，作为发表审计意见的基础。由于舞弊可能涉及串通、伪造、故意遗漏、虚假陈述或凌驾于内部控制之上，未能发现由于舞弊导致的重大错报的风险高于未能发现由于错误导致的重大错报的风险。

（2）了解与审计相关的内部控制，以设计恰当的审计程序，但目的并非对内部控制的有效性发表意见。

（3）评价管理层选用会计政策的恰当性和做出会计估计及相关披露的合理性。

（4）对管理层使用持续经营假设的恰当性得出结论。同时，根据获取的审计证据，就可能导致对南山公司持续经营能力产生重大疑虑的事项或情况是否存在重大不确定性得出结论。如果我们得出结论认为存在重大不确定性，审计准则要求我们在审计报告中提请报表使用者注意财务报表中的相关披露；如果披露不充分，我们应当发表非无保留意见。我们的结论基于审计报告日可获得的信息。然而，未来的事项或情况可能导致南山公司不能持续经营。

（5）评价财务报表的总体列报、结构和内容（包括披露），并评价财务报表是否公允反映相关交易和事项。

我们与治理层就计划的审计范围、时间安排和重大审计发现（包括我们在审计中识别的值得关注的内部控制缺陷）等事项进行沟通。

我们还就遵守关于独立性的相关职业道德要求向治理层提供声明，并就可能被合理认为影响我们独立性的所有关系和其他事项，以及相关的防范措施（如适用）与治理层进行沟通。

从与治理层沟通的事项中，我们确定哪些事项对本期财务报表审计最为重要，因而构成关键审计事项。我们在审计报告中描述这些事项，除非法律法规禁止公开披露这些事项，或在极其罕见的情形下，如果合理预期在审计报告中沟通某事项造成的负面后果超过在公众利益方面产生的益处，我们确定不应在审计报告中沟通该事项。

二、按照相关法律法规的要求报告的事项

根据现行法律法规对其他报告责任性质的规定，我们没有发现南山公司在所审计期间有需要报告的其他事项。

××会计师事务所	中国注册会计师：×××
（盖章）	（项目合伙人签名并盖章）
	中国注册会计师：×××
	（签名并盖章）
中国××市	二○一七年×月×日

否定意见的审计报告示例

审 计 报 告

南山股份有限公司全体股东：

一、对合并财务报表出具的审计报告

（一）否定意见

我们审计了南山股份有限公司及南山股份有限公司的子公司（以下简称南山集团）的合并财务报表，包括2016年31日的合并资产负债表，2016年度的合并利润表、合并现金流量表、合并股东权益变动表，以及相关合并财务报表附注。

我们认为，由于"形成否定意见的基础"部分所述事项的重要性，后附的南山集团合并财务报表没有在所有重大方面按照《企业会计准则》的规定编制，未能公允反映南山集团2016年12月31日的合并财务状况及2016年度的合并经营成果和合并现金流量。

（二）形成否定意见的基础

如财务报表附注六所述，2016年南山集团通过非同一控制下的企业合并获得对世茂公司的控制权，因未能取得购买日世贸公司某些重要资产和负债的公允价值，故未将世贸公司纳入合并财务报表的范围。按照《企业会计准则》的规定，该集团应将这一公司纳入合并范围，并以暂时确定的价值为基础核算该项收纳。如果将世贸公司纳入合并财务报表的范围，后附的南山集团合并财务报表的多个报表项目将受到重大影响。但我们无法确定未将世贸公司纳入合并范围对合并财务报表产生的影响。

我们按照中国注册会计师审计准则的规定执行了审计工作。审计报告的"注册会计师对合并财务报表审计的责任"部分进一步阐述了我们在这些准则下的责任。按照中国注册会计师职业道德守则，我们独立于南山集团，并履行了职业道德方面的其他责任。我们相信，我们获取的审计证据是充分、适当的，为发表否定意见提供了基础。

（三）其他信息

董事会对其他信息负责，其他信息包括南山集团三年做大做强发展报告中涵盖的信息，但不包括财务报表和我们的审计报告。

我们对财务报表的审计意见并不涵盖其他信息，我们也不对其他信息发表任何形式的鉴证结论。

结合我们对财务报表的审计，我们的责任是阅读其他信息，在此过程中，考虑其他信息是否与财务报表或我们在审计过程中了解的情况存在重大不一致或者似乎存在重大错报。

基于我们已经执行的工作，如果我们确定其他信息存在重大错报，那么南山集团近年来一直处于亏损状态，扭亏为盈是当前紧迫的任务，做大做强是长远的发展目标。

（四）关键审计事项

除"形成否定意见的基础"部分所述事实外，我们认为，没有其他需要在我们的报告中沟通的关键审计事项。

（五）管理层和治理层对财务报表的责任

董事会负责按照《企业会计准则》的规定编制财务报表，财务报表实现公允反映，并设计、执行和维护必要的内部控制，以使财务报表不存在由于舞弊或错误导致的重大错报。

在编制财务报表时，管理层负责评估南山集团的持续经营能力，披露与持续经营相关的事项（如适用），并运用持续经营假设，除非计划清算南山集团、停止营运或别无其他现实的选择。

治理层负责监督南山集团的财务报告过程。

（六）注册会计师对财务报表审计的责任

我们的目标是对财务报表整体是否不存在由于舞弊或错误导致的重大错报获取合理保证，并出具包含审计意见的审计报告。合理保证是高水平的保证，但并不能保证按照审计准则执行的审计在某一重大错报存在时总能发现。错报可能由于舞弊或错误导致，如果合理预期错报单独或汇总起来可能影响财务报表使用者依据财务报表做出的经济决策，则通常认为错报是重大的。

在按照审计准则执行审计的过程中，我们运用了职业判断，保持了职业怀疑。我们同时：

（1）识别和评估由于舞弊或错误导致的财务报表重大错报风险；对这些风险有针对性地设计和实施审计程序；获取充分、适当的审计证据，作为发表审计意见的基础。由于舞弊可能涉及串通、伪造、故意遗漏、虚假陈述或凌驾于内部控制之上，未能发现由于舞弊导致的重大错报的风险高于未能发现由于错误导致的重大错报的风险。

（2）了解与审计相关的内部控制，以设计恰当的审计程序，但目的并非对内部控制的有效性发表意见。

（3）评价管理层选用会计政策的恰当性和做出会计估计及相关披露的合理性。

（4）对管理层使用持续经营假设的恰当性得出结论。同时，根据获取的审计证据，就可能导致对南山集团持续经营能力产生重大疑虑的事项或情况是否存在重大不确定性得出结论。如果我们得出结论认为存在重大不确定性，审计准则要求我们在审计报告中提请报表使用者注意财务报表中的相关披露；如果披露不充分，我们应当发表非无保留意见。我们的结论基于审计报告日可获得的信息。然而，未来的事项或情况可能导致南山集团不能持续经营。

（5）评价财务报表的总体列报、结构和内容（包括披露），并评价财务报表是否公允反映相关交易和事项。

我们与治理层就计划的审计范围、时间安排和重大审计发现(包括我们在审计中识别的值得关注的内部控制缺陷)等事项进行沟通。

我们还就遵守关于独立性的相关职业道德要求向治理层提供声明,并就可能被合理认为影响我们独立性的所有关系和其他事项,以及相关的防范措施(如适用)与治理层进行沟通。

从与治理层沟通的事项中,我们确定哪些事项对本期财务报表审计最为重要,因而构成关键审计事项。我们在审计报告中描述这些事项,除非法律法规禁止公开披露这些事项,或在极其罕见的情形下,如果合理预期在审计报告中沟通某事项造成的负面后果超过在公众利益方面产生的益处,我们确定不应在审计报告中沟通该事项。

二、按照相关法律法规的要求报告的事项

根据现行法律法规对其他报告责任性质的规定,我们发现南山集团在所审计期间需要及时披露的合并世贸公司的相关事项,未能及时披露。

××会计师事务所	中国注册会计师:×××
(盖章)	(项目合伙人签名并盖章)
	中国注册会计师:×××
	(签名并盖章)
中国××市	二〇一七年×月×日

无法表示意见的审计报告示例

审 计 报 告

南山股份有限公司全体股东:

一、对财务报表出具的审计报告

(一)无法表示意见

我们接受委托,审计南山股份有限公司及南山股份有限公司的子公司(以下简称南山公司)财务报表,包括2016年12月31日的资产负债表,2016年度的利润表、现金流量表、股东权益变动表,以及相关财务报表附注。

我们不对后附的南山公司财务报表发表审计意见。由于"形成无法表示意见的基础"部分所述事项的重要性,我们无法获取充分、适当的审计证据以作为对财务报表发表审计意见的基础。

(二)形成无法表示意见的基础

南山公司未对2016年12月31日的存货进行盘点,金额为42 350万元,占期末资产总额的65%。我们无法实施存货监盘,也无法实施其他替代审计程序,以对期末存货的数量和状况获取充分、适当的审计证据。

(三)管理层和治理层对财务报表的责任

董事会负责按照《企业会计准则》的规定编制财务报表,使财务报表实现公允反映,并设计、执行和维护必要的内部控制,以使财务报表不存在由于舞弊或错误导致的重大错报。

在编制财务报表时,董事会负责评估南山公司的持续经营能力,披露与持续经营相关的事项(如适用),并运用持续经营假设,除非管理层计划清算南山公司、停止营运或别无其他现实的选择。

治理层负责监督南山公司的财务报告过程。

(四)注册会计师对财务报表审计的责任

我们的责任是按照中国注册会计师审计准则的规定,对南山公司的财务报表执行审计工作,以出具审计报告。但由于"形成无法表示意见的基础"部分所述的事项,我们无法获取充分、适当的审计证据以作为发表审计意见的基础。

按照中国注册会计师职业道德守则,我们独立于南山公司,并履行了职业道德方面的其他责任。

二、按照相关法律法规的要求报告的事项

根据现行法律法规对其他报告责任性质的规定,我们由于审计范围受限制,无法发现南山公司在所审计期间有需要报告的其他事项。

××会计师事务所　　　　　　　　　　　　　　中国注册会计师:×××
(盖章)　　　　　　　　　　　　　　　　　　(项目合伙人签名并盖章)
　　　　　　　　　　　　　　　　　　　　　　中国注册会计师:×××
　　　　　　　　　　　　　　　　　　　　　　　　(签名并盖章)

中国××市　　　　　　　　　　　　　　　　　二〇一七年×月×日

(三)在审计报告增加强调事项段和其他事项段

▶ 1. 强调事项段的含义

审计报告的强调事项段是指审计报告中含有的一个段落,该段落提及已在财务报表中恰当列报或披露的事项,根据注册会计师的职业判断,该事项对财务报表使用者理解财务报表至关重要。

▶ 2. 增加强调事项段的情形

如果认为有必要提醒财务报表使用者关注已在财务报表中列报或披露,且根据职业判断认为对财务报表使用者理解财务报表至关重要的事项,在同时满足下列条件时,注册会计师应当在审计报告中增加强调事项段:①该事项不会导致注册会计师发表非无保留意见;②该事项未被确定为在审计报告中沟通的关键审计事项。

按照规定被确定为关键审计事项的事项,根据注册会计师的职业判断,也可能对财务报表使用者理解财务报表至关重要。在这些情况下,将该事项作为关键审计事项沟通时,注册会计师可能希望突出或提请进一步关注该事项相对重要程度。在关键审计事项部分,注册会计师可以使该事项的列报更为突出(如作为第一个事项),或在关键审计事项的描述中增加额外信息,以指明该事项对财务报表使用者理解财务报表的重要程度。某一事项可能不符合规定,未被确定为关键审计事项(该事项未被重点关注过),但根据注册会计师的判断,该事项对财务报表使用者理解财务报表至关重要(例如期后事项)。如果注册会计师认为有必要提请财务报表使用者关注该事项,根据审计准则的规定,该事项将包含在审计报告的强调事项段中。

某些审计准则对特定情况下在审计报告中增加强调事项段提出具体要求。这些情况包括：①法律法规规定的财务报告编制基础不可接受，但该财务报告编制基础是由法律或法规做出的规定；②提醒财务报表使用者注意财务报表按照特殊目的编制基础编制；③注册会计师在审计报告日知悉了某些事实（期后事项），并且出具了新的审计报告或修改了审计报告。

除上述审计准则要求增加强调事项的情形外，注册会计师可能认为需要增加强调事项段的情形举例如下：①异常诉讼或监管行动的未来结果存在不确定性；②提前应用（在允许的情况下）对财务报表有广泛影响的新会计准则；③存在已经或持续对被审计单位财务状况产生重大影响的特大灾难。

强调事项段的过多使用会降低注册会计师沟通所强调事项的有效性。此外，与财务报表中的列报或披露相比，在强调事项段中包括过多的信息，可能隐含这些事项未被恰当列报或披露。因此，强调事项段应当仅提及已在财务报表中列报或披露的信息。

▶ 3. 在审计报告中增加强调事项段时注册会计师采取的措施

如果在审计报告中增加强调事项段，注册会计师应当采取下列措施：①将强调事项段作为单独的一部分置于审计报告中，并使用包含"强调事项"这一术语的适当标题；②明确提及被强调事项及相关披露的位置，以便能够在财务报表中找到对该事项的详细描述。强调事项段应当仅提及已在财务报表中列报或披露的信息；③指出审计意见没有因该强调事项而改变。

在审计报告中包含强调事项段不影响审计意见。包含强调事项段不能代替下列情形：①根据审计业务的具体情况，按照准则规定发表非无保留意见；②适用的财务报告编制基础要求管理层在财务报表做出的披露，或为实现公允列报所需的其他披露；③按照准则规定，当可能导致对被审计单位持续经营能力产生重大疑虑的事项或情况存在重大不确定性时做出的报告。

带强调事项段无保留意见的审计报告示例

审 计 报 告

南山股份有限公司全体股东：

一、对财务报表出具的审计报告

（一）审计意见

我们审计了南山股份有限公司（以下简称南山公司）财务报表，包括2016年12月31日的资产负债表，2016年度的利润表、现金流量表、股东权益变动表，以及相关财务报表附注。

我们认为，后附的财务报表在所有重大方面按照《企业会计准则》的规定编制，公允反映了南山公司2016年12月31日的财务状况及2016年度的经营成果和现金流量。

（二）形成审计意见的基础

我们按照中国注册会计师审计准则的规定执行了审计工作。审计报告的"注册会计师对财务报表审计的责任"部分进一步阐述了我们在这些准则下的责任。按照中国注册会计师职业道德守则，我们独立于南山公司，并履行了职业道德方面的其他责任。我们相信，我们获取的审计证据是充分、适当的，为发表审计意见提供了基础。

(三) 强调事项

我们提醒财务报表使用者关注，财务报表附注（九）描述了火灾对南山公司的生产设备造成的影响。本段内容不影响已发表的审计意见。

(四) 关键审计事项

关键审计事项是根据我们的职业判断，认为对本期财务报表审计最为重要的事项。这些事项是在对财务报表整体进行审计并形成意见的背景下进行处理的，我们不对这些事项提供单独的意见。

南山公司2016年12月出售了1 000万股南山证券，获利约2.58亿元。非经常性损益占南山公司2016年净利润的65%。

(五) 其他信息

董事会对其他信息负责，其他信息包括南山公司发展战略调整报告中涵盖的信息，但不包括财务报表和我们的审计报告。

我们对财务报表的审计意见并不涵盖其他信息，我们也不对其他信息发表任何形式的鉴证结论。

结合我们对财务报表的审计，我们的责任是阅读其他信息，在此过程中，考虑其他信息是否与财务报表或我们在审计过程中了解的情况存在重大不一致或者似乎存在重大错报。

基于我们已经执行的工作，如果我们确定其他信息存在重大错报，我们应当报告该事实。本次审计，我们确定其他信息不存在重大错报。

(六) 管理层和治理层对财务报表的责任

管理层负责按照《企业会计准则》的规定编制财务报表，使财务报告实现公允反映，并设计、执行和维护必要的内部控制，以使财务报表不存在由于舞弊或错误导致的重大错报。

在编制财务报表时，管理层负责评估南山公司的持续经营能力，披露与持续经营相关的事项（如适用），并运用持续经营假设，除非计划清算南山公司、停止营运或别无其他现实的选择。

治理层负责监督南山公司的财务报告过程。

(七) 注册会计师对财务报表审计的责任

我们的目标是对财务报表整体是否不存在由于舞弊或错误导致的重大错报获取合理保证，并出具包含审计意见的审计报告。合理保证是高水平的保证，但并不能保证按照审计准则执行的审计在某一重大错报存在时总能发现。错报可能由于舞弊或错误导致，如果合理预期错报单独或汇总起来可能影响财务报表使用者依据财务报表做出的经济决策，则通常认为错报是重大的。

在按照审计准则执行审计的过程中，我们运用了职业判断，保持了职业怀疑。我们同时：

(1) 识别和评估由于舞弊或错误导致的财务报表重大错报风险；对这些风险有针对性地设计和实施审计程序；获取充分、适当的审计证据，作为发表审计意见的基础。由于舞弊可能涉及串通、伪造、故意遗漏、虚假陈述或凌驾于内部控制之上，未能发现由于舞弊导致的重大错报的风险高于未能发现由于错误导致的重大错报的风险。

(2) 了解与审计相关的内部控制，以设计恰当的审计程序，但目的并非对内部控制的有效性发表意见。

（3）评价管理层选用会计政策的恰当性和做出会计估计及相关披露的合理性。

（4）对管理层使用持续经营假设的恰当性得出结论。同时，根据获取的审计证据，就可能导致对南山公司持续经营能力产生重大疑虑的事项或情况是否存在重大不确定性得出结论。如果我们得出结论认为存在重大不确定性，审计准则要求我们在审计报告中提请报表使用者注意财务报表中的相关披露；如果披露不充分，我们应当发表非无保留意见。我们的结论基于审计报告日可获得的信息。然而，未来的事项或情况可能导致南山公司不能持续经营。

（5）评价财务报表的总体列报、结构和内容（包括披露），并评价财务报表是否公允反映相关交易和事项。

我们与治理层就计划的审计范围、时间安排和重大审计发现（包括我们在审计中识别的值得关注的内部控制缺陷）等事项进行沟通。

我们还就遵守关于独立性的相关职业道德要求向治理层提供声明，并就可能被合理认为影响我们独立性的所有关系和其他事项，以及相关的防范措施（如适用）与治理层进行沟通。

从与治理层沟通的事项中，我们确定哪些事项对本期财务报表审计最为重要，因而构成关键审计事项。我们在审计报告中描述这些事项，除非法律法规禁止公开披露这些事项，或在极其罕见的情形下，如果合理预期在审计报告中沟通某事项造成的负面后果超过在公众利益方面产生的益处，我们确定不应在审计报告中沟通该事项。

二、按照相关法律法规的要求报告的事项

根据现行法律法规对其他报告责任性质的规定，我们没有发现南山公司在所审计期间有需要报告的其他事项。

××会计师事务所　　　　　　　　　　　中国注册会计师：×××
（盖章）　　　　　　　　　　　　　　　（项目合伙人签名并盖章）
　　　　　　　　　　　　　　　　　　　中国注册会计师：×××
　　　　　　　　　　　　　　　　　　　　　　（签名并盖章）
中国××市　　　　　　　　　　　　　　二〇一七年×月×日

▶ **4. 其他事项段**

其他事项段是指审计报告中含有的一个段落，该段落提及未在财务报表中列报或披露的事项，根据注册会计师的职业判断，该事项与财务报表使用者理解审计工作、注册会计师的责任或审计报告相关。

如果认为有必要沟通虽然未在财务报表中列报或披露，但根据职业判断认为与财务报表使用者理解审计工作、注册会计师的责任或审计报告相关的事项，在同时满足下列条件时，注册会计师应当在审计报告中增加其他事项段：未被法律法规禁止；该事项未被确定为在审计报告中沟通的关键审计事项。具体来讲，需要在审计报告中增加其他事项段的情形如下。

（1）与使用者理解审计工作相关的情形。准则明确要求注册会计师就计划的审计范围和时间安排与治理层进行沟通，包括注册会计师识别的特别风险。尽管与特别风险相关的事项可能被确定为关键审计事项，根据准则对关键审计事项的定义，其他与计划及范围相关的事项(如计划的审计范围或审计时对重要性的运用)不太可能成为关键审计事项。然而，法律法规可能要求注册会计师在审计报告中沟通与计划及范围相关的事项，或者注册会计师可能认为有必要在其他事项段中沟通这些事项。在极其特殊的情况下，即使由于管理层对审计范围施加的限制导致无法获取充分、适当的审计证据可能产生的影响具有广泛性，注册会计师也不能解除业务约定。在这种情况下，注册会计师可能认为有必要在审计报告中增加其他事项段，解释为何不能解除业务约定。

(2) 与使用者理解注册会计师的责任或审计报告相关的情形。法律法规或得到广泛认可的惯例可能要求或允许注册会计师详细说明某些事项，以进一步解释注册会计师在财务报表审计中的责任或审计报告。在这种情况下，注册会计师可以使用一个或多个子标题来描述其他事项段的内容。但增加其他事项段不涉及以下两种情形：①除根据审计准则的规定有责任对财务报表出具审计报告外，注册会计师还有其他报告责任；②注册会计师可能被要求实施额外的规定的程序并予以报告，或对特定事项发表意见。

(3) 对两套以上财务报表出具审计报告的情形。被审计单位可能按照通用目的编制基础(如某国家财务报告编制基础)编制一套财务报表，且按照另一个通用目的编制基础(如国际财务报告准则)编制另一套财务报表，并委托注册会计师同时对两套财务报表出具审计报告。如果注册会计师已确定两个财务报告编制基础在各自情形下是可接受的，可以在审计报告中增加其他事项段，说明该被审计单位根据另一个通用目的编制基础(如国际财务报告准则)编制了另一套财务报表，以及注册会计师对这些财务报表出具了审计报告。

(4) 限制审计报告分发和使用的情形。为特定目的编制的财务报表可能按照通用目的编制基础编制，因为财务报表预期使用者已确定这种通用目的财务报表能够满足他们对财务信息的需求。由于审计报告旨在提供给特定使用者，注册会计师可能认为在这种情况下需要增加其他事项段，说明审计报告只是提供给财务报表预期使用者，不应被分发给其他机构或人员或者被其他机构或人员使用。

需要注意的是，其他事项段的内容明确反映了未被要求在财务报表中列报或披露的其他事项。其他事项段不包括法律法规或其他职业准则(如中国注册会计师职业道德守则中与信息保密相关的规定)禁止注册会计师提供的信息。其他事项段也不包括要求管理层提供的信息。如果在审计报告中包含其他事项段，注册会计师应当将该段落作为单独的一部分，并使用"其他事项"或其他适当标题。

带其他事项段无保留意见的审计报告示例

审 计 报 告

南山股份有限公司全体股东：

一、对财务报表出具的审计报告

(一)审计意见

我们审计了南山股份有限公司(以下简称南山公司)财务报表，包括2016年12月31日的资产负债表，2016年度的利润表、现金流量表、股东权益变动表，以及财务报表附注(包括重大会计政策和会计估计)。

我们认为，后附的财务报表在所有重大方面按照《企业会计准则》的规定编制，公允反映了南山公司 2016 年 12 月 31 日的财务状况及 2016 年度的经营成果和现金流量。

（二）形成审计意见的基础

我们按照中国注册会计师审计准则的规定执行了审计工作。审计报告的"注册会计师对财务报表审计的责任"部分进一步阐述了我们在这些准则下的责任。按照中国注册会计师职业道德守则，我们独立于南山公司，并履行了职业道德方面的其他责任。我们相信，我们获取的审计证据是充分的、适当的，为发表审计意见提供了基础。

（三）其他事项

在审计过程中，我们发现南山公司于 2016 年 12 月通过了在 2017 年实施大幅度降低产品销售价格扩大市场占有率的经营策略，这预计将导致南山公司在 2017 年出现利润减少 7 800 万元，提醒财务报表使用者关注。本段内容并不影响已发表的审计意见。

（四）关键审计事项

关键审计事项是根据我们的职业判断，认为对本期财务报表审计最为重要的事项。这些事项是在对财务报表整体进行审计并形成意见的背景下进行处理的，我们不对这些事项提供单独的意见。

南山公司 2016 年获得的政府补贴为 7 940.54 万元，在这部分政府补贴中，资源综合利用增值税退税总计 6 878.81 万元。政府补贴占南山公司 2016 年净利润的 45%。

（五）其他信息

董事会对其他信息负责，其他信息包括南山公司参与"一带一路"发展报告中涵盖的信息，但不包括财务报表和我们的审计报告。

我们对财务报表的审计意见并不涵盖其他信息，我们也不对其他信息发表任何形式的鉴证结论。

结合我们对财务报表的审计，我们的责任是阅读其他信息，在此过程中，考虑其他信息是否与财务报表或我们在审计过程中了解的情况存在重大不一致或者似乎存在重大错报。

基于我们已经执行的工作，如果我们确定其他信息存在重大错报，我们应当报告该事实。本次审计，我们确定其他信息不存在重大错报。

（六）管理层和治理层对财务报表的责任

管理层负责按照《企业会计准则》的规定编制财务报表，使财务报表实现公允反映，并设计、执行和维护必要的内部控制，以使财务报表不存在由于舞弊或错误导致的重大错报。

在编制财务报表时，管理层负责评估南山公司的持续经营能力，披露与持续经营相关的事项（如适用），并运用持续经营假设，除非计划清算南山公司、停止营运或别无其他现实的选择。

治理层负责监督南山公司的财务报告过程。

（七）注册会计师对财务报表审计的责任

我们的目标是对财务报表整体是否不存在由于舞弊或错误导致的重大错报获取合理保证，并出具包含审计意见的审计报告。合理保证是高水平的保证，但并不能保证按照审计准则执行的审计在某一重大错报存在时总能发现。错报可能由于舞弊或错误导致，如果合理预期错报单独或汇总起来可能影响财务报表使用者依据财务报表做出的经济决策,则通常认为错报是重大的。

在按照审计准则执行审计的过程中,我们运用了职业判断,保持了职业怀疑。我们同时:

(1)识别和评估由于舞弊或错误导致的财务报表重大错报风险;对这些风险有针对性地设计和实施审计程序;获取充分、适当的审计证据,作为发表审计意见的基础。由于舞弊可能涉及串通、伪造、故意遗漏、虚假陈述或凌驾于内部控制之上,未能发现由于舞弊导致的重大错报的风险高于未能发现由于错误导致的重大错报的风险。

(2)了解与审计相关的内部控制,以设计恰当的审计程序,但目的并非对内部控制的有效性发表意见。

(3)评价管理层选用会计政策的恰当性和做出会计估计及相关披露的合理性。

(4)对管理层使用持续经营假设的恰当性得出结论。同时,根据获取的审计证据,就可能导致对南山公司持续经营能力产生重大疑虑的事项或情况是否存在重大不确定性得出结论。如果我们得出结论认为存在重大不确定性,审计准则要求我们在审计报告中提请报表使用者注意财务报表中的相关披露;如果披露不充分,我们应当发表非无保留意见。我们的结论基于审计报告日可获得的信息。然而,未来的事项或情况可能导致南山公司不能持续经营。

(5)评价财务报表的总体列报、结构和内容(包括披露),并评价财务报表是否公允反映相关交易和事项。

我们与治理层就计划的审计范围、时间安排和重大审计发现(包括我们在审计中识别的值得关注的内部控制缺陷)等事项进行沟通。

我们还就遵守关于独立性的相关职业道德要求向治理层提供声明,并就可能被合理认为影响我们独立性的所有关系和其他事项,以及相关的防范措施(如适用)与治理层进行沟通。

从与治理层沟通的事项中,我们确定哪些事项对本期财务报表审计最为重要,因而构成关键审计事项。我们在审计报告中描述这些事项,除非法律法规禁止公开披露这些事项,或在极其罕见的情形下,如果合理预期在审计报告中沟通某事项造成的负面后果超过在公众利益方面产生的益处,我们确定不应在审计报告中沟通该事项。

二、按照相关法律法规的要求报告的事项

根据现行法律法规对其他报告责任性质的规定,我们没有发现南山公司在所审计期间有需要报告的其他事项。

××会计师事务所	中国注册会计师:×××
(盖章)	(项目合伙人签名并盖章)
	中国注册会计师:×××
	(签名并盖章)
中国××市	二○一七年×月×日

如果拟在审计报告中增加强调事项段或其他事项段，注册会计师应当就该事项和拟使用的措辞与治理层沟通。与治理层的沟通能使治理层了解注册会计师，做出进一步澄清的机会。当然，当审计报告中针对某特定事项增加其他事项段在连续审计业务中重复出现时，注册会计师可能认为没有必要在每次审计业务中重复沟通。

【例题 7.1】ABC 会计师事务所的 A 注册会计师担任多家被审计单位 2014 年度财务报表审计的项目合伙人，遇到下列导致出具非标准审计报告的事项：

(1) 甲公司 2014 年年初开始使用新的 ERP 系统，因系统缺陷导致 2014 年度成本核算混乱，审计项目组无法对营业成本、存货等项目实施审计程序。

(2) 2014 年，因采用新发布的《企业会计准则》，乙公司对以前年度投资形成的部分长期股权投资改按公允价值计量，并确认了大额公允价值变动收益，未对比较数据进行追溯调整。

(3) 因丙公司严重亏损，董事会拟于 2015 年对其进行清算。管理层运用持续经营假设编制了 2014 年度财务报表，并在财务报表附注中充分披露了清算计划。

(4) 丁公司是金融机构，在风险管理中运用大量复杂金融工具。因风险管理负责人离职，人事部暂未招聘到合适的人员，管理层未能在财务报表附注中披露与金融工具相关的风险。

(5) 戊公司 2013 年度财务报表未经审计。管理层将一项应当在 2014 年度确认的大额长期资产减值损失作为前期差错，重述了比较数据。

要求：针对上述第(1)~(5)项，逐项指出 A 注册会计师应当出具何种意见类型的非标准审计报告，并简要说明理由。(2015 年注册会计师考题)

【答案及解析】

(1) 保留意见/无法表示意见审计报告。无法获取充分、适当的审计证据，对财务报表影响重大而广泛。

(2) 保留意见审计报告。比较数据存在重大错报但不广泛，当期数据存在重大错报但不广泛。

(3) 否定意见审计报告。被审计单位运用持续经营假设不适当。

(4) 保留意见审计报告。存在影响重大但不具有广泛性的披露错报。

(5) 带其他事项段的保留意见审计报告。应当在其他事项段中说明对应数据未经审计，且存在影响重大但不广泛的错报。

第二节　内部控制审计报告

注册会计师应根据对内部控制有效性的审计结论，出具适当的内部控制审计意见的审计报告。内部控制审计意见包括无保留意见、带强调事项段的无保留意见、否定意见和无法表示意见。在内部控制审计意见中没有保留意见，主要是保留意见的使用价值不高，且与否定意见的区分度不清晰，国际上也没有保留意见的内部控制审计报告。

一、无保留意见的内部控制审计报告

符合下列所有条件的,注册会计师应当对财务报告内部控制出具无保留意见的内部控制审计报告:

(1)在基准日,被审计单位按照《企业内部控制基本规范》《企业内部控制应用指引》《企业内部控制评价指引》及企业自身内部控制制度的要求,在所有重大方面保持了有效的内部控制;

(2)注册会计师已经按照《企业内部控制审计指引》的要求计划和实施审计工作,在审计过程中未受到限制。

无保留意见的内部控制审计报告示例

内部控制审计报告

××股份有限公司全体股东:

按照《企业内部控制审计指引》及中国注册会计师执业准则的相关要求,我们审计了××股份有限公司(以下简称××公司)××××年×月×日的财务报告内部控制的有效性。

一、企业对内部控制的责任

按照《企业内部控制基本规范》《企业内部控制应用指引》《企业内部控制评价指引》的规定,建立健全和有效实施内部控制,并评价内部控制的有效性是企业董事会的责任。

二、注册会计师的责任

我们的责任是在实施审计工作的基础上,对财务报告内部控制的有效性发表审计意见,并对注意到的非财务报告内部控制的重大缺陷进行披露。

三、内部控制的固有局限性

内部控制具有固有局限性,存在不能防止和发现错报的可能性。此外,因情况变化可能导致内部控制变得不恰当,或对控制政策和程序遵循的程度降低,根据内部控制审计结果推测未来内部控制的有效性具有一定风险。

四、财务报告内部控制审计意见

我们认为,××公司于××××年×月×日按照《企业内部控制基本规范》和相关规定在所有重大方面保持了有效的财务报告内部控制。

××会计师事务所	中国注册会计师:×××(签名并盖章)
(盖章)	中国注册会计师:×××(签名并盖章)
中国××市	××××年×月×日

二、带强调事项段的无保留意见内部控制审计报告

注册会计师认为财务报告内部控制虽然不存在重大缺陷,但仍有一项或者多项重大事项需要提请内部控制审计报告使用者注意的,应当在内部控制审计报告中增加强调事项段予以说明。

注册会计师应当在强调事项段中指明,该段内容仅用于提醒内部控制审计报告使用者关注,并不影响对财务报告内部控制发表的审计意见。

带强调事项段的无保留意见内部控制审计报告示例

内部控制审计报告

××股份有限公司全体股东:

按照《企业内部控制审计指引》及中国注册会计师执业准则的相关要求,我们审计了××股份有限公司(以下简称××公司)××××年×月×日的财务报告内部控制的有效性。

("一、企业对内部控制的责任"至"四、财务报告内部控制审计意见"参见无保留意见(标准)内部控制审计报告相关段落表述。)

五、强调事项

我们提醒内部控制审计报告使用者关注(描述强调事项的性质及事项对内部控制的重大影响),本段内容不影响已对财务报告内部控制发表的审计意见。

××会计师事务所	中国注册会计师:×××(签名并盖章)
(盖章)	中国注册会计师:×××(签名并盖章)
中国××市	××××年×月×日

三、否定意见的内部控制审计报告

注册会计师认为财务报告内部控制存在一项或多项重大缺陷的,除非审计范围受到限制,应当对财务报告内部控制发表否定意见。

注册会计师出具否定意见的内部控制审计报告,还应当包括:重大缺陷的定义;重大缺陷的性质及重大缺陷对财务报告内部控制的影响程度。

否定意见的内部控制审计报告示例

内部控制审计报告

××股份有限公司全体股东:

按照《企业内部控制审计指引》及中国注册会计师执业准则的相关要求,我们审计了××股份有限公司(以下简称××公司)××年×月×日的财务报告内部控制的有效性。

("一、企业对内部控制的责任"至"三、内部控制的固有局限性"参见无保留意见(标准)内部控制审计报告相关段落表述。)

四、导致否定意见的事项

重大缺陷是内部控制中存在的、可能导致不能及时防止或发现并纠正财务报表出现重大错报的一项控制缺陷或多项控制缺陷的组合。

(指出注册会计师已识别出的重大缺陷,并说明重大缺陷的性质及重大缺陷对财务报告内部控制的影响程度。)

有效的内部控制能够为财务报告及相关信息的真实完整提供合理保证,而上述重大缺陷使××公司内部控制失去这一功能。

××公司管理层已识别出上述重大缺陷,并将上述重大缺陷包含在企业内部控制评价报告中。上述缺陷在所有重大方面得到公允反映。

在××公司××××年财务报表审计中，我们已经考虑了上述重大缺陷对审计程序的性质、时间安排和范围的影响。本报告并未对我们在××××年×月×日对×公司××年财务报表出具的审计报告产生影响。

五、财务报告内部控制审计意见

我们认为，由于存在上述重大缺陷及上述重大缺陷对实现控制目标的影响，××公司于××××年×月×日未能按照《企业内部控制基本规范》和相关规定在所有重大方面保持有效的财务报告内部控制。

××会计师事务所　　　　　　　　中国注册会计师：×××（签名并盖章）
（盖章）　　　　　　　　　　　　中国注册会计师：×××（签名并盖章）
中国××市　　　　　　　　　　　　　　　　　　　　　××××年×月×日

四、无法表示意见的内部控制审计报告

注册会计师审计范围受到限制的，应当解除业务约定或出具无法表示意见的内部控制审计报告，并就审计范围受到限制的情况，以书面形式与董事会进行沟通。

注册会计师在出具无法表示意见的内部控制审计报告时，应当在内部控制审计报告中指明审计范围受到限制，无法对内部控制的有效性发表意见。

无法表示意见的内部控制审计报告示例

内部控制审计报告

××股份有限公司全体股东：

我们接受委托，对××股份有限公司（以下简称××公司）××××年×月×日的财务报告内部控制进行审计。

（删除注册会计师的责任段，"一、企业对内部控制的责任"和"二、内部控制的固有局限性"参见无保留意见（标准）内部控制审计报告相关段落表述。）

三、导致无法表示意见的事项

（描述审计范围受到限制的具体情况。）

四、财务报告内部控制审计意见

由于审计范围受到上述限制，我们未能实施必要的审计程序以获取发表意见所需的充分、适当证据，因此，我们无法对××公司财务报告内部控制的有效性发表意见。

五、识别的财务报告内部控制重大缺陷

（如在审计范围受到限制前，执行有限程序未能识别出重大缺陷，则应删除本段）

重大缺陷是内部控制中存在的、可能导致不能及时防止或发现并纠正财务报表出现重大错报的一项控制缺陷或多项控制缺陷的组合。

尽管我们无法对××公司财务报告内部控制的有效性发表意见，但在我们实施的有限程序的过程中，发现了以下重大缺陷：

（指出注册会计师已识别出的重大缺陷，并说明重大缺陷的性质及重大缺陷对财务报告内部控制的影响程度。）

有效的内部控制能够为财务报告及相关信息的真实完整提供合理保证，而上述重大缺陷使××公司内部控制失去这一功能。

××会计师事务所　　　　　　　　　中国注册会计师：×××（签名并盖章）
（盖章）　　　　　　　　　　　　　中国注册会计师：×××（签名并盖章）
中国××市　　　　　　　　　　　　××××年×月×日

五、非财务报告重大缺陷的内部控制审计报告

对于审计过程中注意到的非财务报告内部控制缺陷，如果发现某项或某些控制对企业发展战略、法规遵循、经营的效率效果等控制目标的实现有重大不利影响，确定该项非财务报告内部控制缺陷为重大缺陷的，注册会计师应当以书面形式与企业董事会和经理层沟通，提醒企业加以改进；同时在内部控制审计报告中增加非财务报告内部控制重大缺陷描述段，对重大缺陷的性质及重大缺陷对实现相关控制目标的影响程度进行披露，提示内部控制审计报告使用者注意相关风险，但无须对相关风险发表审计意见。

非财务报告重大缺陷的内部控制审计报告

内部控制审计报告

××股份有限公司全体股东：

按照《企业内部控制审计指引》及中国注册会计师执业准则的相关要求，我们审计了××股份有限公司（以下简称××公司）××××年×月×日的财务报告内部控制的有效性。

（"一、企业对内部控制的责任"至"四、财务报告内部控制审计意见"参见标准内部控制审计报告相关段落表述。）

五、非财务报告内部控制重大缺陷

在内部控制审计过程中，我们注意到××公司的非财务报告内部控制存在重大缺陷（描述该缺陷的性质及该缺陷对实现相关控制目标的影响程度）。由于存在上述重大缺陷，我们提醒本报告使用者注意相关风险。需要指出的是，我们并不对××公司的非财务报告内部控制发表意见或提供保证。本段内容不影响对财务报告内部控制有效性发表的审计意见。

××会计师事务所　　　　　　　　　中国注册会计师：×××（签名并盖章）
（盖章）　　　　　　　　　　　　　中国注册会计师：×××（签名并盖章）
中国××市　　　　　　　　　　　　××××年×月×日

本章小结

本章主要阐述了财务报表审计报告和内部控制审计报告的含义、类型及要素等内容。审计报告是指注册会计师根据审计准则的规定，在实施审计工作的基础上，对财务报表发表审计意见的书面文件。审计报告是审计工作的最终输出产品，具备鉴证功能、保护功能等经济作用，可以缓解市场参与者之间的信息不对称程度，提高财务报表信息使用者的信赖程度，降低决策风险，提高决策效率。

> 审计意见是审计报告的核心。审计报告分为标准审计报告和非标准审计报告，包含不同类型的审计意见，承载着不同的信息含量，以资审计报告信息使用者进行决策。此外，审计报告也是不同的使用单位了解被审计单位情况和处理财务相关问题的重要依据。

练习题

一、单项选择题

1. 下列关于审计报告的叙述中，正确的是（　　）。
   A. 审计报告的收件人是指被审计单位
   B. 注册会计师如果出具非无保留意见的审计报告时，应在意见段之前增加说明段
   C. 审计报告应该由两位注册会计师签名盖章，但是必须要有主任会计师
   D. 审计报告的日期是指编写完审计报告的日期

2. 下列不属于注册会计师对财务报表审计时所出具的审计报告中注册会计师责任段所描述的内容是（　　）。
   A. 我们相信，我们获取的审计证据是充分的、适当的，为发表审计意见提供了基础
   B. 审计工作涉及实施审计程序，以获取有关报表金额和披露的审计证据
   C. 我们的责任是在实施审计工作的基础上对财务报表发表审计意见
   D. 审计工作还包括评价治理层选用会计政策的恰当性和做出会计估计的合理性，以及评价财务报表的总体列报

3. 如果被审计单位财务报表就整体而言是公允的，但因审计范围受到重要的局部限制，无法按照审计准则的要求取得应有的审计证据时，注册会计师应发表（　　）。
   A. 否定意见　　　　　　　　　　　　B. 保留意见
   C. 无法表示意见　　　　　　　　　　D. 带强调事项段的无保留意见

4. 下列选项中，（　　）属于由被审计单位管理层造成的审计范围受到限制。
   A. 管理层不允许注册会计师观察存货盘点
   B. 截至资产负债表日处于外海的远洋捕捞船队的捕鱼量无法监盘
   C. 被审计单位的部分会计资料被洪水冲走，无法进行检查
   D. 外国子公司的存货无法监盘

5. 如果在审计报告日后至财务报表对外报出日前，注册会计师发现已审计财务报表与其他信息存在重大不一致，经进一步审查，需要修改被审计单位财务报表，且被审计单位同意修改，则注册会计师应当（　　）。
   A. 与被审计单位管理层讨论　　　　　B. 直接增加补充审计报告
   C. 对修改的报表重出审计报告　　　　D. 不用再进行任何处理

二、多项选择题

1. 在审计报告中，下列属于管理层对财务报表的责任段的内容有（　　）。
   A. 已获取的审计证据是充分的、适当的，为注册会计师发表审计意见提供了基础

B. 在实施审计工作的基础上对财务报表发表审计意见

C. 设计、实施和维护与财务报表编制相关的内部控制,以使财务报表不存在由于舞弊或错误而导致的重大错报

D. 选择和运用恰当的会计政策

2. 下列说法中,不正确的有( )。

A. 审计报告分为标准审计报告和非标准审计报告。标准审计报告包括无保留意见和带强调事项段的无保留意见审计报告;非标准审计报告就是非无保留意见的审计报告,包括保留意见的审计报告、否定意见的审计报告和无法表示意见的审计报告

B. 财务报表审计是一个累积和不断修正信息的过程,随着计划的审计程序的实施,如果获取的信息与风险评估时依据的信息有重大差异,注册会计师应当修改原计划的其他审计程序的性质、时间和范围,但不用修正风险评估结果

C. 审计报告应当由两名具备相关业务资格的注册会计师签名盖章并经会计师事务所盖章方为有效。其中一位必须是主任会计师,另一位是负责该项目的注册会计师

D. 审计报告的日期不应晚于注册会计师获取充分、适当的审计证据(包括管理层认可对财务报表的责任且已批准财务报表的证据),并在此基础上对财务报表形成审计意见的日期

3. 同时符合下列( )条件时,注册会计师应出具无保留意见的审计报告。

A. 注册会计师已经按照中国注册会计师审计准则的规定计划和实施审计工作,在审计过程中未受到限制

B. 财务报表已经按照适用的会计准则和相关会计制度的规定编制,在所有方面公允反映了被审计单位期末的财务状况、经营成果和现金流量

C. 注册会计师已经按照中国注册会计师独立审计准则的要求计划和实施审计工作,在审计过程中未受到限制

D. 财务报表已经按照适用的会计准则和相关会计制度的规定编制,在所有重大方面公允反映了被审计单位的财务状况、经营成果和现金流量

4. 注册会计师与管理层存在分歧时,可能会影响注册会计师发表审计意见的类型,下列属于注册会计师与管理层在会计政策选用方面的分歧有( )。

A. 管理层选用的会计政策不符合适用的会计准则的规定

B. 管理层选用的会计政策不符合具体情况的需要

C. 管理层选用了不适当的会计政策,导致财务报表在所有重大方面未能公允反映被审计单位的财务状况、经营成果和现金流量

D. 管理层选用的会计政策没有按照适用的会计准则和相关会计制度的要求得到一贯运用

5. 注册会计师可能认为需要增加强调事项段的情形有( )。

A. 异常诉讼或监管行动的未来结果存在不确定性

B. 提前应用对财务报表有广泛影响的新会计准则

C. 管理层选用的会计政策不符合具体情况的需要

D. 存在已经或持续对被审计单位财务状况产生重大影响的特大灾难

三、简答题

1. 注册会计师 A 负责审计上市公司甲公司 2017 年度财务报表，审计完成阶段的部分工作底稿内容摘录如下：

① 甲公司持续经营假设适当但存在重大不确定性，财务报表附注中对此未进行充分披露，拟在审计报告中增加强调事项段。

② 发现含有已审计财务报表的公司年度报告中披露的年度营业收入总额与已审计财务报表中列示的营业收入金额存在重大不一致，并确定需要修改公司年度报告而非已审计财务报表，董事会拒绝修改公司年度报告。注册会计师 A 认为，上述情形不会影响审计意见，因此无须采取任何行动。

③ 甲公司 2017 年度财务报表经其他会计师事务所审计并发表了无保留意见。A 注册会计师拟在审计报告中增加其他事项段说明该事项。

要求：

（1）针对上述第①项和第②项，分别指出注册会计师 A 采取的应对措施是否恰当。如不恰当，简要说明正确的应对措施。

（2）针对上述第③项，指出注册会计师 A 应在其他事项段中说明的内容。

2. 注册会计师陈真、李林对 10 个公司的 2017 年度财务报表进行审计。这 10 个公司除下述情况外，没有其他的事项影响注册会计师陈真、李林发表审计意见，审计工作是按照中国注册会计师审计准则的要求进行的。

① 当注册会计师陈真、李林审计 A 公司长期投资时，发现一笔数额较大的长期投资是 A 公司持有甲公司 15% 的股权，甲公司已连续发生亏损三年，2017 年年末每股净资产已为负数，因 A 公司采用成本法核算长期投资，所以 A 公司没有确认任何损失。

② 当注册会计师陈真、李林完成对 B 公司审计后，发现有三项错报，这三项错报每项都小于容忍误差。但这三项错报之和高于所设定的重要性水平，因每项错报都小于可容忍误差，所以 B 公司认为不必进行任何调整。

③ C 公司因财务状况恶化，于 2014 年年初向法院申请进行债务重组，债务重整是否成功影响 C 公司能否继续经营，目前尚无法预测重整的结果。

④ D 公司 2017 年 12 月 31 日有一笔数额很大的应收账款客户，占 D 公司流动资产的 23%，该客户 2017 年中期发生火灾且没有进行保险，致使该公司无力清偿对 D 公司的债务，D 公司不愿在 2017 年度单项计提较大的坏账准备，只愿意在财务报表附注中说明。

⑤ E 公司 2017 年度的销售收入中有 80% 是对关联人的销售，经注册会计师陈真、李林审计后并未发现有任何异常现象。

⑥ F 公司于 2018 年年初委托注册会计师陈真、李林对 2017 年度财务报表进行审计，注册会计师陈真、李林未能对期末存货进行监督盘点，且无法采用其他替代审计程序。F 公司年末存货占总资产总值的 65%。

⑦ G 公司在 2017 年发生两笔数额很大的融资租赁服务，但 G 公司却按经营租赁进行会计核算，致使 G 公司当年利润减少 25%，G 公司拒绝进行调整。

⑧ H 公司所编制的财务报表中缺少股东权益变动表，该公司认为股东权益变动表是辅助报表，所以拒绝提供。

⑨ K公司持股90%的子公司是由丙会计师事务所进行审计的，该子公司的资产与利润占K公司合并财务报表相应项目的比例为50%和60%，注册会计师陈真、李林无法进行审计，而丙会计师事务所出具的是标准审计报告。

⑩ 注册会计师陈真、李林完成对M公司2017年度财务报表审计后，该公司管理层拒绝提供年度经营管理报告。

要求：(1)针对上述情况，请你指出注册会计师陈真、李林对每一种情况应发表什么类型的审计意见，并简要说明理由。

(2)根据每一种情况，请你指出注册会计师陈真、李林在标准审计报告基础上应增减的段落，并请你撰写增加的段落。

(3)针对上述情况，请指出哪些可以作为关键审计事项在审计报告中反映。

第八章 其他鉴证业务

本章重点

1. 验资的流程和方法。
2. 验资报告的要素与编写。

第一节 验 资

一、验资的含义

《中华人民共和国公司法》规定："股东缴纳出资后，必须经依法设立的验资机构验资并出具证明。"《中华人民共和国注册会计师法》规定，"验证企业资本，出具验资报告"是注册会计师的法定业务之一。注册会计师的审验意见目的在于提高被审验单位的注册资本实收情况或注册资本及实收资本变更情况的可信赖程度，满足公司登记机关登记注册资本和实收资本及被审验单位向出资者签发出资证明的需要。

《中国注册会计师审计准则第1602号——验资》明确规定："验资是指注册会计师依法接受委托，对被审验单位注册资本的实收情况或注册资本及实收资本的变更情况进行审验，并出具验资报告。"

按照法律法规及协议、合同、章程的要求出资，提供真实、合法、完整的验资资料，保护资产的安全、完整，是出资者和被审验单位的责任。按照验资准则的规定，对被审验单位注册资本的实收情况或注册资本及实收资本的变更情况进行审验，出具验资报告，是注册会计师的责任。注册会计师的责任不能减轻出资者和被审验单位的责任。

二、注册资本与实收资本

验资涉及注册资本与实收资本。注册资本是指被审验单位在工商登记机关依法登记的全体出资者的出资额,而实收资本是指被审验单位全体股东或发起人实际交付并经工商登记机关依法登记的出资额或者股本总额。注册资本与实收资本有时相等,有时又不相等。《中华人民共和国公司法》对有限责任公司和股份有限公司的注册资本分别做出了规定。

(一) 有限责任公司的注册资本

有限责任公司的注册资本为在公司登记机关登记的全体股东认缴的出资额。公司全体股东的首次出资额不得低于注册资本的百分之二十,也不得低于法定的注册资本最低限额,其余部分由股东自公司成立之日起两年内缴足(其中投资公司可以在五年内缴足)。有限责任公司注册资本的最低限额为人民币三万元。

股东可以用货币出资,也可以用实物、知识产权、土地使用权等可以用货币估价并可以依法转让的非货币财产作价出资。对作为出资的非货币财产应当评估作价,核实财产,不得高估或者低估作价。全体股东的货币出资金额不得低于有限责任公司注册资本的百分之三十。股东以货币出资的,应当将货币出资足额存入有限责任公司在银行开设的账户;以非货币财产出资的,应当依法办理财产权的转移手续。

一人有限责任公司的注册资本最低限额为人民币十万元。股东应当一次足额缴纳公司章程规定的出资额。

(二) 股份有限公司的注册资本

股份有限公司采取发起设立方式设立的,注册资本为在公司登记机关登记的全体发起人认购的股本总额。公司全体发起人的首次出资额不得低于注册资本的百分之二十,其余部分由发起人自公司成立之日起两年内缴足(其中投资公司可以在五年内缴足)。在缴足前,不得向他人募集股份。股份有限公司采取募集方式设立的,注册资本为在公司登记机关登记的实收股本总额,发起人认购的股份不得少于公司股份总数的百分之三十五。股份有限公司注册资本的最低限额为人民币五百万元。

以发起设立方式设立股份有限公司的,发起人应当书面认足公司章程规定发起人认购的股份。一次缴纳的,应即缴纳全部出资;分期缴纳的,应即缴纳首期出资。以非货币财产出资的,应当依法办理财产权的转移手续。

(三) 公司变更注册资本

公司需要减少注册资本时,必须编制资产负债表及财产清单。公司应当自做出减少注册资本决议之日起十日内通知债权人,并于三十日内在报纸上公告。债权人自接到通知书之日起三十日内,未接到通知书的自公告之日起四十五日内,有权要求公司清偿债务或者提供相应的担保。公司减资后的注册资本不得低于法定的最低限额。

有限责任公司增加注册资本时,股东认缴新增资本的出资,依照公司法设立有限责任公司缴纳出资的有关规定执行。股份有限公司为增加注册资本发行新股时,股东认购新股,依照公司法设立股份有限公司缴纳股款的有关规定执行。

三、验资的种类

验资分为设立验资和变更验资两种,两者在审验目的和审验范围上有所不同。

(一) 设立验资

设立验资是指注册会计师对被审验单位申请设立登记时的注册资本实收情况进行的审

验。设立验资的情况有：①被审验单位向公司登记机关申请设立登记时全体股东的一次性全部出资和分次出资的首次出资；②公司新设合并、分立，新设立的公司向公司登记机关申请设立登记。

设立验资的审验范围一般限于与被审验单位注册资本实收情况有关的事项，包括出资者、出资币种和金额、出资时间、出资方式和出资比例等。

(二) 变更验资

变更验资指注册会计师对被审验单位申请变更登记时的注册资本及实收资本的变更情况进行的审验。变更验资的情况主要有：①被审验出资者（包括原出资者和新出资者）新投入资本，增加注册资本和实收资本；②分次出资的非首次出资，增加实收资本，但注册资本不变；③被审验单位以资本公积、盈余公积、未分配利润转增注册资本及实收资本；④被审验单位因吸收合并变更注册资本及实收资本；⑤被审验单位因派生分立、注销股份或依法收购股东的股权等减少注册资本及实收资本；⑥被审验单位整体改制，包括由非公司制企业变更为公司制企业或由有限责任公司变更为股份有限公司时，以净资产折合实收资本。

变更验资的审验范围一般限于与被审验单位注册资本及实收资本增减变动情况有关的事项。增加注册资本及实收资本时，审验范围包括与增资相关的出资者、出资币种、出资金额、出资时间、出资方式、出资比例和相关会计处理，以及增资后的出资者、出资金额和出资比例等；减少注册资本及实收资本时，审验范围包括与减资相关的减资者、减资币种、减资金额、减资时间、减资方式、债务清偿或债务担保情况、相关会计处理，以及减资后的出资者、出资金额和出资比例等。

需要指出的是，公司因出资者、出资比例等发生变化，注册资本及实收资本金额不变，需要按照有关规定向公司登记机关申请办理变更登记，但不需要进行变更验资。

四、验资流程

(一) 签订验资业务约定书

注册会计师应当先了解被审验单位基本情况，考虑自身独立性和专业胜任能力，初步评估验资风险，以确定是否接受委托。如果接受委托，会计师事务所应当与委托人就双方达成一致的事项签订验资业务约定书。验资业务约定书的内容主要包括委托目的、出资者和被审验单位的责任，以及注册会计师的责任、审验范围、时间要求、验资收费、报告分发和使用的限制、违约责任，以及其他需要约定的事项。

(二) 编制验资计划

在签订验资业务约定书后，注册会计师应当编制验资计划，对验资工作做出合理安排。验资计划包括总体验资策略和具体验资计划。总体验资策略是注册会计师对验资业务做出的总体安排，内容主要包括委托目的、审验范围、重点审验领域、验资风险评估、利用专家工作情况、验资时间及费用预算、验资小组成员构成、质量控制等。具体验资计划通常包括审验目标、执行人、完成审验日期、审验程序等，一般通过编制各审验项目的审验程序表来体现。

（三）获取注册资本实收情况明细表或注册资本变更情况明细表

注册会计师应当向被审验单位获取由被审验单位签署的注册资本实收情况明细表或注册资本、实收资本变更情况明细表。注册资本实收情况明细表或注册资本、实收资本变更情况明细表是反映被审验单位出资者的出资情况，经被审验单位签署确认后，代表了被审验单位对出资者出资情况的认定。该明细表是注册会计师在验资过程中应当获取的重要证据之一，有助于分清被审验单位和注册会计师各自的责任。

（四）实施审验

▶ 1. 审验出资者的出资金额、出资比例、出资时间、出资方式

注册会计师应当审验出资者的出资金额、出资比例、出资时间、出资方式等内容是否符合法律法规及协议、章程的规定。对于设立验资，如果出资者分次缴纳注册资本，注册会计师应当审验全体出资者的首次出资额和出资比例是否符合法律法规；对于变更验资，注册会计师应当关注被审验单位以前的注册资本实收情况（查阅前期验资报告），并关注出资者是否按照规定的期限缴纳注册资本。

▶ 2. 审验出资者投入的资本及出资者相关的资产、负债

对于出资者投入的资本及出资者相关的资产、负债，注册会计师应当分别采用下列方法进行审验：

（1）以货币出资的，应当在检查被审验单位开户银行出具的收款凭证、对账单及银行询证函回函等的基础上，审验出资者的实际出资金额和货币出资比例是否符合规定。对于股份有限公司向社会公开募集的股本，还应当检查证券公司承销协议、募股清单和股票发行费用清单等。

（2）以实物出资的，应当观察、检查实物，审验实物权属转移情况，并按照国家有关规定在资产评估的基础上审验实物价值。如果被审验单位是外商投资企业，注册会计师应当按照国家有关外商投资企业的规定，审验实物出资的价值。

（3）以知识产权、土地使用权等无形资产出资的，应当审验无形资产权属转移情况，并按照国家有关规定在资产评估的基础上审验无形资产价值。如果被审验单位是外商投资企业，注册会计师应当按照国家有关外商投资企业的规定，审验无形资产出资的价值。

（4）以净资产折合实收资本的，或以资本公积、盈余公积、未分配利润转增注册资本及实收资本的，应当在审计的基础上按照国家有关规定审验净资产价值。

（5）以货币、实物、知识产权、土地使用权以外的其他财产出资的，注册会计师应当审验出资是否符合国家有关规定。

（6）外商投资企业的外方出资者以上述（1）~（5）方式出资的，注册会计师还应当关注出资方式是否符合国家外汇管理有关规定，向企业注册地的外汇管理部门发出外方出资情况询证函，并根据外方出资者的出资方式附送银行询证函回函、资本项目外汇业务核准件及进口货物报关单等文件的复印件，以询证上述文件内容的真实性、合规性。

需要注意的是，对于出资者以实物、知识产权和土地使用权等非货币财产出资的，注册会计师应在出资者依法办理财产权转移手续后予以审验。

（五）出具验资报告

注册会计师必须在完成下列三项工作后方可出具验资报告：①完成预定的审验程序；

②取得充分、适当的审验证据;③分析和评价审验结论。

五、验资报告

(一) 验资报告的要素

验资报告应当包括标题,收件人,范围段,意见段,说明段,附件,注册会计师的签名和盖章,会计师事务所的名称、地址及盖章,以及报告日期等要素。

(1) 标题。验资报告的标题应当统一规范为"验资报告"。

(2) 收件人。验资报告的收件人一般是指验资业务的委托人。验资报告应当载明收件人的全称。对拟设立的公司,收件人通常是公司登记机关预先核准的名称并加"(筹)"。

(3) 范围段。验资报告的范围段应当说明审验范围、出资者和被审验单位的责任、注册会计师的责任、审验依据和已实施的主要审验程序等。

(4) 意见段。验资报告的意见段应当说明已审验的被审验单位注册资本的实收情况或注册资本及实收资本的变更情况。①设立验资报告意见段内容。对于设立验资,注册会计师在意见段中应当说明被审验单位申请登记的注册资本金额、约定的出资时间、截至特定日期被审验单位已收到全体出资者缴纳的注册资本情况。②变更验资报告意见段内容。对于变更验资,注册会计师在意见段中应当说明原注册资本及实收资本金额、增资或减资的依据、申请增加或减少注册资本及实收资本金额、约定的增资或减资的时间、变更后的注册资本金额、截至特定日期被审验单位注册资本及实收资本变更情况。

(5) 说明段。验资报告的说明段应当说明验资报告的用途、使用责任及注册会计师认为应当说明的其他重要事项。①验资报告的用途、使用责任。验资报告具有法定证明效力,供被审验单位申请设立登记或变更登记及据以向投资者签发出资证明时使用。验资报告不应被视为对被审验单位验资报告日后资本保全、偿债能力和持续经营能力等的保证。委托人、被审验单位及其他第三方因使用验资报告不当所造成的后果,与注册会计师及注册会计师所在的会计师事务所无关。②注册会计师认为应当说明的其他重要事项包括:已设立公司尚未对注册资本的实收情况或注册资本及实收资本的变更情况做出相关会计处理;被审验单位由于严重亏损而导致增资前的净资产小于注册资本及实收资本;注册会计师发现的前期出资不实的情况以及明显的抽逃出资迹象等。对于变更验资,注册会计师还应当在验资报告说明段中说明对以前注册资本实收情况审验的会计师事务所名称及审验情况,并说明变更后的累计注册资本实收金额。

(6) 附件。验资报告的附件包括已审验的注册资本实收情况明细表或注册资本、实收资本变更情况明细表和验资事项说明等。

设立验资的验资事项说明主要包括:①基本情况。说明公司名称、公司类型、公司组建及审批情况(需要批准的)、股东或发起人的名称或者姓名,公司名称预先核准情况等。②申请的注册资本及出资规定。说明公司申请的注册资本额、各股东或者发起人的认缴或者认购额、出资时间、出资方式,如果是以募集方式设立的股份有限公司,还应当说明发起人认购的股份和该股份占公司股份总数的比例等。③审验结果。说明公司实收资本额、实收资本占注册资本的比例、各股东或者发起人实际缴纳出资额、出资时间、出资方式,以货币出资的还应当说明股东或者发起人的出资额,出资时间,货币资金缴存被审验单位的开户银行、户名及账号;以实物、知识产权、土地使用权等可以用货币估价并可以依法转让的非货币财产作价出资的,应当具体说明出资方式和内容,并说明非货币出资权属转移情况(股东已办理财产权转移手续的证明文件情况)、评估情况(包括评估结果和确认情况);全部货币出资占注册资本的比例(对于出资者一次全部出资或分次出资的末次出资的验资时,应当说明全体股东的货币出资额占注册资本的比例是否不低于百分之三十);对于有限责任公司出资者分次出资的首次验资应当说明全体股东的首次出资额占公司注册资本的比例及该出资额是否不低于法定的注册资本最低限额;对于发起设立的股份有限公司出资者分次出资的首次验资应当说明全体发起人的首次出资额占公司注册资本的比例;出资者的实际出资超过认缴出资的还应当说明超过部分的处理情况等。④其他事项。例如,对外商投资企业的验资,应当说明向国家外汇管理局××分(支)局发函询证情况,收到回函情况及被审验单位的外资外汇登记编号等。

变更验资的验资事项说明主要包括:①基本情况。说明公司名称,公司类型,公司组建及审批情况(需要批准的),变更前后各股东或者发起人的名称或者姓名、出资额和出资方式、出资时间,申请变更前后的注册资本及实收资本金额等。②新增资本的出资规定或减资规定。说明申请新增的注册资本数额或实收资本数额,出资者、出资方式、出资时间,或减资数额、减资者、减资方式、减资时间,及公司履行《公司法》规定程序情况和股东或者发起人对公司债务清偿或者债务担保情况等。③审验结果。增加注册资本或实收资本的,应当说明被审验单位实际收到各出资者的新增注册资本及实收资本,或新增实收资本的情况,包括以货币出资的,应当说明股东或者发起人的出资额、出资时间、货币资金缴存被审验单位的开户银行和户名及账号;以实物、知识产权、土地使用权及其他可以用货币估价并可以依法转让的非货币财产作价出资的,应当具体说明出资方式和内容,并说明股东办理财产权转移手续的情况、评估情况;以资本公积、盈余公积和未分配利润转增注册资本及实收资本的,应当说明转增的方式、用以转增注册资本的项目和金额、公司实施转增的基准日期、财务报表的调整情况、留存的该项公积金不少于转增前公司注册资本的百分之二十五、转增前后财务报表相关科目的实际情况、转增后股东的出资额;出资者的实际出资超过认缴出资的还应当说明超过部分的处理情况等。

(7)注册会计师的签名和盖章。
(8)会计师事务所的名称、地址及盖章。
(9)报告日期。验资报告日期是指注册会计师完成审验工作的日期。

(二)验资报告格式

验资报告格式示例

验 资 报 告
(适用于新设公司)

×××公司(筹)全体股东:

我们接受委托,审验了贵公司(筹)截至____年__月__日申请设立登记的注册资本实收情况。按照国家相关法律、法规的规定和协议、章程的要求出资,提供真实、合法、完整的验资资料,保护资产的安全、完整是全体股东及贵公司(筹)的责任。我们的责任是对贵公司(筹)注册资本的实收情况发表审验意见。我们的审验是依据《中国注册会计师审计准则第1602号——验资》进行的。在审验过程中，我们结合贵公司（筹）的实际情况，实施了检查等必要的审验程序。

根据协议、章程的规定，贵公司（筹）申请登记的注册资本为人民币_____元，由_____（以下简称甲方）、_____（以下简称乙方）各方于__年__月__日之前缴足。经我们审验，截至____年__月__日，贵公司（筹）已收到全体股东缴纳的注册资本（实收资本）合计人民币__元（大写）。其中以货币出资__元、实物出资__元、知识产权出资__元、以土地使用权出资__元。知识产权出资金额占注册资本的比例为__%。

截至____年__月__日，以房屋和专利权出资的甲方尚未与贵公司（筹）办妥房屋所有权过户手续及专利转让登记手续，但甲方与贵公司（筹）已承诺，按照有关规定在公司成立以后__月内办妥房屋所有权过户手续及专利权转让登记手续，并报公司登记机关备案。

（如果存在需要说明的重大事项应增加说明段予以说明）

本验资报告仅供贵公司（筹）申请设立登记及据以向全体股东签发出资证明时使用，不应将本验资报告视为对贵公司（筹）验资报告日后资本保全、偿债能力和持续经营能力等的保证。因使用不当所造成的后果，与执行本验资业务的注册会计师及本会计师事务所无关。

附件：1. 注册资本实收情况明细表
　　　2. 验资事项说明

××会计师事务所　　　　　　　　　　中国注册会计师（签名盖章）
（公章）　　　　　　　　　　　　　　中国注册会计师（签名盖章）

　中国××市　　　　　　　　　　　　报告日期：　　年　月　日

附件1：注册资本实收情况明细表

注册资本实收情况明细表

截至××××年×月×日

股东名称	认缴注册资本		实际出资情况						实际出资占认缴注册资本比例/%
	金额/元	出资比例/元	货币/元	实物/元	无形资产/元	净资产/元	其他/元	合计金额/元	
合计									

××会计师事务所　　　　　　　　　　中国注册会计师（签名盖章）
　　（公章）　　　　　　　　　　　　中国注册会计师（签名盖章）

附件 2：验资事项说明

验资事项说明

一、组建及审批情况

贵公司（筹）经×××（审批部门）以×字×号文件批准，由甲方、乙方共同出资组建，于××××年×月×日取得×××（企业登记机关）核发的×号《企业名称预先核准通知书》，正在申请办理设立登记。

二、申请的注册资本及出资规定

根据协议、章程的规定，贵公司（筹）申请登记的注册资本为人民币____元，由全体股东于××××年×月×日之前缴足。其中，甲方认缴人民币____元，占注册资本的____%，出资方式为货币____元，实物____元，知识产权____元；乙方认缴人民币____元，占注册资本的____%，出资方式为货币____元。

三、审验结果

截至××××年×月×日，贵公司（筹）已收到甲方、乙方缴纳的注册资本合计人民币____元，实收资本占注册资本的____%。

1. 甲方实际缴纳人民币____元。其中，××××年×月×日缴存××银行×（币种）账户×账号____元；××××年×月×日投入房屋×××（名称、数量等），评估价值为____元，全体股东确认的价值为____元；××××年×月×日投入专利权×××（具体名称、有效状况），评估价值为____元，全体股东确认的价值为____元。×××资产评估有限公司对甲方出资的房屋、专利权进行了评估，并出具了××号资产评估报告。

2. 乙方实际缴纳人民币____元。其中，××××年×月×日缴存××银行×（币种）账户×账号____元。

第二节 特殊目的审计

一、特殊目的审计概述

特殊目的审计是指注册会计师接受委托，对特殊基础、财务报表组成部分、合同遵守情况、简要财务报表等财务信息进行审计，并出具审计报告的业务。

（一）特殊基础

特殊基础通常包括计税基础、收付实现制基础和监管机构的报告要求。

计税基础是按照国家税法的规定编制财务报表的会计处理基础。由于税法明确规定了收入、费用的确认和计量标准，且与《企业会计准则》和相关会计制度的规定存在差异，因而按计税基础编制的财务报表与《按企业会计准则》和相关制度编制的财务报表存在差异。按照计税基础编制的财务报表通常用于企业向税务部门进行纳税申报。

收付实现制基础是以款项的实际收付为标准来处理经济业务、确定本期收入和费用、核算本期盈亏的会计处理基础。按收付实现制基础编制的财务报表通常提供给企业的贷款人,以便于他们了解企业的现金流量信息。按收付实现制基础编制的财务报表的特定使用者为被审计单位管理层和被审计单位贷款人。

监管机构可能对企业报送的财务报表提出特殊要求。按监管机构的报告要求编制的财务报表通常提供给特定的监管部门,以便于他们对企业进行某方面监管的需要。按通信机构的报告要求编制的财物报表的特定使用者为被审计单位管理层和相应的监管机构。

(二)财务报表组成部分

财务报表的组成部分包括:①单个财务报表,如资产负债表、利润及利润分配表、现金流量表、资产减值明细表、股东权益变动表、收入和费用表、现金收入和支出表等;②财务报表特定项目,如应收账款、存货、长期股权投资、营业收入等;③特定账户,如库存商品、银行存款等;④特定账户的特定内容,如对某一具体客户的应收账款、营业收入中的某产品销售收入等。

由于财务报表项目是相互关联的,因此,在对财务报表的组成部分出具审计报告时,注册会计师不仅要考虑所审计的财务报表组成部分,也要考虑与财务报表组成部分相关的其他财务信息。

【例题 8.1】ABC 会计师事务所的 A 注册会计师负责审计甲集团公司 2015 年度财务报表,与集团审计相关的部分事项如下:

(1)乙公司为不重要的组成部分,A 注册会计师对组成部分注册会计师的专业胜任能力存在重大疑虑,因此,对其审计工作底稿实施了详细复核,不再实施其他审计程序。

(2)丙公司为甲集团公司 2015 年新收购的子公司,存在导致集团财务报表发生重大错报的特别风险,A 注册会计师要求组成部分注册会计师使用组成部分重要性对丙公司财务信息实施审阅。

(3)丁公司为海外子公司,A 注册会计师要求担任丁公司组成部分注册会计师的境外会计师事务所确认其是否了解并遵守中国注册会计师职业道德守则的规定。

(4)联营公司戊公司为重要组成部分,因无法接触戊公司的管理层和注册会计师,A 注册会计师取得了戊公司 2015 年度财务报表和审计报告,甲集团公司管理层拥有的戊公司财务信息及作出的与戊公司财务信息有关的书面声明,认为这些信息已构成与戊公司相关的充分适当的审计证据。

(5)2016 年 2 月 15 日,组成部分注册会计师对己公司 2015 年度财务信息出具了审计报告,A 注册会计师对己公司 2016 年 2 月 15 日至集团审计报告日期间实施了期后事项审计程序,未发现需要调整或披露的事项。

要求:针对上述第(1)~(5)项,逐项指出 A 注册会计师做法是否恰当。如不恰当,简要说明理由。(2016 年注册会计师考题)

【答案及解析】

(1)不恰当,对组成部分注册会计师的专业胜任能力存有重大疑虑,不应由组成部分注册会计师执行工作,而应当由集团项目组就组成部分财务信息亲自获取审计证据。

(2)不恰当,丙公司为重要组成部分,不应执行审阅,应当对丙公司执行财务信息审计,针对特定项目实施特定审计程序。

(3)恰当。

（4）不恰当，戊公司是重要组成部分，A注册会计师取得的这些信息不能构成与戊公司相关的充分、适当的审计证据。

（5）不恰当，A注册会计师应当实施审计程序，以识别组成部分自组成部分财务报表日至对集团财务报表出具审计报告日之间发生的，可能需要在集团财务报表中调整或披露的事项。

（三）合同遵守情况

▶ 1. 贷款合同遵守情况

通常，贷款人为保障自身权益，要求借款人提供抵押、担保或其他保证，如确保资产负债率不高于某一百分比、流动比率不低于某一百分比，确保用于抵押的资产的安全完整、在贷款未偿还完毕之前利润分配率不得高于某一百分比等。

▶ 2. 专利技术转让协议遵守情况

在专利技术转让协议中，可能要求专利技术使用人按照该专利技术生产或销售产品的数量或收入的一定比例支付专利技术使用费，或者双方按照一定比例分享该专利技术在所生产产品实现的利润或毛利等。专利技术使用人有义务按照该专利技术转让协议的规定进行核算，并向专利技术所有人支付使用费。

（四）简要财务报表

为了满足某些财务报表使用者对被审计单位财务状况和经营成果主要情况的了解，被审计单位可能依据财务报表编制一份简要财务报表。

只有对简要财务报表所依据的财务报表发表了审计意见，注册会计师才可对简要财务报表出具审计报告。

二、特殊目的审计报告

（一）审计报告的要素

除对简要财务报表出具的审计报告外，对其他特殊目的审计业务出具的审计报告应当包括下列要素。

（1）标题。特殊目的审计报告的标题统一规范为"审计报告"。

（2）收件人。审计报告的收件人是指注册会计师按照业务约定书的要求致送审计报告的对象，一般是指审计业务的委托人。审计报告应当载明收件人的全称。

（3）引言段。该段应当说明：①所审计的财务信息。应当详细说明所审计财务信息的编制基础和所包括的全部内容。②被审计单位管理层的责任和注册会计师的责任。

（4）范围段。该段应当说明执行特殊目的审计业务依据的审计准则和注册会计师已实施的工作。

对注册会计师已实施工作的说明应当包括：①中国注册会计师审计准则要求注册会计师遵守职业道德规范，计划和实施审计工作以对财务信息是否不存在重大错报获取合理保证。②审计工作涉及实施审计程序，以获取有关财务信息金额和披露的证据。选择的审计程序取决于注册会计师的判断，包括对由于舞弊与错误导致的财务信息重大错报风险的评估。在进行风险评估时，注册会计师考虑与财务信息编制相关的内部控制，以设计恰当的审计程序，但目的并非对内部控制的有效性发表意见。审计工作还包括评价管理层选用会计政策的恰当性和做出会计估计的合理性，以及评价财务信息的总体列报。③注册会计师相信，已获取的审计证据是充分、适当的，为注册会计师发表审计意见提供了基础。

（5）审计意见段。该段应当说明对财务信息发表的审计意见。

（6）注册会计师签名和盖章。审计报告应当由注册会计师签名并盖章。

（7）会计师事务所的名称、地址及盖章。审计报告应当载明会计师事务所的名称和地址，并加盖会计师事务所公章。

（8）报告日期。审计报告应当注明报告日期，审计报告的日期不应早于注册会计师获取充分、适当的审计证据，并在此基础上对财务信息形成审计意见的日期。

（二）出具审计报告的特殊考虑

▶ **1. 对按照特殊基础编制的财务报表出具审计报告的特殊考虑**

（1）引言段。注册会计师应在引言段中指明财务报表的编制基础，或提醒财务报表使用者注意财务信息附注中对编制基础做出的说明。

（2）意见段。审计意见应说明财务报表是否按照指定的特殊基础编制。

（3）财务报表标题或附注。注册会计师应考虑财务报表的标题或附注是否清楚表明该财务报表并非按照《企业会计准则》和相关会计制度的规定编制。如果按照特殊基础编制的财务报表未能冠以适当的标题，或特殊基础未得到充分披露，注册会计师应出具恰当的非无保留意见的审计报告。

▶ **2. 对财务报表组成部分出具审计报告的特殊考虑**

（1）审计报告后不应后附整套财务报表。为避免信息使用者误认为对财务报表组成部分出具的审计报告与整套财务报表相关，注册会计师应当提请委托人不应将整套财务报表附于审计报告后。

（2）引言段。注册会计师应当在审计报告中指明财务报表组成部分的编制基础，或提及规定编制基础的协议。

（3）意见段。审计意见应当说明财务报表组成部分是否按照指定的编制基础编制。

（4）已对财务报表整体出具审计报告。如果已对整套财务报表出具否定意见或无法表示意见的审计报告，只有在组成部分并不构成财务报表的主要部分时，注册会计师才可以对组成部分出具审计报告。否则，会对整套财务报表的审计报告产生影响。

▶ **3. 对合同遵守情况出具审计报告的特殊考虑**

（1）引言段。应指明已经对合同所涉及的财务与会计事项的遵守情况进行了审计。

（2）意见段。应当说明被审计单位是否遵守了合同的特定条款。

（3）审计报告的使用规定。为防止审计报告被滥用，注册会计师应当在审计意见段之后增加对审计报告使用规定的强调事项段，指明审计报告仅供被审计单位与签订该合同的另一方使用，不得作为其他用途。

▶ **4. 对简要财务报表出具审计报告的特殊考虑**

（1）标题。审计报告的标题应当统一规范为"对简要财务报表出具的审计报告"。

（2）意见段。审计意见应当说明简要财务报表中的信息是否在所有重大方面简要财务报表所依据的已审计财务报表一致。如果对已审计财务报表出具了非无保留意见的审计报告，即使对简要财务报表的编制表示满意，注册会计师仍应在对简要财务报表出具的审计报告中指出，简要财务报表依据的已审计财务报表已被注册会计师出具非无保留意见的审计报告。

（3）强调事项段。审计报告的强调事项段应当指出，为了更好地理解被审计单位的财务状况、经营成果及注册会计师实施审计工作的范围，简要财务报表应当与已审计财务报表及审计报告一并阅读。

（4）报告日期。简要财务报表的审计报告日期不应早于注册会计师获取充分、适当的审计证据，并在此基础上形成审计意见的日期。简要财务报表的审计报告日期不应当早于简要财务报表所依据的已审计财务报表的审计报告日期。

本章小结

《中华人民共和国注册会计师法》规定，"验证企业资本，出具验资报告"是注册会计师的法定业务之一。验资是指注册会计师依法接受委托，对被审验单位注册资本的实收情况或注册资本及实收资本的变更情况进行审验，并出具验资报告。

验资分为设立验资和变更验资两种。设立验资指注册会计师对被审验单位申请设立登记时的注册资本实收情况进行的审验。变更验资指注册会计师对被审验单位申请变更登记时的注册资本及实收资本的变更情况进行的审验。

以货币出资的，应当在检查被审验单位开户银行出具的收款凭证、对账单及银行询证函回函等的基础上，审验出资者的实际出资金额和货币出资比例是否符合规定；以实物出资的，应当观察、检查实物，审验实物权属转移情况，并按照国家有关规定在资产评估的基础上审验实物价值；以知识产权、土地使用权等无形资产出资的，应当审验无形资产权属转移情况，并按照国家有关规定在资产评估的基础上审验无形资产价值；以净资产折合实收资本的，或以资本公积、盈余公积、未分配利润转增注册资本及实收资本的，应当在审计的基础上按照国家有关规定审验等资产价值；以货币、实物、知识产权、土地使用权以外的其他财产出资的，注册会计师应当审验出资是否符合国家有关规定。

验资报告应当包括标题、收件人、范围段、意见段、说明段、附件、注册会计师的签名和盖章，会计师事务所的名称、地址及盖章，以及报告日期等要素。

特殊目的审计是指注册会计师接受委托，对特殊基础、财务报表组成部分、合同遵守情况、简要财务报表等财务信息进行审计，并出具审计报告的业务。审计报告的要素一般有：标题、收件人、引言段、范围段、审计意见段、注册会计师签名和盖章、会计师事务所的名称和地址及盖章、报告日期。

练习题

一、单项选择题

1. 有限责任公司的注册资本为在公司登记机关登记的全体股东认缴的出资额。公司全体股东的首次出资额不得低于注册资本的（　　）。

A. 10%　　　　　　B. 20%　　　　　　C. 30%　　　　　　D. 40%

2. 以货币出资的，应当在检查被审验单位开户银行出具的不包括（　　）基础上，审验出资者的实际出资金额和货币出资比例是否符合规定。

A. 收款凭证
B. 对账单
C. 银行询证函回函
D. 银行存款调节表

3. 以实物出资的，应当（　　），并按照国家有关规定在资产评估的基础上审验实物价值。

A. 观察、检查实物，审验实物权属转移情况
B. 审验实物权属转移情况
C. 监盘实物
D. 审验实物价值

4. 以下（　　）是对简要财务报表出具审计报告的特殊考虑。

A. 审计意见应当说明财务报表是否按照指定的特殊基础编制
B. 若已对整套财务报表出具否定意见或无法表示意见的审计报告，只有在组成部分并不构成财务报表的主要部分时，才能对组成部分出具审计报告
C. 应指明已经对合同所涉及的财务与会计事项的遵守情况进行了审计
D. 简要财务报表的审计报告日期不应当早于简要财务报表所依据的已审计财务报表的审计报告日期

5. 设立验资的验资事项说明不包括（　　）。

A. 基本情况
B. 申请的注册资本及出资规定
C. 审验结果
D. 新增资本的出资规定或减资规定

二、多项选择题

1. 设立验资的审验范围一般限于与被审验单位注册资本实收情况有关的事项，包括（　　）。

A. 出资者
B. 出资币种
C. 出资金额
D. 出资方式

2. 需要注册会计师进行变更验资的情况主要有（　　）。

A. 分次出资的非首次出资，增加实收资本，但注册资本不变
B. 被审验单位以资本公积、盈余公积转增注册资本及实收资本
C. 被审验单位因吸收合并变更注册资本及实收资本
D. 被审验单位整体改制

3. 验资业务约定书的内容主要包括（　　）。

A. 委托目的
B. 出资者和被审验单位的责任
C. 审验范围
D. 验资收费

4. 特殊目的审计是指注册会计师接受委托，对（　　）等财务信息进行审计，并出具审计报告的业务。

A. 特殊基础
B. 财务报表
C. 合同遵守情况
D. 简要财务报表

5. 下列说法中，正确的是（　　）。

A. 一人有限责任公司的注册资本最低限额为人民币三万元，股东应当一次足额缴纳公司章程规定的出资额

B. 公司因出资者、出资比例等发生变化，但注册资本及实收资本金额不变，应按有关规定向公司登记机关办理变更登记，并进行变更验资

C. 注册资本实收情况明细表是反映被审验单位出资者的出资情况，经被审验单位签署确认后，代表了被审验单位对出资者出资情况的认定

D. 按照计税基础编制的财务报表通常用于企业向税务部门进行纳税申报，按照计税基础编制的财务报表的特定使用者为被审计单位管理层和投资者

三、简答题

1. 如何审验出资者投入的资本及相关的资产、负债？
2. 设立验资和变更验资的验资事项说明主要包括哪些内容？

第九章 国家审计

本章重点

1. 国家审计的目标、任务和权限。
2. 国家审计的程序。
3. 审计报告的形式和内容。

第一节 国家审计概述

一、国家审计的产生与发展

(一) 我国政府审计的产生与发展

根据史料记载，我国古代政府审计（即国家审计）可以追溯到西周时期。当时我国奴隶制社会的发展达到了顶点，农业、手工业、商业日益兴旺发达，剩余产品不断增多，社会财富也开始大量集中。西周实行"分封制"，统治者将土地、奴隶及其他财富分封给诸侯、大夫等各级贵族，诸侯又将这些财富赏赐给卿大夫，自上而下，层层分封。随着社会经济关系渐趋复杂，统治者控制和监督整个国家经济的难度加大。统治者为了加强控制和监督全国的财政收入、用度支出，以及核算与记录，设置"宰夫"一职，然而，当时的宰夫职位较低，权力不大，因此权威性较小。但宰夫是独立于财计系统的，已经具有一定的独立性。尽管当时的审计工作尚未能超然独立，且具有一揽子性质，但"宰夫"这一职位的出现，不仅是我国政府审计的起源，而且在我国乃至世界审计发展史上都占有重要的地位，对后世审计的发展产生了深远的影响。正如美国会计学者 M. 查特菲德在其所著的《会计思想史》"古代会计"一章中所说的那样，"在内务管理、预算及审计程序方面，古代世界中几乎没有别的国家可以与中国周代相比"。

秦汉时期，是我国政府审计的初步发展时期。秦统一中国后，为强化中央集权，建立了一整套从中央到地方的封建专制政治体制。秦朝的中央机构实行"三公九卿制"，三公分别为御史大夫、丞相、太尉。其中，御史大夫为全国监察官员之首，掌弹劾及纠察大权，负责监督全国的财政、民政和财务审计事项，并协助丞相处理政事。

秦汉之后，我国进入了包括三国、两晋、南北朝在内的这样一个持续时间较长且错综复杂的特殊时期，战乱不断，社会经济遭到严重的破坏。尽管如此，我国的审计建设并没有停止，依然不断地向前发展，对后世产生重大影响的比部审计制度就诞生于这一时期。

隋朝统一中国之后，对国家政治体制进行了一系列改革，促进了国家审计组织机构与制度的发展。在中央机构的设置方面，废除了自秦汉以来的"三公九卿"制，而改为实行"三省六部"体制，以尚书、内史、门下三省为中央最高政权机关。其中，由尚书省负责总理全国政务，以下设置礼部、吏部、兵部、工部、度支部（后改为民部）、都官部（后改为刑部）六部，分别管理各部的事务。都官部负责主管全部刑名与财务审计工作，以下设都官、刑部、比部、司门四司。到隋文帝开皇三年（公元582年）时，正式将都官部更名为刑部。隋朝将比部隶属于刑部这一中央司法机构，进一步明确了比部审计的司法监督性质。当时比部的审计职权和审计范围，主要是审查中央及地方各部门的官吏俸禄发放情况、经费开销情况和各项财政收入及预算的执行情况等，这就更加突出了比部的财务审计职能。到了隋代，我国比部审计体制的基本格局得到了确立。

唐朝是我国封建社会繁荣昌盛的时代，不但社会经济文化的发展水平达到了前所未有的高度，政治制度进一步得到了健全和完善，同时也是我国政府审计发展的一个重要时期。唐朝继承并完善了自隋以来的"三省六部"制，比部依然隶属刑部，总领全国审计事宜。值得注意的是，唐代时曾二度将比部改名为司计，虽然后来恢复了"比部"这一称谓，但是用"计"来命名审计机构，表明唐代对审计的对象、职能的认识有了新的变化。凡财政收入、财政支出、其他收入及公库系统的出纳等均在比部的审计范围之内，此外，唐代还建立了一些比较明确的审计制度。审计在唐朝得到了极大的发展。

北宋创立了"审计司"这一机构，负责审查太府寺所辖全部财物的出纳账籍和会计凭据。"审计司"的设置，标志着我国开始用"审计"一词来命名审计机构，对我国审计的发展具有深远的意义。到了南宋时期，又设立审计院与磨勘司，负责中央审计工作。两者隶属于户部，并在审计事务中相互牵制。

到了元、明、清三代，我国的政府审计开始处于衰落之中。清朝末年，为了延缓清王朝的灭亡，清政府对中央各机构进行了改革。在审计方面，借鉴了国外的审计体制模式，在中央设立审计院，由审计院全权负责国家审计事宜。审计院独立于行政执行系统，与内阁平行，直接向皇帝负责。之后，清政府又拟定了《审计院官制草案》，这是我国第一部审计专业法则，其中对审计院的机构和官员设置及官员职责、审计人员的权限及组织管理、审计报告等均做了规定。《审计院官制草案》虽然因清王朝的寿终正寝而未及付诸实施，但它却标志着我国近代政府审计的产生，对我国后期的审计发展产生了重大的影响。

1911年爆发辛亥革命后，我国成立了中华民国。1912年9月，北洋政府宣布成立审计处，隶属于国务总理，掌管全国的会计监察工作，并且将各省已成立的审计机构改为审计分处，负责各地的审计事务。1914年10月，北洋政府对《审计条例》进行修改完善后，制定和颁布了我国第一部《审计法》，对审计机关的审计范围、审计方式、审计程序等有关事项均做了明确的规定。这一时期的审计，无论在组织建设还是在制度建设上，已具备了近代政府审计的基本条件，标志着我国近代政府审计的形成。

从1949年新中国成立到1983年这三十多年里，由于我国全面学习苏联模式，实行财审合一制度，不设独立审计机构，对财政、财务收支的监督是由财政、银行、税务部门结合业务管理进行的。直到1982年12月，在第五届全国人民代表大会第五次会议通过的《中华人民共和国宪法》中，明确规定了要在我国建立审计机关，对国务院各部门、地方各级政府、国家财政金融机构及企事业组织的财政、财务收支实行审计监督，我国的社会主义审计制度才开始了重建。根据宪法的规定，国务院于1983年9月15日成立审计署，以审计署作为国家最高审计机关，并且在国务院总理的领导下组织领导全国审计工作。在县级以上地方各级人民政府设立审计机关，地方各级审计机关分别在本级人民政府和上一级审计机关的领导下，开展本行政区的审计工作。另外，审计机关也可根据工作需要，在重点部门、地区设立派出机构，进行审计监督。1985年8月29日，国务院颁布了《关于审计工作的暂行规定》，这是新中国成立以来的第一个审计法规，明确了审计机关的性质、职权与任务。1988年10月21日，国务院颁布了《中华人民共和国审计条例》，对我国的审计工作做出了全面的规定，与1985年颁布的《关于审计工作的暂行规定》相比有了较大的发展。1994年8月31日通过的《中华人民共和国审计法》，对我国的审计监督原则、审计机关和审计人员、审计机关的权限与职责、审计程序等方面的内容均做出了明确的规定。《中华人民共和国审计法》的颁布实施，标志着我国政府审计现代化的实现，是我国审计法制建设的一个重要里程碑。2006年2月28日，全国人民代表大会常务委员会又通过了关于修改《中华人民共和国审计法》的决定，新修订的审计法已于2006年6月1日起正式施行。

（二）国外政府审计的产生与发展

在国外，政府审计的起源同样可以追溯到几个文明古国的奴隶制政府机构中，其中尤以古埃及、古希腊、古罗马为典型代表。大约在公元前3500年，古埃及就创立了一种机构，负责监督全国各级政府机构和官吏是否忠实地履行了所有委托事项，以及财政收支记录是否准确无误。当时把行使这种监督职权的官员称为"监督官"，其中，"记录监督官"的职掌最为重要，负责审查会计记录官及其他官吏编制的会计账簿和收支计算书，一旦发现存在差错或舞弊行为，视情节严重程度不同给予相关官吏相应的惩罚。因此，古埃及的政府审计工作是由监督官担任的。在2000多年前的古希腊雅典，已经建立了官吏卸任经济责任审计制度。审计官由抽签法选出，对卸任官员任期内的会计账簿进行审计，只有在确认账簿记录准确无误并且不存在任何贪污、受贿行为时，才准许卸任官员离职。否则，就将事件交给法院来裁决。这套审计监督制度十分有效，在当时发挥了巨大的作用。在古罗马，真正掌握国家权力的机构是元老院，它拥有控制、支配国家财产的权力，同时，由监督官和财务官来协助元老院处理日常的财政事务。与古埃及类似，监督官就是当时的审计官，负责对政府各部门的会计账目进行审计。

随着国家由奴隶制转型为封建制，作为国家政体一部分的政府审计也在不断向前发展。总体上来说，在封建专制国家中，政府的审计机构其实就是一种向上的监督机构，直接向国王负责。在公元十一二世纪时，英国的国家财政大权实际是掌握在英王的手里，后来，统治者为了加强对财政收支的监督，在当时的财政部内设置了专门的审计监督部门——上院，负责审查下院编制的会计账簿。1215年，英国国王签发了审计史上非常著名的文件——《大宪章》，这为现代政府审计制度的产生与发展奠定了基础。于1314年，英国国王任命了第一任国库审计长。1256年，法国国王颁布了"伟大法令"，规定每年都要由王室审计官负责审查各个城市的财政收支账目，以证实这些账目的真实性并明确经济责任。1320年，法国设立了审计院，这是法国历史上第一个审计机构，负责对王室所有的会计账目进行审计监督。审计院若发现会计账目有误或存在舞弊行为，则对相关官员加以刑事处罚，这表明当时的审计机构已拥有司法权，因而宣告了司法模式政府审计机构的诞生。德国也于1714年建立了独立的审计机构"总会计院"，后改名为"最高审计院"，负责审查国家的财政预算。

到了十七八世纪，英、法、美等国纷纷建立了资产阶级民主政权，直接推动了现代政府审计制度的诞生。

早在1785年，英国就取消了原来的国库审计官，并成立了五人审计委员会，专门负责审查各部门的公共会计账目。1866年，英国议会通过了《国库和审计部法案》，规定政府的一切收支应经代表议会且独立于政府之外的审计部门审查。1867年，国库和审计部正式成立，主计审计长为该部门的最高审计官，负责对政府部门和公共机构进行审计，这标志着英国现代政府审计制度的建立，英国也因此成为世界上第一个创立立法模式政府审计制度的国家。1983年，英国制定并通过了《国家审计法》，并根据该法案的规定，于1984年1月1日设立了国家审计署，以取代原来的国库和审计部。国家审计署的最高领导人是主计审计长，负责对中央各机构部门进行审计。另外，由各地方政府设立独立的审计机构，从事对地方政府的审计工作，并且在国家审计署与地方审计机关之间不存在领导与被领导的关系。

1789年，法国资产阶级革命取得了成功，并于1791年废除了大革命前的审计机构——审计院，成立了会计署。但由于时局动荡，会计署的权威性较差，因此难以有效地发挥其作用。且到了拿破仑统治时期，这一尴尬的局面才结束了。1807年9月，拿破仑签署法令，决定建立新的审计院，并采用法国最高法院的体制，新审计院的地位仅次于最高法院，但它们都拥有相同的权力，且具有终审权。同年11月，法国正式组建了审计法院，审计法院负责审查由各级机构的公共会计官员所编制的会计账目。它的建立，标志着由法国首创的司法模式政府审计机构的进一步完善。美中不足的是，此时的审计法院依然是为皇帝拿破仑服务的，它不能干扰皇帝行使职权。后来，随着法国政治现代化的发展，1896年，审计法院重新对基本任务做出了规定，那就是审查并验收政府会计人员的账目，并协助议会和政府监督财政法的贯彻执行情况。从此，审计法院便从皇帝的掌控中脱离出来，真正成为了一个独立的最高审计司法机构。

美国政府审计的历史可以追溯到18世纪末美国独立战争胜利之后。1789年，美国国会通过了相关法令，设立财政部，并在部内设置主计长、审计官、国库官和登记官。审计官负责审计各行政机构的会计账簿及凭证单据，以证明会计账簿和凭证单据是否正确无误，然后将证明和凭证单据一起呈交主计长。在此后的一百多年里，美国的政府审计机构一直隶属于财政部，即在财政部下设首席审计官办公室，负责政府审计工作。但是，由于这种审计制度属于行政监督，独立性较差，审计监督不力的弊端逐渐显现出来。为了弥补这一缺陷，1921年，美国国会通过了"预算会计法"，根据该法案，在国会下设置独立的审计机构——美国会计总署（General Accounting Office，GAO），并撤销原财政部下设的主计长和审计官，将主计长和审计官的职能移交给美国会计总署。此外，该机构的领导人也称为主计长，由国会领导人提名，并由总统任命。美国会计总署是一个独立于行政部门的审计监督机构，它隶属于国会，负责审计和监督政府的会计账目，并向国会报告整个联邦政府的活动。后来，总署为了壮大审计队伍，开始在美国各地的联邦政府机构派驻审计人员，专门负责审计这些机构的财务经济状况。由此可见，立法模式政府审计制度虽然产生于英国，但它的进一步完善则是在美国。

二、国家审计的概念及作用

（一）国家审计的概念

国家审计也称政府审计，是由国家审计机关代表国家依法进行的审计，主要监督检查各级政府及各级政府部门的财政收支与公共资金的收支、运用情况。国家审计本质上是一个国家经济社会运行的"免疫系统"，目标是完善国家治理。

（二）国家审计的作用

2014年12月，刘家义审计长在总结3 000多年审计史的基础上，提出"审计是国家治理的基石和重要保障"。国家审计作为权力制约和监督体系的重要组成部分，是权力制衡的支持系统，以信息系统的方式发挥着作用，根本使命是监督国家财政支出，目标是完善国家治理。

▶ 1. 完善国家关于预算管理的制度

国家审计的重要职责包括服务于预算管理的展开。从审计工作的实施过程来看，审计是预算管理工作的主要工作环节之一，为预算工作的顺利进行发挥重要作用。

▶ 2. 国家权力制约体系中的重要部分

在国家的经济发展中，经济监督制度不可缺少。国家审计作为高层形式，将人民放在主体地位，发挥出人民对政府经济情况管理的权力。因此，国家审计行为对公共资源的配置、使用起着制约、监督的作用。具体体现为：利用对财政进行审计的措施对财力的分配与征收进行制约与监督，完善公共财政管理体系；对行政事业、固定资产的投资采取审计措施，确保财政资金的效益最大化；采取金融审计措施，对运作金融资金的权力进行制约与监督，减少金融风险发生的概率；采取企业审计措施，对管理国有资产的权力进行制约、监督，保证国有资产的安全性与保值增值；采用审计经济责任，对经济的决策、使用权力进行制约与监督，保证有关部门谨慎行使资金的使用权。

▶ 3. 对国有资产进行监督与管理

国有经济企业在我国整体经济中占据重要的地位，发挥着重要的作用。这些资产产权被国家所有，国家将资产产权授给企业，只有加强国家审计，监督国有经济企业的资产、损益等情况，才能保证国有资产的完整与收益。但是，当企业能够自负盈亏、自我约束之后，国家就应该尊重他们的自主经营权力并给予保护。由此可见，国家审计工作的任务不仅是对企业进行审查，发现其中的问题，防止营私舞弊，还要对被审计的企业进行客观评价，若发现企业的合法权益受到损害应该及时给予解决。所以，国家审计工作对国有企业的审计能够维护正常的财政经济秩序，对国有资产进行监督与管理，促使企业完善管理制度，提高自治能力，真正为社会及人民服务。

4. 间接调控宏观经济

宏观调控的目标直观关系到货币的职能能否得到充分发挥，也关系着国民经济是否能够健康、持续发展。国家审计能够对财税、金融等部的经济行为进行监督，激励他们正确行使调控宏观经济管理的职能。国家审计工作的重点任务是支持宏观经济调节政策的顺利实行，为宏观经济管理提供服务。

三、国家审计目标

国家审计目标是指在一定的环境下，国家审计实践活动意欲达到的理想境地或预期效果。国家审计目标是审计需求与专业胜任能力的均衡统一，其中国家审计需求决定国家审计的理论目标，专业胜任能力决定国家审计目标的实现程度。从层次上划分，国家审计目标体系包括总目标、具体目标和项目目标。国家审计总目标、具体审计目标和项目审计目标三者相互作用、相互影响，共同构成国家审计的目标体系。

(一) 国家审计的总目标

国家审计总目标是指某个国家或地区最高审计机关在若干历史发展时期的总体职责与行动纲要。国家审计总目标在整个国家审计目标体系中居于主导地位，它主要指明国家审计的存在意义和根本目的。根据国家审计关系理论和公共受托经济责任关系理论，国家审计总目标在于独立、客观和公正地提供公共受托经济责任履行情况（或公共权力行使状况）的监督、评价和鉴证信息。

(二) 国家审计的具体目标

审计具体目标与受托经济责任存在内在联系。受托经济责任可以划分为两大类，一是程序性受托责任；二是结果性受托责任，其中前者包含合规性和真实性的要求，后者包含经济性、效率性、效果性、公平性和环保性的要求。根据公共受托经济责任关系理论，国家审计的具体目标要素包括合法性、合规性、真实性、经济性、效率性、效果性，以及公平性和环保性。

1. 合规性

合规性是指被审计单位的财政、财务收支等经济活动是否符合有关法律、法规、法令、指令、方针、政策、财政（或财务）制度、预算（或计划）、合同和程序等的要求，评价点有三：①财政、财务收支等经济活动的发生是否合法、合规；②有关程序是否合法、合规；③会计处理是否遵循了《会计法》和《会计准则》等相关法规的规定。

2. 真实性

真实性包含符合事实、适当地表述、一致性和公正性的含义，评价点包括：①被审计单位财政、财务收支等经济活动是否真实存在？是否已经发生？有无错弊行为？②被审计单位的财政、财务收支报告是否真实或公允地反映了被审计单位经济活动的实际情况，即真实性审计的核心功能在于增强会计信息的可靠性。

3. 经济性、效率性和效果性

经济性是指在考虑质量的前提下，使所用资源的成本最小化，即强调节约原则；效率性是指投入与产出比，主要评价经济资源是否得到了最优或最满意的使用；效果性重点关注预期目标的实现程度。

4. 公平性

公平性是指所有参与者（人或者团体）的各项属性（包括投入、获得等）平均。其中经济学中的公平是指收入分配的相对平等，即要求社会成员之间的收入差距不能过分悬殊，以及保证社会成员的基本生活需要。

（三）国家审计的项目目标

项目审计目标或分类审计目标，是具体审计目标的载体和最终实现形式。国家审计的项目目标主要是指财务审计目标和绩效审计目标。

1. 财务审计目标

财务审计是指对被审计单位财政、财务收支等经济活动的合法性、合规性，以及相关财政、财务报告的真实性所进行的独立监督、评价和鉴证活动。财务审计目标要素包括合法性、合规性和真实性，它属于程序性受托经济责任的要求。

2. 绩效审计目标

绩效审计是指对被审计单位的财政、财务收支等经济活动的经济性、效率性、效果性，以及公平性所进行的独立监督、评价和鉴证活动。绩效审计目标要素包括经济性、效率性、效果性、公平性，它属于结果性受托经济责任的要求。

四、国家审计的特点

（一）法定性和强制性

我国《宪法》明确规定，"国务院设立设计机关，对国务院各部门和地方各级政府的财政收支，对国家金融机构和企事业组织的财政收支进行审计监督"。《审计法》明确规定了审计机关的职责和权限。拥有和管理国有资产的单位，都必须依法接受国家审计的监督。审计机关做出的审计决定，被审计单位和有关人员必须执行。审计决定涉及其他有关单位的，这些单位应当协助执行。这些法律明确规定了审计机关的职责、监督范围和审计监督的法律依据，确立了社会经济活动对国家审计的总体要求。

（二）独立性

审计机关是专司经济监督的机关，不直接管理国家的资财，以第三者的身份出现，与被监督部门没有任何业务上的联系和经济上的利害关系。这种地位超脱、独立性强的特点是审计的本质特征，也是审计机关能够客观公正进行审计监督的重要条件。

（三）综合性和宏观性

国家审计在整个监督体系中处于较高层次，具有宏观性。国家审计不仅对经济管理部门和企事业单位进行审计，而且对财政预算执行的情况和决算进行审计。国家审计不仅对国有资产及国家建设项目实施具体的业务监督，是一种综合性的经济监督，同时还对综合经济管理部门和专业监督部门实施再监督。

五、国家审计的业务类型

世界上绝大多数国家或地区成立了最高审计机关(Supreme Audit Institutes，SAIs)。如表 9-1 所示，世界各国或地区最高审计机关所开展的业务千差万别，但最典型的业务主要有两大类：一是财务审计，它着重评价合规性、合法性和真实性；二是绩效审计，它着重评价经济性、效率性、效果性，以及公平性。经济责任审计兼有财务审计和绩效审计的双重特性，核心理念在于将责任落实到人。

表 9-1　国家审计的业务类型

代表组织	业务类型
最高审计机关国际组织(INTOSAI)	遵循性审计、绩效审计
最高审计机关亚洲组织(ASOSAI)	合规性审计、绩效审计
美国政府责任署(GAO of USA)	财务审计、绩效审计、(其他)鉴证业务、非审计服务
英国国家审计署(NAO of UK)	财务审计、量工价值审计
加拿大总审计长署(OAG of Canada)	财务审计、绩效审计、特殊检查
中国国家审计署(NAO of China)	财务审计、绩效审计、经济责任审计、专项审计调查、财经法纪审计(专案审计)

第二节　国家审计机关

一、我国审计机关的设置

我国国家审计机关是依据现行宪法设立的。《宪法》对审计机关的设置和审计监督地位做出的规定主要有两条。

（1）第九十一条："国务院设立审计机关，对国务院各部门和地方各级政府的财政收支，对国家的财政金融机构和企业事业组织的财务收支，进行审计监督。审计机关在国务院总理领导下，依照法律规定独立行使审计监督权，不受其他行政机关、社会团体和个人的干涉。"

（2）第一百零九条："县级以上的地方各级人民政府设立审计机关。地方各级审计机关依照法律规定独立行使审计监督权，对本级人民政府和上一级审计机关负责。"

审计机关执行审计业务，应当具备下列资格条件：①符合法定的审计职责和权限；②有职业胜任能力的审计人员；③建立适当的审计质量控制制度；④必需的经费和其他工作条件。

二、国家审计的管理体制

国家审计的管理体制是指最高审计机关归谁领导、对谁负责,以及中央与地方国家审计机关之间的隶属关系。最典型的管理体制可归结为以下四种类型。

(一) 立法模式

立法模式是指最高审计机关隶属于立法机关,不受司法机关、行政机关的任何干扰与限制,直接向立法机关报告工作。在这类模式的管理体制下,最高审计机关依照法律赋予的权限独立行使审计权,一般直接向国会或议会负责并报告工作。它们只有检查权、调查权、建议权和报告权,没有行政处理处罚权。目前采用立法模式管理体制的国家或地区主要有美国、英国、加拿大、瑞典、俄罗斯、奥地利、挪威、波兰、科威特、坦桑尼亚、哥斯达黎加及中国香港等。立法模式的基本特征包括:

(1) 最高审计机关直属于立法机关,严格独立于被审计单位(包括行政机关)之外,行政干预程度较低;

(2) 最高审计机关的审计经费由立法机关批准且专门进行预算,独立于行政机关之外;

(3) 审计报告首先向立法机关报告,再向行政机关及社会公众报告,审计公告的独立性较强;

(4) 中央与地方没有领导与被领导关系,地方审计机关可以独立自主地开展业务工作。

(二) 司法模式

司法模式是指最高审计机关隶属司法机关,不受立法机关和行政机关的任何干扰与限制,直接向国家元首报告。这种模式下,最高审计机关的独立性和权威性相对较高。在司法模式的管理体制下,最高审计机关及人员拥有司法权。有些国家还在最高审计机关内部设置审计法庭,直接对违反国家财经法纪和造成重大经济损失的案件进行公开审理,具有很高的威慑力。目前采用司法模式管理体制的国家或地区主要有法国、意大利、西班牙、葡萄牙、黎巴嫩、扎伊尔及乌拉圭等。司法模式的基本特征包括:

(1) 最高审计机关直属于司法机关,严格独立于被审计单位(包括行政机关)之外,行政干预程度较低;

(2) 具有较高的权威性。这种模式相对于立法模式最高审计机关而言,更强调发现和揭露被审计单位及主要领导的违法或失职行为,而不侧重向立法机关和行政机关提供建设性的批评和建议;

(3) 审计经费由立法机关批准,国家预算拨款保证,独立于行政机关之外;

(4) 审计机关在将审计报告向国家元首、议会报告的同时,有权将审计报告向社会公众公告,独立性较高;

(5) 中央与地方没有直接的领导与被领导关系,地方最高审计机关可以独立自主地开展审计业务工作。

(三) 行政模式

行政模式是指最高审计机关隶属行政机关之下,属于行政机关的一个职能部门。最高审计机关独立于被审计单位，但不独立于同级行政机关。行政模式的最高审计机关不像立法模式、司法模式和独立模式那样具有较高的独立性，但是最高审计机关的权责地位在这些国家或地区的法律中均有明文规定。目前采用行政模式管理体制的国家或地区主要有中国、巴基斯坦、泰国、越南、埃塞俄比亚、加纳、马耳他及汤加等。行政模式的基本特征包括：

（1）最高审计机关直属于行政机关，向各级行政机关的首长报告，相对独立于被审计单位；

（2）行政模式的最高审计机关兼有行政机关的特性，具有一定的行政处理处罚权，它只相对独立于被审计单位，但是不独立于同级行政机关，很容易遭受行政机关的干预；

（3）审计经费由同级人民政府的财政部门批准，独立性较弱；

（4）审计报告属于内部文件，不能直接对外公告，相应的审计结论和处理处罚决定首先向行政机关和立法机关报告，再向社会公众公告，时效性和充分性较差；

（5）中央与地方最高审计机关存在领导与被领导的关系，地方审计机关接受上一级最高审计机关的领导。

（四）独立模式

独立模式是指最高审计机关独立于立法机关、司法机关和行政机关之外，直接对国家法律负责，并向国家元首报告审计工作。这种模式的最高审计机关的独立性程度最高。目前采用独立模式管理体制的国家或地区主要有德国、日本、孟加拉国、阿尔及利亚、尼泊尔、不丹、斯里兰卡及巴拿马等。独立模式的基本特征包括：

（1）最高审计机关只对国家法律负责，严格独立于被审计单位之外；

（2）最高审计机关独立于立法机关、司法机关和行政机关之外，可以不受行政机关的干预；

（3）审计经费由国家预算保证，行政干预程度较低；

（4）审计公告的独立性和充分性最强，行政干预程度最低；

（5）中央与地方最高审计机关没有领导与被领导的关系，中央及地方最高审计机关可以在各自的主管领导下独立地开展审计工作，发现与揭露问题，并为立法机关、司法机关和行政机关提供相关、可靠的审计信息。

三、国家审计机关的任务

（一）国家审计机关的基本任务

根据《审计法》的规定，各级审计机关对国务院各部门和地方各级人民政府及地方各级人民政府各部门的财政收支，国有金融机构和企事业组织的财务收支，以及其他应接受审计的财政、财务收支的真实性、合法性和效益性依法进行审计监督。

（二）国家审计机关的具体任务

（1）接受委托，起草、修改审计法律、行政法规草案，制定审计规章制度。

（2）研究、制定审计工作的方针、政策，确定审计工作重点，编制审计工作计划。

（3）办理审计机关管辖范围内的审计事项，组织与本级财政收支有关特定事项的专项审计调查。

(4) 根据规定，具体指导、监督全国及各级内部审计工作，监督全国社会审计工作。

(5) 领导、管理下级审计机关的审计业务及其他审计工作。

(6) 办理法律、法规、规章规定的，以及政府和上级审计机关交办的其他事项。

四、国家审计机关的权限

我国国家审计机关的权限具体体现在《审计法》中的"审计机关权限"和"法律责任"两章里，主要包括要求报送资料权、检查权、查询存款权、制止权、调查取证权、采取取证措施权、暂时封存账册资料权、通知暂停拨付款项权、责令暂停使用款项权、申请法院采取保全措施权、建议给予行政处分权、建议纠正违法规定权、处理权、处罚权、申请法院强制执行权，以及通报或者公布审计结果权。其中，制止权、采取取证措施权、暂时封存账册资料权、通知暂停拨付款项权和责令暂停使用款项权这五种权限可统称为行政强制措施权。申请法院采取保全措施权、申请法院强制执行权可统称为申请权。建议给予行政处分权、建议纠正违法规定权可统称为建议权。处理权、处罚权可统称为处理处罚权。因此，这十六种权限可以归纳为九大类，即要求报送资料权、检查权、查询存款权、调查取证权、行政强制措施权、申请权、处理处罚权、通报或者公布审计结果权、建议权。

第三节 审计计划

一、审计计划的定义

我国《国家审计准则》要求，审计机关和审计人员执行审计业务，应当依据年度审计项目计划，编制审计实施方案，获取审计证据，做出审计结论。审计机关应当委派具备相应资格和能力的审计人员承办审计业务，并建立和执行审计质量控制制度。

审计计划是预先拟订的，用一定的质量和数量反映的、用以指导和组织全部审计工作的内容和步骤，也是审计机构根据国家一定时期的经济监管工作的重点，对审计人力、物力、财力做出的统筹安排。

二、审计计划的种类

按计划期的长短划分，可分为长期审计计划（5年以上的审计计划）、中期审计计划（2至5年的审计计划）、短期审计计划（年度审计计划）。

按审计计划的作用不同，可分为审计项目计划（总）和审计方案（其中之一）。审计项目计划是审计机关根据年度审计任务的安排，需要依次实施的所有审计项目的计划。

审计方案是指审计机关为了顺利完成审计任务、达到预期的审计目标，根据审计项目计划对每一审计项目在实施审计前分别制订的审计项目实施计划，包括审计工作方案（审计机关编制总体工作计划）和审计实施方案（审计组编制审计过程的工作安排）。

三、审计计划的编制

《中华人民共和国国家审计准则》第二十六条规定:"审计机关应当根据法定的审计职责和审计管辖范围,编制年度审计项目计划。"编制年度审计项目计划应当服务大局,围绕政府工作中心,突出审计工作重点,合理安排审计资源,防止不必要的重复审计。

审计机关应按照下列步骤编制年度审计项目计划。

(1)调查审计需求,初步选择审计项目。

(2)对初选审计项目进行可行性研究,确定备选审计项目及备选审计项目的优先顺序。

(3)评估审计机关可用审计资源,确定审计项目,编制年度审计项目计划。

(一)年度审计计划

审计机关应当根据法定的审计职责和审计管辖范围,编制年度审计项目计划。审计机关可从下列方面调查审计需求,初步选择审计项目:

(1)国家和地区财政收支、财务收支及有关经济活动情况;

(2)政府工作中心;

(3)本级政府行政首长和相关领导机关对审计工作的要求;

(4)上级审计机关安排或者授权审计的事项;

(5)有关部门委托或者提请审计机关审计的事项;

(6)群众举报、公众关注的事项;

(7)经分析相关数据认为应当列入审计的事项;

(8)其他方面的需求。

年度审计项目计划应当按照审计机关规定的程序审定。审计机关在审定年度审计项目计划前,根据需要,可以组织专家进行论证。下列审计项目应当作为必选审计项目:①法律法规规定每年应当审计的项目;②本级政府行政首长和相关领导机关要求审计的项目;③上级审计机关安排或者授权的审计项目。

审计机关年度审计项目计划的内容主要包括:①审计项目名称;②审计目标,即实施审计项目预期要完成的任务和结果;③审计范围,即审计项目涉及的具体单位、事项和所属期间;④审计重点;⑤审计项目组织和实施单位;⑥审计资源。

(二)审计工作方案

审计机关业务部门应当编制审计工作方案,内容包括:①审计目标;②审计范围;③审计内容和重点;④审计工作组织安排;⑤审计工作要求。审计机关业务部门编制的审计工作方案应当按照审计机关规定的程序审批。在年度审计项目计划确定的实施审计起始时间之前,下达到审计项目实施单位。审计机关批准审计工作方案前,根据需要可以组织专家进行论证。

第四节 审计实施

一、国家审计基本程序

国家审计程序是国家审计机关在进行审计时，从开始到结束的审计工作步骤和顺序。

根据《中华人民共和国审计法》（以下简称《审计法》）第五章的规定，国家审计程序一般分为三个阶段，即准备阶段、实施阶段和终结阶段。

二、具体审计程序

（一）准备阶段

1. 编制审计项目计划

审计项目计划是审计机关在一定时期内（年度）对需要审计的事项所做的具体规划。根据《审计法》的规定，国家审计机关应对国务院各部门和地方各级政府及地方各级政府各部门的财政收支、国有金融机构和企事业单位的财务收支，以及其他依照《审计法》规定应接受审计的财政、财务收支的真实性、合法性和效益性进行审计监督。由于审计的范围广、单位多、内容复杂多样、时间有限，要在一定的时间内完成审计任务，充分发挥审计在国民经济中的监督作用，政府审计机关必须对审计工作进行统筹安排，编制审计项目计划，以指导、控制和促进审计工作。

2. 确定被审计单位

按照审计项目计划的时间安排，确定相应的被审计单位和被审计项目。在实施执行过程中，如果由上级交办或其他临时需要审计的项目，可对原审计项目计划进行调整，并报请审计机关批准执行。

3. 组织审计力量

实施项目审计就需要配备审计人员，组成审计小组。审计小组是审计机构派出审计人员实施具体审计项目的组织形式，至少要2人以上。审计小组的具体职责是：拟订审计工作方案、实施审计、收集审计证据、编写审计工作底稿、撰写审计报告、征求被审计单位意见、报送审计报告、审计事项的立卷归档、检查审计意见和审计决定的落实情况、进行后续审计。

4. 拟定审计工作方案

审计工作方案是审计小组按照每一个被审计单位（或项目）制定的实施审计项目的具体工作安排，是审计项目计划的具体化。它对于明确审计的范围和重点、明确审计责任、合理组织和协调审计工作具有重要的作用。审计工作方案的内容包括被审计单位或被审计项目的名称、审计方式、审计依据、审计范围及审计时间、审计人员的组成和分工、审计实施步骤等。在拟定审计工作方案前，审计人员应对被审计单位的有关情况进行必要的了解，使审计工作方案能够切合实际。

（二）实施阶段

1. 下达审计通知书

审计通知书是审计组织发给被审计单位，对被审计单位进行审计的书面通知，是审计人员执行审计任务、行使审计监督权的依据和证明。被审计单位收到审计通知书后，应按审计通知书的要求，做好审计前的各项准备工作。审计通知书的主要内容包括审计机关名称，被审计单位名称，审计范围、内容、时间，审计组成员情况，对被审计单位的基本要求等。

▶ 2. 实施审计

根据审计工作方案的时间安排，在送达审计通知书后，审计人员进驻被审计单位开始实施审计。审计人员进驻后的第一项工作是通过召开"见面会"，与被审计单位有关领导、财会和内部审计等部门的负责人及有关工作人员取得联系，说明审计的目的、内容、时间等，以取得被审计单位领导和员工的支持和配合，同时听取被审计单位的意见及有关情况介绍，协商、确定有关审计事宜，如确定与审计组的联络人员，确定并公布接待来访的地点、时间等。

对被审计单位实施具体审计之前，审计组还需要对被审计单位的情况进行深入、细致的了解，尤其要重视对被审计单位的内部控制进行了解、测试和评价，根据新掌握的情况和内部控制可信赖程度，适当修改和补充审计方案。按修改后的审计方案，审计组就可以分头实施审计方案，运用各种审计方法，对被审计事项进行审查，收集审计证据，并认真做审计记录，即编制审计工作底稿。

▶ 3. 提出审计报告

审计报告是审计小组实施审计后，对被审计单位财政、财务收支的真实性、合法性和效益性进行评价，提出意见和建议，做出审计结论的书面文件，是审计小组向派出的审计机关提出的内部工作文书。一般来说，凡是审计机关正式发出审计通知书的审计事项，均应提出书面审计报告。

审计报告的主要内容有：审计的基本情况（审计的范围、内容、方式、时间及被审计单位概况说明）；审计中发现的问题；对审计事项的评价和结论；依据法律、法规、政策的有关规定；审计处理意见和改进建议等。

▶ 4. 征求被审计单位意见

审计小组讨论修改后的审计报告要送交被审计单位征求意见。《审计法》第三十九条规定："审计组对审计事项实施审计后，应当向审计机关提出审计报告。审计报告报送审计机关前，应当征求被审计单位的意见。被审计单位应当在自接到审计报告之日起10日内，将书面意见送交审计组或审计机关。"法律之所以要做出这一规定，一是通过让被审计单位核实有关内容，对不妥之处加以指正，来完善审计报告，提高审计质量；二是为了保护被审计单位的合法权益，增强执法的严肃性。

对于被审计单位提出的书面意见，如果属于审计报告中事实不清或有出入的，审计组应当进一步核实；如果属于审计报告中的适用法律、法规不准确或错误的，审计组应当根据有关法律、法规及具体情况认真研究核实，必要时对报告进行修改。如果被审计单位在规定期限内未提出书面意见，可视作被审计单位对审计报告无异议。

(三) 终结阶段

▶ 1. 审定审计报告

派出审计机关要对审计组提交的审计报告和被审计单位的书面意见进行审定。审定审计报告是审计机关对审计报告所列内容进行复核审理，做出最后判断，形成最终评价的过程。审定审计报告是《审计法》规定的重要环节，通过对审计报告的审定，可使审计工作质量得到充分的保证。

审定审计报告的内容包括：审计事项的事实是否清楚；收集的证据材料是否具有客观性、相关性、合法性和充分性；适用的法律、法规、规章和具有普通约束力的决定、命令是否准确；提出的审计意见是否可行，是否具有针对性；对查出问题的定性是否准确，初步处理意见是否恰当；对被审计单位提出的异议是否进行了认真研究；审计过程中是否遵循了法定的程序。

▶ 2. 出具审计意见书和审计决定书

审计意见书、审计决定是审计机关在审定审计报告后做出的，发给被审计单位并抄送有关单位，对审计事项表达审计结果和审计意见的行政法律文书。《审计法》第四十条规定："审计机关审定审计报告，对审计事项做出评价，出具审计意见；对违反国家规定的财政、财务收支行为，需要已发给预处理、处罚的，在法定职权范围内做出审计决定或者向有关主管机关提出处理处罚意见。"可见，审计意见书、审计决定两种审计文书分别适用于不同的审计结果。审计机关通过对审计报告进行审定，如果未发现被审计单位有违反国家规定的财政、财务收支行为，不需要进行经济处理、处罚的，则只对被审计单位的财政、财务收支情况做出结论，进行评价，提出审计建议，出具审计意见书；如果发现被审计单位有违反法律或法规的行为，应依法进行经济处理、处罚的，则须出具审计决定书。

▶ 3. 进行后续审计

后续审计是指在审计决定发出后的规定期限内，对被审计单位执行审计决定的情况所进行的审计。实行后续审计的目的有两个：一是确保审计决定的贯彻执行，维护审计监督的权威性和严肃性；二是通过后续审计可验证审计结论的正确性，提高审计工作质量。

后续审计不是每个审计项目必需的步骤。一般而言，问题较多、性质严重而且审计决定不是在短期内就能得到贯彻执行的项目需要进行后续审计。后续审计的范围取决于审计决定的内容，即要根据审计决定，审阅被审计单位或其他有关单位的会计记录和其他资料，逐项检查决定事项的落实情况，撰写后续审计报告，报送派出审计机关，并将有关资料存入审计档案。对拒不执行审计决定的被审计单位，审计机关应采取必要的措施，如向政府有关部门通报或向社会公布审计结果。当然，审计机关通报审计结果，应按照国务院的有关规定，依法保守国家秘密和被审计单位的商业秘密。

▶ 4. 受理审计行政复议

审计行政复议是行政复议的一种，是审计行政复议机关根据审计行政相对人的申请，依法解决审计争议的活动。审计行政复议是为了维护和监督审计机关依法行使审计职权，防止和纠正违法或不当的具体审计行政行为，保护被审计单位的权益。根据《行政复议条例》的规定，审计行政相对人对法律、法规规定范围内的具体审计行政行为不服，可以向有管辖权的审计行政复议机关提出审计复议申请，做出复议决定。

审计工作结束时，审计组应将具有保存价值的文件资料按照一定的要求归类、装订、立卷，建立审计档案。审计档案是国家档案的重要组成部分，它真实地记录了审计项目的过程及结果，对今后审计案情的查考及审计理论、教学的研究可提供重要的参考依据。

审计报告

一、国家审计报告的含义及基本要素

我国国家审计的审计报告是审计机关实施审计后，对被审计单位的财政收支、财务收支的真实、合法、效益发表审计意见的书面文件。

审计报告包括审计机关进行审计后出具的审计报告及进行专项审计调查后出具的专项审计调查报告。审计报告应当内容完整、事实清楚、结论正确、用词恰当、格式规范。

审计机关的审计报告(审计组的审计报告)包括下列基本要素：标题，文号(审计组的审计报告不含此项)，被审计单位名称(经济责任审计报告还包括被审计人员姓名及所担任职务)，审计项目名称、内容，审计机关名称(审计组名称及审计组组长签名)，签发日期(审计组向审计机关提交报告的日期)。其中，审计报告的内容主要包括：

(1) 审计依据，即实施审计所依据的法律法规规定；

(2) 实施审计的基本情况，一般包括审计范围、内容、方式和实施的起止时间；

(3) 被审计单位基本情况；

(4) 审计评价意见，即根据不同的审计目标，以适当、充分的审计证据为基础发表的评价意见；

(5) 以往审计决定执行情况和审计建议采纳情况；

(6) 审计发现的被审计单位违反国家规定的财政收支、财务收支行为和其他重要问题的事实、定性、处理处罚意见，以及依据的法律法规和标准；

(7) 审计发现的移送处理事项的事实和移送处理意见，但是涉嫌犯罪等不宜让被审计单位知悉的事项除外；

(8) 针对审计发现的问题，根据需要提出的改进建议。审计期间被审计单位对审计发现的问题已经整改的，审计报告还应当包括有关整改情况。经济责任审计报告还应当包括被审计人员履行经济责任的基本情况，以及被审计人员对审计发现问题承担的责任。

二、审计决定书和审计移送处理书

(一) 审计决定书

对审计或者专项审计调查中发现被审计单位违反国家规定的财政收支、财务收支行为，依法应当由审计机关在法定职权范围内做出处理处罚决定的，审计机关应当出具审计决定书。审计决定书主要包括以下内容：

(1) 审计的依据、内容和时间；
(2) 违反国家规定的财政收支、财务收支行为的事实、定性、处理处罚决定及法律法规依据；
(3) 处理处罚决定执行的期限和被审计单位书面报告审计决定执行结果等要求；
(4) 依法提请政府裁决或者申请行政复议、提起行政诉讼的途径和期限。

(二) 审计移送处理书

审计或者专项审计调查发现的依法需要移送其他有关主管机关或者单位纠正、处理处罚或者追究有关人员责任的事项，审计机关应当出具审计移送处理书。审计移送处理书主要包括以下内容：
(1) 审计的时间和内容；
(2) 依法需要移送有关主管机关或者单位纠正、处理处罚或者追究有关人员责任事项的事实、定性和依据，以及审计机关的意见；
(3) 移送的依据和移送处理说明，包括将处理结果书面告知审计机关的说明；
(4) 所附的审计证据材料。

三、专题报告

审计机关在审计中发现的下列事项，可以采用专题报告等方式向本级政府、上一级审计机关报告：
(1) 涉嫌重大违法犯罪的问题；
(2) 与国家财政收支、财务收支有关政策及有关政策执行中存在的重大问题；
(3) 关系国家经济安全的重大问题；
(4) 关系国家信息安全的重大问题；
(5) 影响人民群众经济利益的重大问题；
(6) 其他重大事项。

四、审计结果公布

审计机关依法实行公告制度，将审计结果、审计调查结果依法向社会公布。审计机关公布的审计结果和审计调查结果主要包括下列信息：
(1) 被审计(调查)单位基本情况；
(2) 审计(调查)评价意见；
(3) 审计(调查)发现的主要问题；
(4) 处理处罚决定及审计(调查)建议；
(5) 被审计(调查)单位的整改情况。

审计机关公布审计结果和审计调查结果按照国家有关规定需要报批的，未经批准不得公布。

五、审计整改检查

审计机关应当建立审计整改检查机制，督促被审计单位和其他有关单位根据审计结果

进行整改。审计机关主要检查或者了解下列事项:
(1) 执行审计机关做出的处理处罚决定情况;
(2) 对审计机关要求自行纠正事项采取措施的情况;
(3) 根据审计机关的审计建议采取措施的情况;
(4) 对审计机关移送处理事项采取措施的情况。

审计机关在出具审计报告、做出审计决定后,应当指定部门在规定的时间内检查或者了解被审计单位和其他有关单位的整改情况。

第六节 审计质量控制

一、审计质量控制的含义

审计组织为使自身所承担的审计工作能够按照审计准则进行,保证审计工作质量,就必须对审计工作的质量进行控制。审计质量控制就是由审计组织和审计人员依据审计质量控制标准,对各项审计工作,或具体审计项目过程的质量进行自我约束的一项活动。进行审计质量控制的直接目的是确保审计行为遵循审计准则,并且表达恰当的审计意见。

审计质量控制是由审计组织和审计人员进行的,是全体审计组织和审计人员共同参与的自律行为。审计质量控制的主体是专门的审计组织和人员,客体是审计组织和人员进行审计质量控制的对象,既包括审计的全过程,从计划到实施,到最终表达意见,签发审计报告的全部工作,也包括审计组织内部的各项管理,如审计工作底稿的归档管理,审计人员聘用、培训、晋升管理等。审计质量控制的重点是对审计的整个过程、审计人员素质和工作技能的控制。

二、审计质量控制和责任

审计机关应当建立审计质量控制制度,以保证实现下列目标:①遵守法律法规和国家审计准则;②做出恰当的审计结论;③依法进行处理处罚。

审计机关实行审计组成员、审计组主审、审计组组长、审计机关业务部门、审理机构、总审计师和审计机关负责人对审计业务的分级质量控制。

审计组组长的工作职责包括:①编制或者审定审计实施方案;②组织实施审计工作;③督导审计组成员的工作;④审核审计工作底稿和审计证据;⑤组织编制并审核审计组起草的审计报告、审计决定书、审计移送处理书、专题报告、审计信息;⑥配置和管理审计组的资源;⑦审计机关规定的其他职责。

根据工作需要,审计组可以设立主审。主审根据审计分工和审计组组长的委托,主要履行下列职责:①起草审计实施方案、审计文书和审计信息;②对主要审计事项进行审计查证;③协助组织实施审计;④督导审计组成员的工作;⑤审核审计工作底稿和审计证据;⑥组织审计项目归档工作;⑦完成审计组组长委托的其他工作。

审计机关业务部门的工作职责包括：①提出审计组组长人选；②确定聘请外部人员事宜；③指导、监督审计组的审计工作；④复核审计报告、审计决定书等审计项目材料；⑤审计机关规定的其他职责。业务部门统一组织审计项目的，应当承担编制审计工作方案，组织、协调审计实施和汇总审计结果的职责。

审计机关负责人的工作职责包括：①审定审计项目目标、范围和审计资源的配置；②指导和监督检查审计工作；③审定审计文书和审计信息；④审计管理中的其他重要事项。

三、审计质量控制的方式

（一）全面管理

全面管理的内容主要包括两个方面：一般管理和业务管理。

一般管理是指不直接针对具体审计项目的管理，目的在于为保证审计质量提供先决条件。例如，对审计组织、审计人员独立性的管理，对保证和提高审计人员技能的管理，对有效审计方法开发和利用的管理，对技术咨询、法律咨询及专家利用的管理，对检查监督工作的管理等。

业务管理是指针对具体审计项目的管理，目的在于保证和提高项目审计的质量。业务管理应当实行全过程管理。

（二）全过程管理

审计工作过程中每一阶段的工作质量都会对最终的审计结果产生影响，因此审计质量管理应贯穿审计工作全过程。

（三）多层次管理

多层次管理是指多种管理主体对审计业务的综合管理。例如，审计人员在执行业务时的自我管理，审计组组长对审计过程的管理，审计业务部门对审计组工作的管理等。

四、审计质量管理的方法

（一）分层次分阶段质量控制法

分层次分阶段质量控制法是按照审计机构的内部层次和工作顺序进行审计质量控制的方法。审计机构内部的各层次和各阶段的审计人员首先应根据质量管理的责任目标，对本层次和本阶段审计业务活动进行质量控制。

国家审计准则将质量控制体系划分为五个层次，对每一个层级的职责和责任做出了明确的规定，通过分层级的控制体系来保证审计质量。

（二）关键点质量控制法

所谓关键点是指对审计质量具有重大和直接影响的审计业务环节。不同的审计，不同的审计项目，它们的关键点不尽相同。在一次审计的各个审计阶段，关键点也不相同。

（三）质量检查控制法

质量检查控制法就是专职或专门的检查小组（或人员）对正在进行的审计活动或已经结

束的审计活动中的重要问题进行有目的的或例行的检查和评价。

审计机关实行审计业务质量检查制度,对审计机关的业务部门、派出机构和下级审计机关的审计业务质量进行检查。审计机关可以通过查阅有关文件和审计档案、询问相关人员等方法,检查下列事项:一是建立和执行审计质量控制制度的情况;二是审计工作中遵守法律法规和审计准则的情况;三是与审计业务质量有关的其他事项。重点关注审计结论、审计处理处罚意见的合法性和适当性。

本章小结

国家审计(也称政府审计)是由国家审计机关代表国家依法进行的审计,主要监督检查各级政府及各级政府各部门的财政收支及公共资金的收支、运用情况。国家审计本质上是一个国家经济社会运行的"免疫系统",目标是完善国家治理。

国家审计目标是指在一定的环境下,国家审计实践活动意欲达到的理想境地或预期效果。国家审计目标是审计需求与专业胜任能力的均衡统一,其中国家审计需求决定国家审计的理论目标,专业胜任能力决定国家审计目标的实现程度。从层次上划分,国家审计目标体系包括总目标、具体目标和项目目标。

根据《审计法》的规定,各级审计机关有权对国务院各部门和地方各级人民政府及地方各级人民政府各部门的财政收支,国有金融机构和企事业组织的财务收支,以及其他应接受审计的财政、财务收支的真实性、合法性和效益性依法进行审计监督。

我国《国家审计准则》要求审计机关和审计人员执行审计业务,应当依据年度审计项目计划,编制审计实施方案,获取审计证据,做出审计结论。国家审计程序一般分为准备阶段、实施阶段和终结阶段。终结阶段的事项包括审定审计报告、出具审计意见书和审计决定书、进行后续审计、受理审计行政复议等。审计报告包括审计机关进行审计后出具的审计报告及专项审计调查后出具的专项审计调查报告。

练习题

一、单项选择题

1. 下列有关我国国家审计的表述中,错误的是( )。
   A. 国家审计与其他经济监督可以相互替代
   B. 国家审计为宏观政策的制定提供决策依据
   C. 国家审计是宪法确定的一项政治制度安排
   D. 国家审计是党和国家监督体系的重要组成部分

2. 下列行为中,超出国家审计机关权限的是( )。
   A. 要求被审计单位提供预算或者财务收支计划
   B. 提请公安、监察、财政等机关予以协助
   C. 要求被审计单位提供社会审计机构出具的审计报告
   D. 废止被审计单位制定的与国家法律相抵触的规定

3. 下列有关我国国家审计准则的表述中，正确的是(　　)。

   A. 规定了审计机关的管理体制

   B. 明确了审计人员的基本职业道德

   C. 是衡量审计事项是非优劣的评价标准

   D. 适用于社会审计和内部审计

4. 下列有关国家审计报告的变数中，正确的是(　　)。

   A. 通常是详式报告，具有法律效力

   B. 经审计组组长签发后送达被审计单位

   C. 以审计组的名义征求被审计单位意见

   D. 是向被审计单位下达处理处罚决定的法律文书

5. 下列有关审计质量管理的表述中，正确的是(　　)。

   A. 加强审计质量管理可以降低审计风险

   B. 审计质量管理的对象仅包括审计人员

   C. 审计质量管理的目的是完善被审计单位内部控制

   D. 审计质量管理是指审计人员在执行业务时的自我管理

6. 设立审计司和审计院，标志着我国用"审计"一词命名的审计机构是在(　　)产生。

   A. 唐代　　　　　　　　　　　　B. 宋代

   C. 元代　　　　　　　　　　　　D. 明代

7. 根据我国国家审计准则的规定，对审计项目实施结果承担最终责任的是(　　)。

   A. 审计组长　　　　　　　　　　B. 审计机构

   C. 审计机关负责人　　　　　　　D. 总审计师

8. 根据我国国家审计准则的规定，审计组实行(　　)。

   A. 审计署垂直领导制　　　　　　B. 审计机关领导负责制

   C. 审计组组长负责制　　　　　　D. 统一领导分级负责制

9. 下列各项中，不属于审计质量控制客体的是(　　)。

   A. 审计的全过程，从计划到实施，到最终发表意见

   B. 专门审计组织和人员

   C. 审计组织内部各项管理

   D. 审计人员素质和工作技能的控制

10. 在现行国家审计管理体制下，我国最高审计机关隶属于(　　)。

    A. 全国人民代表大会　　　　　　B. 中央纪律检查委员会

    C. 国务院　　　　　　　　　　　D. 最高人民法院

二、多项选择题

1. 下列各项中，属于国家审计机关权限的有(　　)。

   A. 检查被审计单位财务收支电子数据系统

   B. 参与研究制定被审计单位内部的规章制度

   C. 要求被审计单位提供社会审计机构出具的审计报告

   D. 已发向政府有关部门通报或者向社会公布审计结果

2. 与社会审计和内部审计相比，国家审计的特点有（　　）。
   A. 监督层次的宏观性　　　　　　　B. 审计工作的有偿性
   C. 对经济监督的再监督　　　　　　D. 审计决定的强制性
3. 国家审计人员在判断审计单位存在问题的重要性时，通常会关注的因素有（　　）。
   A. 是否需要特殊的审计技术　　　　B. 是否属于涉嫌犯罪的问题
   C. 是否属于信息系统设计缺陷　　　D. 是否涉及重大的数量或者金额
4. 审计人员执行审计业务，应当具备下列（　　）资格条件。
   A. 符合法定的职责和权限　　　　　B. 建立适当的审计质量控制制度
   C. 有职业胜任能力的审计人员　　　D. 保持应有的审计独立性
5. 审计组组长应从（　　）方面督导审计组成员的工作。
   A. 将具体审计事项和审计措施等信息告知审计组成员，并与审计组成员讨论
   B. 检查审计组成员的工作进展、评估审计组成员的工作质量，并解决工作中存在的问题
   C. 配置和管理审计组的资源
   D. 给予审计组成员必要的培训和指导
6. 根据《审计法》规定，以下各项中各级审计机关有权依法进行审计监督的有（　　）。
   A. 国务院各部门和地方各级人民政府及地方各级人民政府各部门的财政收支
   B. 国有金融机构和企事业组织的财务收支
   C. 国际组织和外国政府援助、贷款项目的财务收支
   D. 民营企业的财务收支
7. 审计机关的权限包括（　　）。
   A. 要求被审计单位按照审计机关的规定提供预算或者财务收支计划、预算执行情况、决算、财务会计报告
   B. 检查被审计单位的会计凭证、会计账簿、财务会计报告
   C. 被审计单位不得转移、隐匿、篡改、毁弃会计凭证、会计账簿、财务会计报告及其他与财政收支或者财务收支有关的资料
   D. 向社会公布任何审计事项的审计结果
8. 根据国家审计机关的隶属关系和审计报告的报告对象，可以将国家审计划分为（　　）。
   A. 隶属议会并向议会或国家元首报告工作
   B. 隶属政府并向议会或政府报告工作
   C. 具有司法性质，以审计法院形式开展工作，向议会或国家元首报告工作
   D. 独立于议会、政府和司法机关，向议会或国家元首报告工作
9. 审计质量控制的客体包括（　　）。
   A. 审计人员素质管理　　　　　　　B. 审计组织内部管理
   C. 审计工作全过程　　　　　　　　D. 审计工作底稿归档管理
10. 国家审计报告阶段的主要工作有（　　）。
    A. 组织审计组，送达审计通知书
    B. 检查重大违法行为

C. 编审、复核、审理、签发审计报告和审计决定
D. 公布审计结果
11. 国家审计实施阶段的主要工作有（　　）。
A. 编制审计实施方案
B. 对内部控制进行初步调查
C. 对内部控制进行测试
D. 对财务报表项目进行实质性审查
12. 我国国家审计总目标可以概括为（　　）。
A. 真实性　　　　　B. 合法性　　　　　C. 公允性　　　　　D. 效益性

三、简答题
1. 简述审计决定书和审计移送处理书。
2. 国家审计的目标是什么？审计程序是怎样的？

参考文献

[1] 中国注册会计师协会. 中国注册会计师执业准则[M]. 北京：中国财政经济出版社，2017.

[2] 中国注册会计师协会. 注册会计师全国统一考试辅导教材：审计[M]. 北京：中国财政经济出版社，2017.

[3] 秦荣生，卢春泉. 审计学[M]. 9版. 北京：中国人民大学出版社，2017.

[4] 刘明辉，史德刚. 审计[M]. 大连：东北财经大学出版社，2015.

[5] 何恩良，宋夏云. 审计学基础[M]. 北京：中国人民大学出版社，2014.

[6] 徐政旦，谢荣，朱荣恩，唐清亮. 审计研究前沿[M]. 上海：上海财经大学出版社，2011.

[7] 张蕊，谢盛纹. 审计学[M]. 北京：科学出版社，2011.

[8] 宋常. 审计学[M]. 5版. 北京：中国人民大学出版社，2011.

[9] 财政部会计司. 企业内部控制规范讲解[M]. 北京：经济科学出版社，2010.

[10] See David Flin. Philosophy and Principles of Auditing, Macmillan Education Ltd., 1988.